老年人体适能测试手册
第 2 版

[美] 罗伯塔·E. 瑞克里
　　　C. 杰西·琼斯　著

安江红　谭京京　孙金秋　译

人民体育出版社

图书在版编目（CIP）数据

老年人体适能测试手册：第2版 /（美）罗伯塔·E.瑞克里 (Roberta E. Rikli) ,（美）C.杰西·琼斯(C. Jessie Jones) 著；安江红, 谭京京, 孙金秋译. -- 北京：人民体育出版社, 2017
（2022.9重印）
书名原文：Senier Fitness Test Manual
ISBN 978-7-5009-5070-7

Ⅰ.①老… Ⅱ.①罗… ②C… ③安… ④谭… ⑤孙… Ⅲ.①老年人—体育锻炼—适应能力—手册 Ⅳ.①G806-62

中国版本图书馆CIP数据核字(2016)第278255号

*

人民体育出版社出版发行
北京盛通印刷股份有限公司印刷
新 华 书 店 经 销

*

787×1092　16开本　13印张　272千字
2017年8月第1版　2022年9月第2次印刷
印数：1,001—1,500册

*

ISBN 978-7-5009-5070-7
定价：65.00元

———————————————————

社址：北京市东城区体育馆路8号（天坛公园东门）
电话：67151482（发行部）　　邮编：100061
传真：67151483　　　　　　　邮购：67118491
网址：www.psphpress.com
（购买本社图书，如遇有缺损页可与邮购部联系）

前　言

在本手册第 1 版中，介绍并描述了新开发的老年人体适能测试。开发这项测试的初衷是，需要使用简单、易用的工具对老年人的体适能状况进行评估。虽然以往更多地认为体适能是年轻人而不是老年人的事，但是目前公认体适能在人的晚年（上了年纪）时期更重要。不论我们晚年生活的喜好是打高尔夫、爬山还是进行简单的日常活动，如上下楼梯、从椅子上站起来或是走出浴缸，保持足够的力量、耐力、柔韧性、灵活性和平衡性都是非常关键的。研究显示：实际上，如果当我们老年的时候能够多注意体力活动水平和体适能，特别是如果能够及早发现问题并进行治疗，那么很多因年龄增长而常见的身体虚弱状况还是可以减少的。

我们开发老年人体适能测试（SFT）的目标是提出一系列综合性测试项目，以便覆盖老年人体适能的主要要素（下肢和上肢力量、有氧耐力、下肢和上肢柔韧性、灵活性和平衡性），从而能够在各个年龄范围和能力水平上对老年人的体适能进行测量。本手册介绍的老年人体适能测试，提供了一种简单、经济的方法，对年龄在 60~90 岁以上的老年人活动相关的体适能参数进行评估。具体地说，老年人体适能测试衡量的是人在晚年进行日常活动所需的身体功能（力量、耐力、柔韧性、灵活性和平衡性）。除了易于管理和便于记分外，对于老年人来讲，这项测试也是安全的，而且不乏娱乐性。测试符合信度和效度的科学标准，书中附有以 7000 多名年龄介于 60~94 岁之间的男性和女性的测试为基础的评价标准。

那么第 2 版增添了什么新内容呢？在老年人体适能测试手册第 1 版中，有一个非常标准的百分位数表，用户可以凭此表，将每个测试项目的个人得分与同年龄同性别组其他成员的得分情况进行对比。但是在第 1 版中，未包括临床相关性或者临床意义方面的资料，也就是说，未涵盖测试得分与实现功能行动能力和生活自理能力所需的健康水平之间的关系。现在，老年人体适能测试在全美以及其他国家都深受欢迎，很多人向我们咨询测试得分在临床上的重要性。项目负责人、临床医生和老年人自己都对各个年龄段应具有怎样的体适能才能保证晚年生活独立自理的运动能力水平（测试得分）感到好奇。

因此，在第 2 版中增加了一些非常重要的内容，如效标临床相关体适能参照标准。在这些新制定的标准中，指出了特定身体素质（例如下肢力量）应达到的健康水平，以便老年人直到晚年仍然能够保持功能行动能力和生活自理能力。这种标准提供特定参照效标或者临界得分，而且以满足特定目标为目的，例如具备能够独立行动的体适能，因此这种标准被称为参照效标的标准，因为它们是参照一个特定目标制定的。

在第2版中，对第一章和第三章进行了修改，以便包括必要的信息，反映出制定效标参照标准的目标和流程。对第五章中的内容进行了更新，增加了一节内容，对效标参照得分进行解释，同时设置了老年人健身目标。此外，还修改了第五章以及附录J中的性能表（图5.2、图5.3），以便反映出各年龄段新的效标标准。

而且，为了对用户提出的老年人体适能测试需求作出响应，第四章增加了扩展信息和范例，说明如何针对特殊人群编测试准则。随着针对那些不能按照标准完成测试的参与者，如何更好地修改测试准则这一问题的提出，老年人体适能测试已经能够用来评估不同特殊人群的身体活动能力。例如，可用于患有如下疾病的人群：骨质疏松、肥胖、阿尔茨海默氏病、糖尿病、纤维肌痛、心脏疾病、多发性硬化症、髋关节和膝关节置换手术、慢性肾功能衰竭、慢性阻塞性肺病、骨关节炎，以及中风、截肢、失明和低视力人士。因此，在第四章中给出了附加范例，说明针对特殊人群如何改编测试准则。

本手册第2版还有一个变化，就是新增了一章——第六章。这一章是老年人运动建议。第1版第五章推荐的运动非常有限。应用户要求，在第2版中对这方面信息进行了扩充，并单独列为一章。变化还包括对全书多处参考文献和统计资料进行更新。增加了国家体力活动指南推介信息，该指南是最近由世界卫生组织（WHO）在美国、加拿大和英国开发完成的。

事实证明，对于健康和体适能专业人士而言，不论是希望了解老年人的身体状况，还是为了研究目的或者实际应用，老年人体适能测试都是一项不可多得的宝贵资源。因为这项测试对环境、空间和专业技术的要求门槛非常低，所以既可以在常见的临床和社区环境中进行，又可以在家居环境中进行。而且，即使没有医生批准，对于多数老年人来讲这项测试也可以安全进行。这项测试有多个用途，包括提供老龄和运动研究数据、协助卫生从业人员识别发现可能导致行动不便的虚弱表象、帮助体适能和康复专家为客户制订适当的运动计划，同时对测试对象在一段时间内取得的进展进行评估。此外，在合作伙伴的帮助下，可以通过老年人体适能测试进行自我管理。

老年人体适能测试系列在美国和很多其他国家都被广泛使用和引用[1]，相关资料已被翻译成多种语言。实际上本次印刷时，整本手册已在丹麦、韩国和葡萄牙转载并出版。显然，老年人体适能测试的出现，解决了健康和健身领域的一个重要需要，即提供一个有效的、可靠的和用户易于掌握的手段，对日益增长的老年人人群进行体力评估。体力活动和运动计划在老年中心、保健和健康诊所、退休生活综合区中越来越受欢迎，世界各地均是如此。而且，项目负责人深刻理解如下三方面的重要性：客户进展的可追溯性、客户进展评估、运动计划的有效性。

---

[1]老年人体适能测试首次出版发行时，命名为《Fullerton Functional Fitness Test》，同时出版的还有测试信度和效度方面的文档和规范标准（Rikli & Jones, 1999a、1999b）。

前言

　　在如何使用本手册一节中,对本手册中各章的内容进行了讨论。本手册第2版还随书附送一张老年人体适能测试DVD光盘。通过光盘,用户可以直观感受并详细了解各项测试。在正文中,凡是出现DVD图标的地方,均表示在DVD光盘中有对相关技巧和过程的演示或者介绍。

　　老年人体适能测试软件2.0版支持在线下载,下载地址为http://sft.humankinetics.com。如果您购买本书后,书中未提供访问该软件的密钥代码,那么您也可以访问上述网址,点击链接订购软件。有了老年人体适能测试软件2.0版,您就可以记录并分析测试得分、生成个性化报告、将显示计划成果的统计数据进行分组。全书通篇参考元素将为您介绍软件功能。第1版之后,已对软件进行全面升级和改进;有了新推出的手机移动版本,用户甚至可以直接通过手机输入测试结果。存储在软件内的所有数据都可以下载到Excel表格中。而且,与第1版相比,第2版中的个性化报告更加精简、高效,易于掌握的图形非常有吸引力,有助于更好地诠释功能。

如何使用本手册

《老年人体适能测试手册》第2版提供了一些信息，帮助我们了解老年人体适能测试的目的，告知用户如何对测试进行科学验证，引用了一些将老年人体适能测试用于研究和实践的参考文献，还介绍了测试管理以及测试得分解释和使用程序。为了对测试基本原理和程序有一个全面的了解，我们建议您按照本手册的编排顺序阅读全部章节。但是，考虑到某些用户的需求，他们可能只对其中部分内容感兴趣，所以我们将对各个章节的主要内容进行总结。

第一章和第二章介绍了测试的背景，同时对测试内容进行了简要的概述。具体地说，第一章介绍了测试内容，并阐释说明了对老年人而言，即使体适能不是更重要，但是至少也和年轻人一样重要。此外，还讨论了老年人体适能测试的独特功能，并给出了测试方法使用建议。在第一章的末尾，简单地回顾了自第一次出版以来，测试的使用情况和壮大历程。

在第二章中，确立了老年人体适能测试的概念背景，并解释说明老年人体适能测试与近些年介绍说明体质下降的传统理论和模型之间的关联（通过解释它与传统理论和模型所描述的近些年的体质下降的关系）。在这章中用户发现，可以利用老年人体适能测试评估身体功能的主要生理因素，从而就能够在新出现的体质虚弱情况造成功能衰弱前，及早发现并予以治疗。在本章中，还讨论了对功能活动至关重要的体适能参数（力量、耐力、柔韧性、灵活性、平衡性和体成分），并列明选择测试项目对各个参数进行评估时依据的标准。开发老年人体适能测试的终极目标是选择测试标准，一方面满足可接受的科学标准，另一方面又要经济可行且易于在社区环境（非实验室）中进行管理。在第二章的末尾，对老年人体适能测试系列各个测试项目进行了简短的概述。

第三章包括一些科学文档，说明测试的效度、信度、百分位数标准，以及效标体适能参照标准。在将某个测试项目纳入老年人体适能测试系列问题上，我们已经预先设定了基本规则，即这种测试项目必须至少满足三类效度（内容、效标或者结构）中的两类效度，而且重测信度达到0.80或以上。本章还对全国超过7000名老年人（年龄在60~94岁之间）进行了研究，研究获得的数据构成了常模参照以及效标参照运动能力得分标准的基础。常模参照标准（百分位数表）提供了一个基础，支持用户将个人得分与同年龄组同性别其他个体的得分进行比较。而效标参照标准属于本版的新增内容，对独立生活过程中有能力开展日常活动应达到的得分给出了建议。

虽然第一章至第三章给出了老年人体适能测试的基本原理和科学文献，但是第四章至第六章仍然对测试用户进行必要的说明——如何做好测试管理准备；如何开展测试；如何解释并使用测试结果和指南，为老年人制订体适能计划；以及为提高老年人体适能测试得分，对老年人应开展的锻炼提出建议。

　　第四章中给出了一份流程和问题清单，这些内容需在测试前一天完成。同时还给出了指导样表、表格和设备清单，供用户进行测试规划。第四章还包括测试当天测试参与者的热身说明，以及各测试项目的正式测试和记分准则。关于如何将正式测试和记分准则适用于特殊人群，有具体说明。对于那些计划以班级或小组进行测试管理的人而言，本章末尾部分给出的小组测试准则应该特别有用。本章还包括测试站点建设建议、小组组织和管理技巧、测试志愿者选拔和训练帮助信息。

　　第五章阐释了如何解读测试结果，如何利用测试结果激励参与者提高身体活动水平并改善日常表现。同时还包括多个表现评价表格和图表，帮助用户了解自己的得分情况，与同年龄同性别组其他个体成员的得分情况进行对比，同时与保持良好的功能活动能力所需的阈值得分进行对比。在本章中，还对测试结果的可能使用方式进行了讨论，以便帮助客户设定目标并制订有效的计划，从而改善他们的身体状况。

　　第六章是应老年人体适能测试用户要求而增添的一章。在本章中，对锻炼建议进行了延伸讨论，重点放在改善老年人体适能测试的能力上。在本章中，对最近出版的体力活动和运动指令进行了讨论。同时，还对通过生活方式中的运动以及结构性运动计划两种方式改善体适能水平提出了建议。此外，本章还包括可复制的运动指令表，用户可以利用这些表格改善老年人体适能测试得分。

　　在本书后面末尾部分的附录中，有样表、表格和图表。这些项目均可复制，为您的测试计划提供支持。换算表在附录O中，用户可凭借此换算表，将本书中的英制测量结果转换成公制单位的测量结果。

致　谢

在此，我们对参与《老年人体适能测试手册》第2版、本书DVD光盘以及测试软件工作的各位同仁表示感谢。首先，我们要感谢加州州立大学富尔顿分校积极老龄化中心运营总监让娜·米勒（Jeana Miller）。在整个项目的多个阶段，她都是非常宝贵的资源。她是第六章的合著者，第六章的主要特点是为老年人提供锻炼建议；她为更新各种资料包括软件提供了关键的、重要的反馈意见；她带头招募并组织志愿者，充当模特展示书稿和DVD中的测试与锻炼准则。我们在此还要对项目参与者表示诚挚的感谢，他们花费大量时间，投入人力和极大的耐心，配合照片拍摄，他们是哈尔（Hal）、朱迪·安德森（Judy Anderson）、卢·安维尔（Lou Arnwine）、凯·巴纳德（Kay Barnard）、汉克（Hank）、帕蒂·近久（Patti Chikahisa）、本（Ben）、哈里特·道根（Harriet Dolgin）、罗兰·达菲（Loren Duffy）、迈克尔·琼斯（Michael Jones）、帕特里克（Patrick）、沙龙·麦当娜（Sharon McDonald）、酒井美和（Miyo Sakai）、安·西伯特（Ann Siebert）、尤拉·托马斯（Eula Thomas）、安迪·华盛顿（Any Washington）。最后但同样重要的是，我们要感谢莉兹·怀特（Liz White），她是一位极具天赋的运动领导者和测试技术人员，她是DVD中的演员之一。

在此，我们要特别感谢由专家组成的顾问小组，他们既是科学家又是实践者。在本书第三章中，介绍了为老年人体适能测试开发的新效标参照的体适能标准，他们对此提供了非常宝贵的意见和建议。科学审查小组的成员包括伊利诺伊大学厄巴纳-香槟分校的教授沃杰特克·科特茨克·扎杰克（Wojteck Chodzko-Zajko）——他同时兼任运动科学和社区健康部门负责人、东卡罗莱纳大学格林维尔分校运动科学教授马修·马哈尔（Matthew Maha）、杜克大学医学教授米利·莫雷（Miriam Morey）、北德州大学丹顿分校运动科学教授小詹姆斯·R.莫罗（James R. Morrow Jr.）、伊利诺伊大学芝加哥分校社区健康科学副教授直子村松（Naoko Muramatsu）、西安大略大学加拿大人类活动和衰老研究中心总监唐纳德·帕特森（Donald Paterson）、加州大学富尔顿分校积极老龄化中心主任黛布拉·罗斯（Debra Rose）、格拉斯哥卡利多尼亚大学老龄化和健康教授潼恩·斯凯尔顿（Dawn Skelton）。

该项目领导和实践者小组的成员包括加州州立大学富尔顿分校疼痛管理中心副主任约旦·阿基诺（Jordan Aquino）、加州州立大学富尔顿分校积极老龄化中心运营总监让娜·米勒（Jeana Miller）、辛辛那提全人类健康解决方案总裁珍·蒙塔古（Jan Montague）、加州州立大学富尔顿分校防跌倒（Fall Proof）平衡性和灵活性培训认证项目副主任卡伦·施利特（Karen Schlieter）。

在本手册第2版中，新增的内容还有专为特殊人群进行的测试准则修改，这部分内容见本书第四章。在此，我们要感谢堪萨斯州列涅萨湖景村老年人中心临床执业护士卡罗尔·布勒（Carol Buller）、俄亥俄州双塔生活良机项目主任克里斯特尔·库西纳（Christel Cousine）、堪萨斯州列涅萨湖景村美好生活经理杰克·哈尔宾（Jackie Halbin）、肯塔基州高地坎贝尔县老年健康中心协调员莎拉·曼哈特（Sarah Manhardt）、辛辛那提全人类健康解决方案项目总裁珍·蒙塔古，以及杜伦VA医学中心老年医学研究副主任兼杜克大学医学教授米利·莫雷等人的鼎力协助。

  最后，要向人体运动出版社的全体工作人员表达我们最诚挚的感谢，感谢他们在手册、光盘和软件制作过程中的友好合作以及大力支持。最重要的是，我们要感谢开发编辑凯特·毛雷尔（Kate Maurer），感谢她在项目各个阶段表现出的敏锐洞察力和巨大耐心。能够有机会和凯特一起工作我们都感到非常荣幸，她非常注重细节而且提供了大量有用的信息和建议，对此我们无以言谢。还有很多香港的同事，不辞劳苦地帮助我们把握老年人体适能测试手册资料的质量，而且在工作过程中愉悦了气氛，他们是组稿编辑艾米·托科（Amy Tocco）、软件项目负责人朱莉·约翰逊（Julie Johnson）、软件应用设计师乔·西利（Joe Seeley）、视频制作格雷格·轩尼诗（Gregg Henness）和摄影师尼尔·伯恩斯坦（Neil Bernstein）。

资料来源说明

图 2.1、图 2.2 经罗伯塔·E. 瑞克里和 C. 杰西·琼斯许可，转载自 1999 年期刊《老龄和体力活动》7：第 129~161 页，"社区老年人功能性体适能测试发展与验证"。

表 3.2 经罗伯塔·E. 瑞克里和 C. 杰西·琼斯许可，转载自 1999 年期刊《老龄和体力活动》7：第 129~161 页，"社区老年人功能性体适能测试发展与验证"。

表 3.3、图 3.1、表 5.1 经罗伯塔·E. 瑞克里和 C. 杰西·琼斯许可，转载自 1999 版《老龄和体力活动》7（2）：第 162~181 页，"60~94 岁社区老年人功能性体适能标准得分"。

图 3.3、表 3.5、表 3.6、表 5.5 经罗伯塔·E. 瑞克里和 C. 杰西·琼斯许可，转载自 2012 年《长期照护杂志》13（3）：第 239~248 页，"开发并验证为保持晚年生活独立自理而制定的规范参照临床相关体适能标准"。

表 6.1 改编自美国体能训练协会 2012 年《美国体能协会个体训练要点》，第 2 版（香槟：人体运动出版社），第 395 页。

目 录

第一章 老年体适能测试 ……………………………………………（1）
识别老年人的特殊需求 ………………………………………（1）
老年体适能和体适能测试的重要性 …………………………（2）
老年人体适能测试开发的理论基础 …………………………（3）
老年人体适能测试的特点 ……………………………………（5）
老年人体适能测试的用途 ……………………………………（6）
老年人体适能测试的历史——十年磨一剑 …………………（9）
总结 …………………………………………………………（10）

第二章 老年人体适能测试 ………………………………………（11）
功能性体适能参数定义 ……………………………………（11）
概念背景 ……………………………………………………（12）
功能性体适能参数 …………………………………………（13）
测试项目选择标准 …………………………………………（18）
测试项目概述 ………………………………………………（19）
总结 …………………………………………………………（21）

第三章 测试的效度、信度、百分位数标准和效标参照标准 …（23）
辨别老年人相关的体适能的方法 …………………………（23）
效度 …………………………………………………………（25）
信度 …………………………………………………………（35）
百分位数参照标准 …………………………………………（37）
效标功能性体适能参照标准 ………………………………（43）
总结 …………………………………………………………（51）

第四章 测试管理 …………………………………………………（53）
建立统一的测试准则 ………………………………………（53）
测前流程和注意事项 ………………………………………（54）
测试管理 ……………………………………………………（58）
小组测试指南 ………………………………………………（80）
总结 …………………………………………………………（85）

1

第五章 测试结果 （87）

- 解释并利用客户反馈，激励客户提高运动能力 （87）
- 解释测试得分 （88）
- 向参与者提供反馈信息的方法 （96）
- 利用测试结果激励参与者 （98）
- 总结 （103）

第六章 老年人运动建议 （105）

- 提高老年人体适能测试得分 （105）
- 老年人体力活动和运动指南 （106）
- 生活方式中的运动 （108）
- 改善老年人体适能测试得分的结构化的运动指南 （109）
- 提高力量、柔韧性、灵活性和平衡性的运动 （116）
- 总结 （138）

附录

- 附录 A　知情同意和责任承担 （139）
- 附录 B　体检合格证明表 （141）
- 附录 C　评估前参与者告知书 （142）
- 附录 D　记分卡：老年人体适能测试 （143）
- 附录 E　事故上报表 （144）
- 附录 F　身体质量指数换算表 （146）
- 附录 G　站点张贴标识 （148）
- 附录 H　各年龄组百分位数标准 （158）
- 附录 I　个人资料表 （166）
- 附录 J　运动能力得分图表 （167）
- 附录 K　个人目标和活动计划 （175）
- 附录 L　活动记录 （176）
- 附录 M　正常得分范围 （177）
- 附录 N　老年人的功能性体适能标准 （178）
- 附录 O　测量换算表 （179）

参考文献 （180）

作者简介 （186）

DVD 菜单 （187）

第一章　老年体适能测试

识别老年人的特殊需求

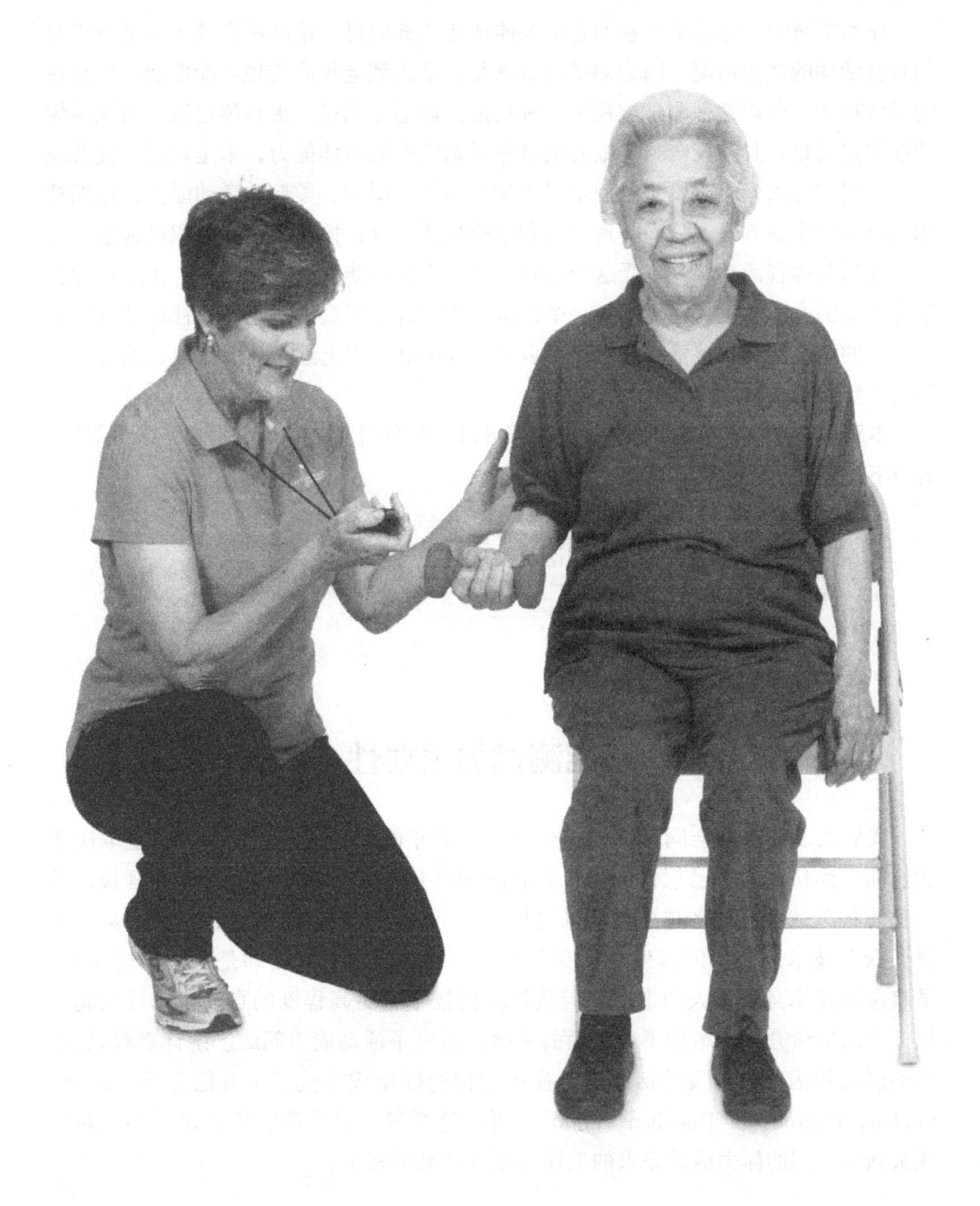

传统观念中人们更多地认为体适能是年轻人的事，而与老年人关系不大，但是这种观念正在悄然发生变化。因为人们的平均寿命在不断增加，所以要想在我们进入晚年后，能够如鱼得水般地享受积极独立的生活，很大程度上取决于我们的个人健康保持情况。大多数青少年体适能测试的主要目标是促进健康，同时预防生活方式带来的疾病（例如心脏疾病、肥胖、糖尿病），但是对于老年人来讲，他们普遍都已经患有慢性疾病，因此体适能测试的重点也就从疾病预防转为维持功能灵活性为主，也就是说，要使自己保持强健、积极、独立，从而能够继续做自己想做的事。

在本手册中，介绍了一系列老年人体适能测试项目，藉以评价老年人进行正常的日常活动的体力情况。因为测试的目的是评估人到老年后实现功能性活动应具备的身体特征，所以这种测试被视为一种功能性体适能测试。更具体地说，功能性体适能的定义是：具备安全独立地开展日常活动应有的身体能力，未出现过度疲劳现象。当我们进入老年阶段，我们希望仍拥有力量、耐力、柔韧和活动能力，以保持积极自立的生活方式，从而实现个人和家庭生活自理；愉快地购物；积极地参加社交、娱乐和体育活动，并享受这个过程。老年人体适能测试面向健康、体适能和老龄化领域的专业人士，他们需要一个经济易用的评估工具，对临床或社区环境中的老年人的体适能进行评估。该测试可以评估60~90岁以上近于体弱到健壮的独立生活的老年人的多项能力水平。

本章概述了老年人的特殊体适能测试需求，并介绍了老年人体适能测试。具体内容以下：
- 老年体适能和体适能测试的重要性；
- 老年人体适能测试开发的理论基础；
- 老年人体适能测试的特点；
- 老年人体适能测试的用途；
- 老年人体适能测试的应用演变。

老年体适能和体适能测试的重要性

我们大多数人都会同意这样一个观点：老年的生活质量在很大程度上取决于我们能否愉快地做自己想做的事，并且时间越长越好。随着我们寿命的延长，关注身体状况就变得越来越重要而且迫切。但是具有讽刺意味的是，近年来虽然实现了众多技术进步，但就生活量变和质变而言，带来的好处却是令人喜忧参半。虽然医疗技术延长了人的寿命，但是计算机技术和更高程度的自动化却导致越来越久坐的生活方式，增加了慢性病的风险，引发了活动能力问题。统计资料显示，在美国每年因科技引发的活动缺乏症而支付的健康成本接近1万亿美元（Booth, Gordon, Carlson, & Hamilton, 2000）。可以这样说，目前能够提供足够的能量消耗来满足人们的体力活动需求的工作和家庭活动非常少。

举例来讲，按一下按钮打开车库门，将垃圾桶移到路边，或者是开车进入自动洗车库，这些对我们的体力、健康和功能活动都无大的裨益。

近期的几份出版物，对国内和国际体力活动指南［例如，《Canadian Physical Activity Guidelines》，2011年；《Physical Activity Guidelines for Americans》2008年；英国卫生、体力活动和健康促进与防护部（UKDHPAHIP）出版的《Start Active, Stay Active》，2011年；世界卫生组织的全球健康体力活动指南］进行了介绍，其中概述了锻炼对老年人的益处，同时还分析了久坐生活方式和一些慢性疾病发病之间的关系，这些疾病可能导致老年时期的身体虚弱和失能。但是令人遗憾的是，统计数据显示：大部分老年人没有达到要求的运动量，而且在65岁以上的老年人中，42%的人的日常活动功能受到限制。数据还显示，这种情况在过去10年当中没有改善（Federal Interagency Forum on Aging-Related Statistics, 2010）。结果就是，尽管平均寿命在继续增加，但是此后多年行动功能受限的可能性也随之增加。很多老年人，通常是由于他们的久坐少动的生活方式，日常生活中的基本活动已经接近最大能力边缘，这种情况非常危险，对于那些体力活动少的老年人来讲，像上下楼梯、从椅子上站起来这种小事通常都需要费很大努力才能完成。身体状况的进一步恶化，或者不易察觉的倒退，都能轻易地使他们从独立自主状态，坠入到失能行列中，也就是说，连日常活动都需要有人协助才能完成。

有确切的科学证据表明，有规律的身体锻炼，能够对老年人的身体产生显著好处，使他们全身受益。此外，体力活动与提高功能健康、降低跌倒风险，及增强认知能力有着密不可分的关系。

(WHO, 2010)

尽管如此，仍有一个利好消息，只要我们适当地关注体力活动和运动水平，那么很多伴随年龄增长而出现的常见体适能下降情况是可以预防的，甚至是可逆的。在这方面，及早地发现身体不足并适当地改变体育锻炼习惯，就显得尤为重要。因此，研究开发了老年人体适能测试，用于评估并监测老年人的身体状况，以便在身体素质不断下降并发展为明显的功能受限前，及时发现并给予干预。

老年人体适能测试开发的理论基础

随着老龄人口的快速增长，寻求有效的途径益寿延年和减少失能，就成了全球政府机构、老年学研究人员和保健医生奋斗的目标。人步入老年后，身体虚弱需要付出昂贵的代价，一方面要消耗大量的医疗资源；另一方面当事人的生活质量也会急转直下。

有数据显示，美国每年花费540亿美元，对那些失去独立自理能力的人进行护理，而且随着老龄人口的继续增长，这个数字可能还会急剧增加，除非失能人口的比例减少（National Institutes of Health，2012）。当一个人从独立自理状态逐渐进入到失能状态时，每人每年的医疗护理费用将大幅攀升。

虽然很多疾病（例如，精神错乱、视力丧失）都可能使人们的独立自理能力降低，但是身体活动能力方面的问题堪称罪魁祸首（U.S. Department of Housing and Urban Development，1999）。

庆幸的是，有研究表明，对于那些经常运动的身体健康的人而言，他们的身体功能不仅保持较高水平，而且还有提升的可能，这适用于任何年龄，甚至那些患有慢性病的人也是如此［American College of Sports Medicine（ACSM），2009；Physical Activity Guidelin Advisory Committee，2008］。研究也清晰地显示，提高人的体适能和功能能力永远为时不晚；甚至对90岁以上的高龄老人来说，着手开始一项体育运动也会带来明显的益处（Fiatarone Singh，2002）。

前几年，因为缺乏适用于老年人的体适能测试，所以健康专业人员无法对客户进行评估，也无法在客观数据的基础上提出建议。通常情况下，项目负责人不得不依靠自己的主观判断，来评估老年人的身体状况，并设计运动处方。老年人的体适能需要完善的评估方法，正是为了满足这种需求，老年人体适能测试应运而生。更具体地说，开发老年人体适能测试的目的是针对那些仍独立生活在社区中的大部分老年人的身体能力进行评估，由于体适能会不断下降，这些老年人可能随时都处于失去功能独立的风险中。

正如身体功能连续图1.1所示，大约65%的老龄人口属于独立自理的范畴，但是通常体能水平偏低。处于身体功能连续图顶部的老年人大约占5%，他们处于高度健壮状态或者精英水平，如运动型老年人，他们坚持进行艰苦的锻炼或者仍然参与竞技比赛。处于身体功能连续图底部的老年人（占老龄人口的30%左右），他们已经渐渐进入到体力不足、不能自理的范畴中，日常生活中的基本活动需要有人帮助才能完成。虽然老年人体适能测试项目适用于位于身体功能连续图底部多数体力不足的老年人，但是开发该测试的初衷是对位于身体功能连续图中部、占老年人比例大、身体尚且健康的老年人进行评估，目的是能够尽早发现悄然发生的体适能下降，并在它们造成体力不足和失能之前，予以改善。如果我们能预防或者至少延缓老年人从独立生活状态进入到体力不足乃至丧失功能独立范畴的进程，那么老年人的保健支出将有大幅节约，而且生活质量也将得到明显改善。

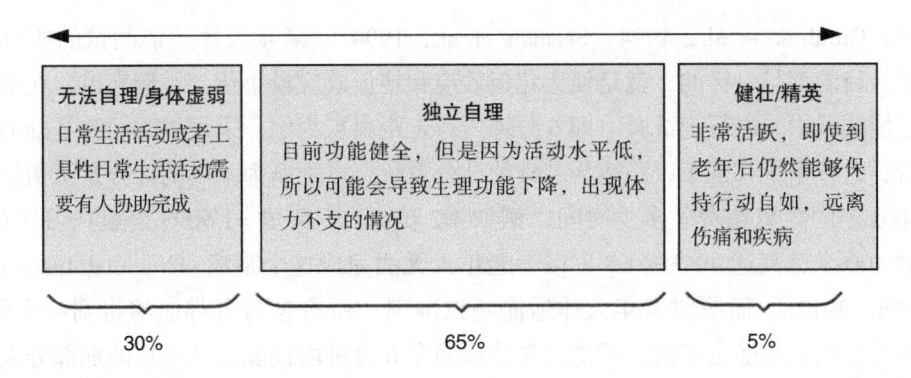

无法自理/身体虚弱	独立自理	健壮/精英
日常生活活动或者工具性日常生活活动需要有人协助完成	目前功能健全，但是因为活动水平低，所以可能会导致生理功能下降，出现体力不支的情况	非常活跃，即使到老年后仍然能够保持行动自如，远离伤痛和疾病
30%	65%	5%

图 1.1　体力活动连续图不同分类点上老年人（65 岁及以上）的比例（Spirduso, Francis, & MacRae, 2005）

日常生活活动（ADL）是指日常生活中的基本活动，例如吃饭、洗澡和穿衣。工具性日常生活活动(IADL)是日常生活中的工具性活动（即独立生活应开展的活动，例如家务劳动、上下楼梯、购物）。

老年人体适能测试的特点

老年人体适能测试是针对更广泛的不同年龄、不同能力等级的老年人，尽管目前也有一定数量的关于老年人生理功能的测试体系，但是与其他测试不同，老年人体适能测试有其独到之处，使其在全美还有其他很多国家备受追捧。

- **老年人体适能测试是全方位的。** 老年人体适能测试的项目反映了主要体适能元素的剖面，其与人到老年后独立生活的功能能力密切相关，而其他测试仅强调体适能的某些特定方面。举例来讲，简易体适能状况量表（SPPB）包括对下肢（腿部力量、平衡性、行走速度）功能的测试，但是却没有关于上肢功能或者柔韧性（Guralnik et al., 1994, 2000）的测试内容。从另一方面讲，就进行日常常见活动应具备的所有关键生理参数而言，老年人体适能测试都设有测试手段，如上肢和下肢力量、有氧耐力、上肢和下肢柔韧性、灵活性以及动态平衡。在本书第二章，对老年人的相关体适能参数进行了讨论。

- **老年人体适能测试提供连续尺度的测量。** 老年人体适能测试的另一个独特且非常重要的特征是，对于所有测试项目，不管是近于体弱还是健壮，在不同能力等级基础上，均产生连续记分。其他测试有一个共同的局限性，对于生活在社区的老年人来讲，有些测试项目显得要么太过简单、要么太过复杂，因此形成了测试数据的"天壤"之别。当测试对于大部分感兴趣人群来讲太容易时，就会出现大量完美分数，此时称之为天花板效应。反之，当测试对于感兴趣人群来讲太难时，也就是说大部分感兴趣人群无法完成测试（因此，分数就处于地板水平），此时出现地板效应。我们曾通过简易体适能状况量表（SPPB）进行过多次大规模研究，发现有些测试项目太容易（并肩平衡测试）或者太难（踵到趾平衡和 5 次坐站测试），因此对于其中 20%～80% 的参与者而言，它不能作为一个有效的评判工具（Giuliani et al.,

2008；Guralnik et al., 1994；Seeman et al., 1994）。老年人体适能测试的所有测试准则，目的都是一样的，就是使天花板效应和地板效应最小化。举例来讲，在老年人体适能测试中，以行走试验（即6分钟内行走距离）为例，采用以时间为基础的计分系统，这种系统有别于以距离为基础的计分系统，以距离为基础的计分系统衡量的是行走规定的距离花费了多少时间，例如1/2英里（1英里=1.6093公里）、1/4英里、或者400米，高达40%的65岁以上老年人无法完成这个距离（National Institutes of Health, 2012）。而按照老年人体适能测试准则，所有参与者都能够得到一个分数，而不论他们到底能走多远。不论是身体虚弱在6分钟内仅能走几英尺的那部分人，还是身体状况良好可以在6分钟内走完数百码（1码=0.9144米）的那部分人，他们无一例外都能获得一个分数。同样地，在老年人体适能测试设计的30秒坐站测试中，参与者的分数取决于他们在30秒的时间内能够完成的坐站次数，而不是完成规定的坐站次数（例如5次）花费的时间，而其他测试标准多采用时间计分方式。在老年人体适能测试的坐站测试分项中，测试标准规定了几秒的时间，而没有规定须完成的坐站次数，因此所有参与者都能够得到一个分数，虽然在极端情况下，得分有可能是零分或者一分。

- **老年人体适能测试适用于社区环境**。因为老年人体适能测试项目对仪器和空间的要求非常低，所以整个测试系列既可以在多数临床和社区（非实验室）环境中进行，又可以在家庭中进行。对于确实需要一个大空间（例如6分钟步行测试）才能进行的老年人体适能测试项目，可以选择2分钟踏步测试进行等效替换，这项测试对空间的要求就相对很低。

- **老年人体适能测试有百分位数标准和效标参照体适能标准**。老年人体适能测试的另一个独特之处就是随附的评价标准，可以用来评估测试结果，常模参照标准和效标参照标准都现成可用。具体地说，在老年人体适能测试中，针对年龄在60~94岁之间的老年人，有5个年龄组男/女专用的百分位数标准，所有测试项目均囊括其中，所以参与者可以将自己的测试成绩与同年龄和同性别组其他成员的成绩进行对比。百分位数标准中使用的数据来自于全国性研究，有7000多名美国老年人参与其中，结果来自美国21个州的267个测试现场。在第五章的表格和图表中，给出了每个测试项目的百分位数得分，同时还给出了高于标准、处于正常水平或者低于标准的得分范围。此外，还为老年人体适能测试开发了效标参照临床相关标准，即对老年人体适能测试中的所有测试项目均推荐了一个临界分值，这个分值与老年人晚年独立自理生活所需的体适能水平密切相关。在本书第三章，对确立常模参照标准和效标参照标准的过程进行了详细的讨论；在本书第五章，有实际完成情况的图表可以评价使用。

老年人体适能测试的用途

老年人体适能测试适用于保健和健身专业人士，他们既可以以研究为目的，又可以基于实际应用为目的测试数据收集。本节将就如何使用测试，通过具体实例进行讨论。

- **开展研究**。因为老年人体适能测试论证了每个测试项目的信度和效度，因此可以为多个应用场景提供可靠数据。它可以为纵向或前瞻性研究提供基线记分；可以提供测后措施，评估干预效果；提供准确的测试，为横断面研究提供相互关系分析。而且，因为该测试系列无需大量仪器设备、时间、空间或者技术专长，因此对于那些需要收集社区（非实验室）环境或者甚至是家居环境中身体活动能力数据的研究者来讲特别有用。此外，因为能够提供连续的记分结果，所以研究人员可以通过老年人体适能测试获得一组丰富的数据，而二元或分类记分系统，例如只要求回答是或者否或者以类似方式作答的测试，通常无法做到这一点。

- **评估参与者并识别风险因素**。老年人体适能测试可以告诉受试者，与同年龄同性别组其他成员相比，他们在每个测试项目中的体力得分情况，是高于标准、处于正常水平还是低于标准。测试结果还可以告诉参与者，就他们的年龄而言，他们的健康水平是否处于建议的水平，以至于他们进入晚年后在身体功能方面仍然能够保持独立。而且，通过在多个场合进行测试，并追踪不同时间阶段的测试得分情况，进而能够监测活动能力变化情况。参与者可以对自己的状况了然于心，是改善了还是下降了——而且如果出现下降情况，那下降的速度是怎么样的？与同年龄同性别组其他成员相比，下降速度比他们快还是慢？如果体适能下降导致功能受限，而且需要对受限情况进行预防或者降低受限情况，那么个体评估就能够帮助识别素质较差的方面，从而对发现的具体问题予以关注。

- **运动计划**。以小组或者个体为单位进行的锻炼项目，因为初衷是改善功能活动能力，所以应该以尽可能多的信息作为基础，从而使项目的效度和参与者的安全性最大化。老年人体适能测试提供身体优势和劣势信息，通过这种方式提供背景信息，藉以开发体适能项目，来满足个体或者群体的特定需求。实际上，已经用过老年人体适能测试的项目负责人告诉我们，引入测试使他们的项目如虎添翼，而且还吸引了额外的参与者。

"老年人体适能测试是**女性健身项目**的重要组成部分，为此我们已在48个州培训了2600多名社区工作人员，为中年和老年妇女开展体适能测试服务。我们的工作人员将利用老年人体适能测试，对各种结果进行评估。而且，老年人体适能测试评价标准是一个得力助手，使参与者能够清晰地认识到自己的身体状况、应该达到什么目标，并在成绩提高后获得成就感。"

Miriam Nelson 博士是**女性健身项目**的创始人兼董事。她同时还是塔夫茨大学营养学教授。

▶ 机构可以安装老年人体适能测试软件2.0版,导师可以在软件上输入数据,将参与者划分到不同的测试小组中。关于软件的更多详情,请访问我们的网站:http://sft.humankinetics.com。

- **培养并设定目标**。认真地为参与者解释测试结果,能够帮助他们更好地理解个人得分与功能性活动之间的关联。举例来讲,如果30秒的坐站测试得分不理想,通常表明下肢力量不够,这种情况最终会导致无法上下楼梯、无法落座或者离开椅子站起来、无法进出浴缸或者上下汽车。指导者和治疗师可以向他们的客户解释,下肢力量下降与功能受限有关,例如行走功能受限,跌倒风险就会增加。测试结果还可以作为一个有参考意义的基础值,据此制定个人长期和短期的目标。举例来讲,短期目标是在为期12周的运动计划结束时,使能力提升20%,也有可能是使某人从其年龄组中的第25个百分位数一跃进入第50个百分位数。举例来讲,一个更长期的目标是能够轻松自如地走完1英里(1.6公里),而且在来年夏季继续——对于那些正在计划海外旅行,需要对自己的能力更有信心,以便能够跟上团队进度的人来讲,这个目标来得更为直接。在为老年人设计运动计划时,参与者的目标应始终扮演重要角色。对于多数人来讲,设置个人目标往往会增加动力,而且会改善运动的依从性。关于目标设定的更多信息,请参考本书第五章。

- **评估项目**。越来越多的人向运动负责人咨询,要求提供测试结果的证据,以证明该项目的效度。如下是在为期12周的锻炼课程结束后,可能达到的目标范例:

  1. 至少75%的参与者的体适能和活动能力改善了;
  2. 老年人体适能测试课程参与者的评估得分提高了20%;
  3. 超过50%的参与者感觉更好,而且进行日常活动时感觉更有精力。

  如下情况可作为更长远的观察指标实例,有证据表明,经过为期3年的锻炼后,有些运动参与者的身体状况改善了。还有一些人,与那些身体素质随着年龄增长而下降但未进行锻炼的人比起来,他们的老年人体适能测试得分保持不变。

- **激励客户**。很多人天生就对自己的体力活动情况好

"我们一直把老年人体适能测试当作是我们老年人体适能健康检查的基础。我们向格拉斯哥的多个老年人群体提供这项健康检查。在第八届世界积极老龄化大会上我们也提供了这项检查服务,当时有超过400名老年人出席——当我们在制订个性化体力活动计划时,它(这些检查结果)就变成了一项宝贵资源。"

英国格拉斯哥卡里多尼亚大学,老龄化和健康教授,潼恩·斯凯尔顿(Dawn Skelton)博士。

奇不已，而且也想知道自己与同年龄同性别组其他成员的对比情况。有了第五章给出的活动能力图表，参与者就可以将自己的得分与同年龄组其他成员的情况进行对比，对自己身体状况在一段时间内的变化情况进行追踪，将自己的得分与建议的评价标准进行比对，以便做到终身自理独立。其他参与者，特别是更喜欢挑战的人，可能主动尝试在同年龄组中所有测试项目上拿到最高分。重申一下，百分位数表提供信息的目的是帮助个人将自己的得分与其他人进行对比，而效标标准提供的是体适能水平方面的信息，这些信息与自理独立地开展各种活动的能力密不可分。

- **改善公共关系**。美国卫生和人类服务部（2011）已为健康人2020项目设定全国目标，即降低患有中度和重度功能受限的老年人的比例。该项目可以利用老年人体适能测试的定期结果，评估个体或者项目在实现目标方面的进展，特别是支持功能能力的体适能参数方面取得的进展。这种结果可以作为新闻发布的基础，重点强调项目在满足当地社区需求，或者解决特定政治议题方面取得的成功。媒体的积极报道不仅会营造一个良好的公共关系氛围，而且在为项目吸收资源招募参与者方面也将功不可没。

老年人体适能测试的历史——十年磨一剑

2001年，在《老年人体适能测试手册》（最初出版时，命名为《Fullerton Functional Fitness Test》，Rikli & Jones，1999a）中首次介绍老年人体适能测试，此后在以老年人为对象的研究报告，以及众多临床和社区保健和体适能项目中，老年人体适能测试多被用作评估工具。对参考文献进行回顾的结果显示，老年人体适能测试曾用于数百份研究，研究主题和参与者不一而足。那些利用老年人体适能测试的研究活动，对参与者的身体活动和运动干预情况进行了评估，参与者不仅包括身体健康、居住在社区的老年人，也包括身体虚弱、居住在养老院和长期护理机构中的老年人，以及患有如下疾病的年轻人和老年人，包括阿尔茨海默氏症、糖尿病、心肺疾病、骨质疏松症、关节炎和慢性肾功能衰竭，以及癌症存活者、髋关节置换患者、下肢截肢安装假肢者。

老年人体适能测试还是很多老年人保健和体适能项目的有机组成部分，例如当地老年人中心的小型项目，国家资助项目如加州积极老龄化社区计划（Hooker & Cirill，2006），还有格鲁吉亚老龄化服务司资助的积极老龄化中心（积极老龄化组织）。

此外，在几个旨在研究老年人的国家资助的项目中，老年人体适能测试还被用作衡量工具。例如加拿大国家癌症研究所资助的结肠癌幸存者锻炼效果研究项目（Courneya et al.，2008）；由杜克大学研究人员（Demark et al.，2003）牵头，由国家健康研究所对饮食和运动干预对乳腺癌和前列腺癌幸存者的效果进行的研究；以及罗伯特·伍德·约翰逊基金会（Robert Wood Johnson Foundation）资助的研究项目，例如积极生活倡议，旨在寻求发现生理功能变化的各种干预效果（Baruth et al.，2010）。

此外，有几项重点研究老年人的高校长期项目，已经将老年人体适能测试并入其中（例如，加拿大人活动和老龄化中心，坐落在西安大略大学内以及加州州立大学富尔顿分校的积极老龄化中心）。老年人体适能测试还被纳入到几个大型健康和健身软件评估项目中，例如互动式健康伙伴（www.interactivehealthpartner.com），同时还被纳入多个著名的社区和临床项目中，例如 AREUFIT 保健服务（www.areufithealthservices.com）、女性健身项目（www.strongwomen.com）、老年人健身项目（www.elderfitpt.com）以及坐也能锻炼赢奖电视系列节目（www.sitandbefit.org）。

总　结

个人体适能水平在各个年龄段都至关重要。当我们变老时，重点也将从健康促进和疾病预防过渡到保持功能活动能力和独立自理能力。功能性体适能是指具备安全独立地开展日常活动应有的身体能力，未出现过度疲劳现象。老年人体适能测试提供了一个简单、经济的方法，对年龄在 60～90 岁之间的老年人的功能性体适能情况进行评估。老年人体适能测试因为如下特点而声名远播：

- 指标全面详尽；
- 提供连续的尺度测量；
- 在实验室和社区环境中都可以进行；
- 具备常模参照标准和效标参照评价标准。

健康/体适能专业人士会发现老年人体适能测试有很多用途，列举如下：

- 开展研究；
- 评估参与者并识别风险因素；
- 设计运动计划；
- 培养并设定目标；
- 评估运动计划；
- 激励客户；
- 改善公共关系。

自首次出版以来，因为适用于多种情境——科学研究、高校拓展项目和社区专属项目、临床康复以及各种健康和健身软件评估项目，所以老年人体适能测试越来越受欢迎。在下一章，我们将介绍确定功能性体适能相关参数的过程，同时介绍评估这些参数所用的特定测试项目的选择标准。此外，我们还将简略介绍测试项目以及各测试项目的计分原则。

第二章 老年人体适能测试
功能性体适能参数定义

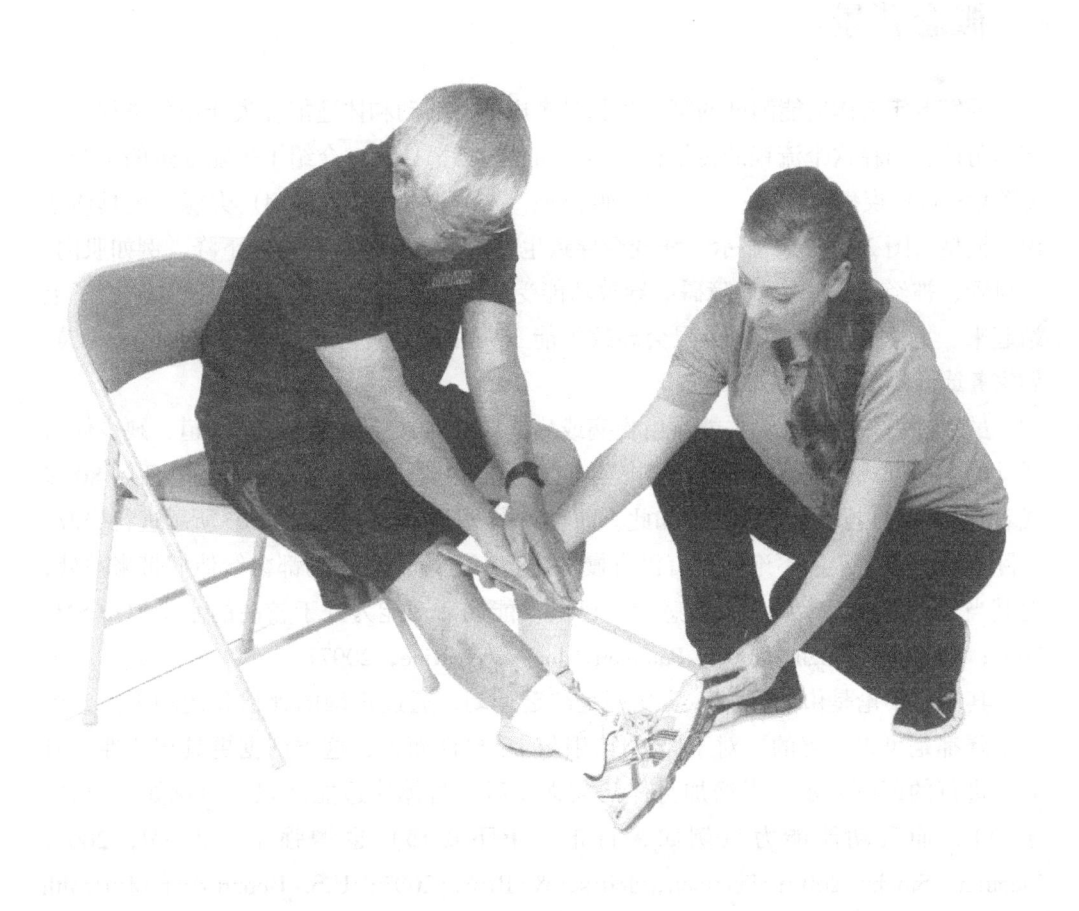

要想使一项体适能测试适用于老年人群体，该测试中就应涵盖反映与功能性活动能力相关的主要身体素质参数，而且测试还必须是安全可行的，具备适用于多数老年人进行现场（非实验室）测试的环境。为了保证老年人体适能测试（SFT）满足预期的规范，测试广征博引，具有强大的后盾支撑。首先全面查阅了功能性体适能方面的科学文献；其次开展了一系列试点研究，对测试项目的信度和效度进行验证；同时在老年人研究或者工作方面积累了丰富经验的专家小组，提供了大量宝贵的意见和建议。

在本章中，对老年人体适能测试开发的背景情况和理论依据进行了概述。详细信息可查阅 Rikli and Jones（1999a）。本章讨论如下内容：

- 开发测试的概念背景；
- 功能性体适能框架，解释说明体适能参数、功能行为与活动目标之间的关系；
- 选择测试项目对每个体适能参数进行评估依据的标准；
- 简要概述测试项目和记分准则。

概念背景

开发老年人体适能测试的第一步就是考虑体力活动和体适能在失能演化进程中扮演的角色。阐释这个流程的传统模型（Nagi，1965，1991）介绍了失能演进的4个主要阶段：（1）疾病或病变；（2）生理障碍；（3）功能受限；（4）失能。更具体地说，模型［图2.1（a）］显示，病变会导致生理障碍（身体系统功能下降，例如肌肉、心血管、神经系统）；生理障碍会导致功能受限（身体行为受到限制，例如从椅子上站起来、上下楼梯）；功能受限会导致失能（失去日常活动的能力，例如自己洗澡、做家务或者购物）。

虽然过去一直认为，失能是由疾病或病变导致的，但是现在我们知道，缺少体力活动的生活方式同样可能成为人到晚年时虚弱的主要诱因，对于那些能够活到80多或者90多岁的老年人来讲更是如此。而且，模型应该按照图2.1（b）所示进行修改。实际上，所有老年人不论他们有没有慢性病，多进行体力活动都会给他们带来益处，尤其当他们进入晚年后，就会感觉自己的功能性活动能力处于较高的水平（ACSM，2009；Fiatarone Singh，2002；Paterson，Jones，& Rice，2007）。

其实，不论是由于疾病、病变还是缺乏运动，通过正确的评估和运动干预，体力下降都是可以改善的，对于体适能测试的重要性而言，这类证据更具相关性。对研究进行的回顾显示，当增加身体活动强度后，身体体适能增强了（例如，力量、耐力），而且功能能力（例如，行走、上下楼梯）也增强了（ACSM，2009；Fiatarone Singh，2002；Paterson，Jones，& Rice，2007；U.S. Department of Health and Human Services，2008），即使是在进入晚年后才开始进行身体活动亦能达到上述效果。

第二章 老年人体适能测试

失能模型
(Nagi，1999)

疾病/病变 → 生理障碍 → 功能受限 → 失能

(a)

失能模型
(修改后，Rikli & Jones，1999a)

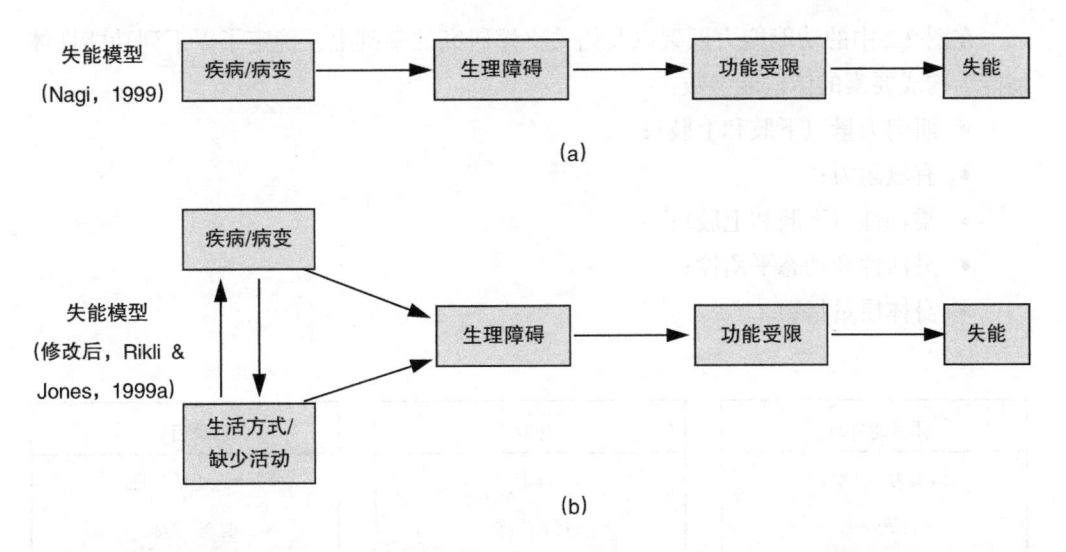

疾病/病变
生活方式/缺少活动
→ 生理障碍 → 功能受限 → 失能

(b)

图 2.1 （a）奈义（Nagi）1991 年制定的失能演进模型；（b）修改后的模型重在说明，缺少活动的生活方式同样可以导致演化成为失能。

经同意，转载自 Rikli & Jones，1999a。

了解导致体力下降（例如，疾病、受伤或者活动不足）以及后续导致身体虚弱的原因，对于规划有效的预防和治疗策略、设计合适的测量工具大有裨益。

老年人体适能测试是专为评估生理范畴的功能（例如，肌肉、心血管）而设计的，这样就可以评估并监测这些关键支持参数方面的能力情况，从而遏制可能导致额外功能丧失的体力下降，特别是那些已发展到影响日常生活的功能丧失情形就可以得到遏制。

功能性体适能参数

可以将图 2.2 中描述的功能能力框架作为指导，用于帮助理解老年人体适能测试项目与功能性活动之间的关系。与对老年人的身体活动强度和体适能研究一致，功能能力框架以图表的形式阐明体适能参数、功能能力和活动目标之间的递进关系。具备完成图 2.2 第 2 列中的功能（例如，行走、上下楼梯、抬举和伸手触及）的能力，才能进行最右侧一列（例如，满足个人需求、做家务、购物和旅游）中的常规活动。反过来，这些功能又要求很好地保持第 1 列中已被认同的体适能参数——肌肉力量、有氧耐力、柔韧性、灵活性和平衡性——以及最佳的或者至少可管理的身体质量指数（身高与体重的关系）。

"老年人在社区中独立自理生活的能力在很大程度上取决于保持足够的有氧能力和力量水平，这样他们才能够开展日常活动。"

巴尔的摩老龄化纵向研究结果（Fleg et al., 2005）。

在图 2.2 中的功能能力框架以及相关支撑研究的基础上，确定了以下列功能性体适能为构成要素的体适能参数：

- 肌肉力量（下肢和上肢）；
- 有氧耐力；
- 柔韧性（下肢和上肢）；
- 灵活性和动态平衡性；
- 身体质量指数。

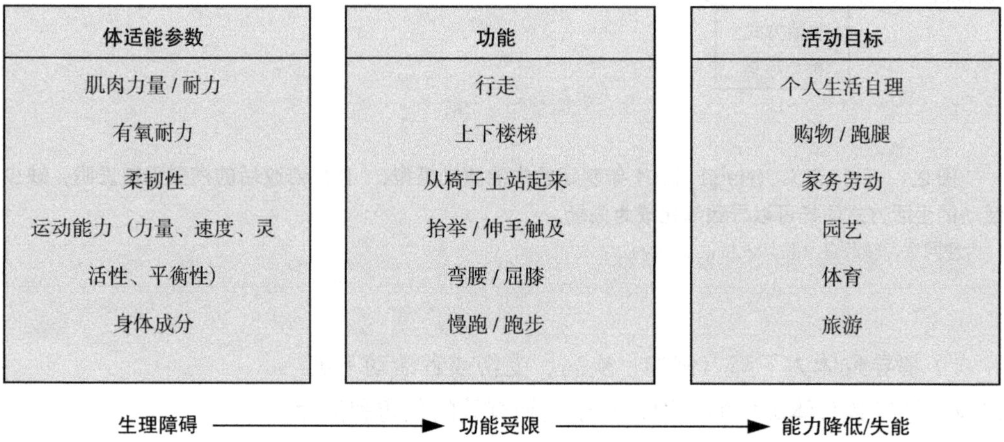

体适能参数	功能	活动目标
肌肉力量/耐力	行走	个人生活自理
有氧耐力	上下楼梯	购物/跑腿
柔韧性	从椅子上站起来	家务劳动
运动能力（力量、速度、灵活性、平衡性）	抬举/伸手触及	园艺
	弯腰/屈膝	体育
身体成分	慢跑/跑步	旅游

生理障碍 ──────→ 功能受限 ──────→ 能力降低/失能

图 2.2　功能能力框架说明与进行基本和复杂日常活动相关的生理参数
经同意，转载自 Rikli & Jones, 1999a。

在下面的章节中，将对这些参数以及它们与功能性活动能力的相关性进行讨论。

肌肉力量

按照体适能专家的观点，对于老年人来讲保持肌肉力量应该是一个主要问题。当人到了 50 岁以后，肌肉力量平均每 10 年下降 15%～20%（Vandervoort, 2002），这会对人们开展日常活动的能力造成破坏性影响。诸如上下楼梯、步行一段距离、离开椅子站起来、从浴缸出来，都需要下肢有力量才能完成。而上肢力量对于携带杂货、提起手提箱、抱抱小孙子或者宠物以及很多常见功能非常重要。统计数据显示，很多老年人由于力量下降，在衰老过程一开始就失去了实现这些功能的能力。在一次全国性研究中，对 6000 多名居住在社区的 70 岁以上的老年人进行了调查，其中 26%的人，甚至无法在不中断的情况下完成一组从椅子上站起来的测试，31%的人在举起 10 磅（约 4.5 公斤，一袋杂物）物体时有困难，36%的人行走有困难，无法走完几个街区（Stump, Clark, Johnson, & Wolinsky, 1997）。尽管上肢和下肢力量障碍都与无法完成日常生活活动相关，但是，在预示晚年失能发病方面，下肢力量衰减更有说服力（Guralnik et al., 2000）。

保持力量和肌肉功能也很重要，因为力量具有减少跌倒风险以及与跌倒相关伤害的作用，而且力量还会对很多与年龄相关的健康疾病产生积极的影响。肌肉力量可以帮助减少骨质流失；提高葡萄糖的利用；维持瘦体重；预防肥胖（Physical Activity Guidelin Advisory Committee，2008；Warburton, Gledhill, & Quinney，2001）。

尽管肌肉质量和力量下降可能由多个原因导致，例如遗传、疾病和营养，但是人进入晚年后肌肉损失最主要的可变因素是体力活动不足。幸运的是，目前进行的研究显示，通过增加运动可以使任意年龄段的人重获部分丧失的力量和肌肉质量，最终达到功能性活动改善的目标（Fiatarone Singh，2002；Macaluso& De Vito，2004）。因为在老龄化过程中保持肌肉力量的重要性，所以对肌肉力量（上肢和下肢）进行测量也就成为老年人体适能评估以及项目计划的一个重要的方面。

有氧耐力

适当的有氧耐力（在一段时间内维持大肌肉群活动的能力）水平对于开展很多日常活动非常必要，例如行走、购物、度假观光以及参与娱乐或者体育活动。我们的身体适能够完成多少工作以及我们感觉自己有多少精力，都与我们能够摄入和利用氧气的量有关。虽然估计认为最大摄氧量（$\dot{V}O_2max$，耗氧量或者有氧运动能力的常见量度标准）至少应为15ml/（kg·min）才能维持独立的生活状态，但是因为缺少体力活动的生活方式导致体适能下降，所以通常在80岁以前就跌落到估计值以下的水平了(Patersonet al., 2007; Spirduso Francis, & MacRae, 2005)。

尽管当人进入30岁后，有氧代谢能力将以每10年5%~15%的速率开始下降，70岁时将丧失最多达50%的有氧代谢能力，但是研究显示，经常进行体育锻炼的人，能够拥有足够的有氧储备，使他们在整个老年生活中依然可以保持功能能力（Jackson et al., 2009; Paterson& Warburton, 2010）。保持适当的有氧耐力水平不仅对个人的功能活动能力产生直接和间接影响，同时有氧耐力水平在降低风险方面也会发挥作用，例如心血管疾病、糖尿病、肥胖、高血压以及一些类型的癌症（Paterson et al., 2007; Physical Activity Guidelin Advisory Committee, 2008）。

"无法管理日常生活活动是很多人进入疗养院的最常见的原因。通常情况下，身体虚弱使得这些活动对他们变得遥不可及，同时还劫掠了他们独立自主的能力。"

National Institutes of Health，2012。

显然，对于老年人而言，有氧耐力是一个重要的体适能要素。就像肌肉力量的情形一样，研究还显示增加锻炼能够使得老年人的有氧耐力显著提高。实际上，数据显示老年人耐力运动训练能实现和年轻人等量的耐力增加（ACSM，2009）。

柔韧性

作为体适能的一个要素，柔韧性的重要性随着年龄而增加。柔韧性的丧失（例如，某个关节的活动度丧失）会损害身体活动必需的很多功能，包括弯腰、俯身、抬举、伸手触及、行走和上下楼梯（Holland, Tanaka, Shigematsu, & Nakagaichi, 2002）。因为在预防下背痛、肌肉骨骼损伤和步态异常、降低跌倒风险中的作用，所以维持下肢的柔韧性，特别是髋关节和肌腱的柔韧性尤为重要（Brown & Rose, 2005）。

在上肢中（肩部）很多特定的功能都要求有足够范围的活动度，例如梳头发、拉开/上背式拉链、穿上或者脱下套入式服装、从后袋中取出钱包以及伸手拽安全带等动作。肩胛带的运动范围减少也能导致疼痛和姿势不稳（Brown & Rose, 2005），而且发现在65岁以上的健康人群中，导致严重失能的比例高达30%（Chakravarty & webley, 1993）。上肢和下肢柔韧性是老年人功能性体适能的重要方面，它们随着年龄增加而退化，但是可以通过锻炼得到强化（Brown et al., 2000; Holland et al., 2002）。

灵活性和动态平衡

灵活性（快速移动身体并改变方向的能力）和动态平衡性（在运动的过程中维持姿势稳定）对于很多日常活动任务都非常重要，这种活动要求快速操控能力，例如及时迅速地上下公共汽车、从路中央离开以避免被车或其他物体撞到；迅速起身接听电话；上卫生间；到厨房去忙活一下。而且，需要有足够的灵活性和动态平衡性，才能够安全地参与很多娱乐项目和体育活动。

尽管有些人可能认为灵活性和动态平衡性代表两个截然不同的身体特征，而且应该单独评估，但是我们将其视为一个复合指示，原因在于它们必须通力合作，才能够成功地完成很多日常活动，例如前面刚刚列举的那些活动。研究表明，灵活性和动态平衡性方面的综合表现与步态速度、其他平衡指标，以及一个反映日常生活活动的复合指示有关。而且，这种综合表现还是经常性跌倒的一个预测指标（Judge 2003; Podsiadlo & Richardson, 1991; Rose, Jones, & Lucchese, 2002）。我们利用研究中获得的数据确立了老年人体适能测试的标准，这些数据表明，灵活性和动态平衡方面的退化速率与其他体适能变量相同；体育锻炼是维持良好灵活性和平衡的关键因素（Rikli & Jones, 1999b）。

身体质量指数

　　一个人的身体成分，特别是脂肪与瘦体重的比率，会对健康和功能性活动能力产生显著的影响。相对于肌肉质量而言，如果一个人有过量的脂肪，与脂肪和肌肉比率正常的人相比，身体脂肪过量的人通常无法完成相应的功能（例如，上下楼梯或者长距离行走）。从30岁左右开始，人们就会以每年1磅（约0.45公斤）的速度开始发胖直到50岁（男性）或者60岁（女性），在此之后几年，体重通常是保持稳定不变，再之后体重开始逐渐下降。不幸的是，对于多数人而言，晚年出现的体重下降通常不是由于脂肪丢失，而是瘦体重的丢失（肌肉量和骨质）。身体质量指数（BMI）衡量的是体重与身高的比率，虽然这个比率不能直接反映身体成分，但是它与体重而不是身高更具有相关性，因此多年以来这个比率一直被用作健康体重管理的常规指标（ACSM，2010）。

　　考虑到身体质量指数在维持功能性活动方面的作用，我们建议将身体质量指数作为老年人体适能测试的一部分。研究显示，与具有正常体重级别的人相比，超重的人（通常是由于体内有多余的脂肪）进入老龄后更容易发生失能现象（Bouchard, Beliaeff, Dionne, & Brochu, 2007; Sternfeld, Ngo, Satariano, & Tager, 2002）。而且，与仅有的单一问题相比，同时存在超重和较小的肌肉力量两个问题，会使人们面临更大的失能风险（Bouchard & Janssen, 2010）。研究人员还发现，体重过轻的人出现健康和行动能力问题的风险增加，可能与肌肉质量、骨质或者两者都减少有关（Arnold, Newman, Cushman, Ding, & Kritchevsky, 2010; Losonczy et al., 1995）。

　　可以通过下面的公式确定身体质量指数：用体重（1磅）乘以703，将乘积除以身高（英寸）的平方 [BMI=（1磅×703）/ 英寸^2]；或者用体重（公斤）除以身高（米）的平方 [BMI= 公斤 / 米^2]。还可以参照附录F中的身体质量指数换算表估算身体质量指数。尽管老年人的最佳身体质量指数范围尚未确定，但是一般认为介于19～25之间的值属于健康范畴，如果身体质量指数高于或者低于上述范围，那么在进入晚年后出现健康和行动能力方面问题的风险就会增加（ACSM，2010；Losonczy et al., 1995；Shephard, 1997）。

　　总而言之，研究显示，下列生理学参数对于支持晚年功能性活动能力尤为重要：肌肉力量（下肢和上肢）、有氧耐力、柔韧性（下肢和上肢）、灵活性和动态平衡以及身体成分。这些变量对于老年人身体健康和行动能力的重要性，在很多评论和报道中都有据可查（ACSM, 2009; Fiatarone Singh, 2002; Morey, Pieper, & Cornoni-Huntley, 1998; Paterson & Warburton, 2010; Physical Activity Guidelines Advisory Committee, 2008）。

　　在对老年人的体适能进行评估时，选择测试项目非常重要，应反映这些关键身体要素与功能性活动的关联，而且测试要满足其他规范要求，例如效度、信度、易于在现场环境（非实验室环境）中使用。以下是我们确立的标准清单，可以用作测试项目选择指南。

测试项目选择标准

在为老年人体适能测试选择测试项目时，对如下两个目标应给予最大关注：(1) 开发的测试准则要求在信度和效度方面，能够满足可接受的科学标准；(2) 开发的测试须在普通的临床环境、社区和家庭环境中均易于管理，切实可用，因为很多老年人评估项目都是在上述三种环境中开展的。更具体地说，可以依据以下清单中罗列的标准（与开发老年人体适能测试时依据的标准相同），为老年人选定合适的测试项目。测试项目应具备如下特征：

- 涵盖了主要功能性体适能要素的各个方面（即，与功能性活动能力相关的主要生理学参数）。
- 具备可接受再测信度（≥0.80）（Safrit & Wood，1995）。
- 具备可接受的效度，有文献证据证明至少支持如下两项：内容、效标和结构（判别）效度。关于可接受的效标效度，测试项目和标准方法之间的相互关系至少应为 0.70，最好是高于 0.80（Safrit & Wood，1995）。关于结构（判别）效度，相关的组间差异应明显高于 0.01（Baumgartner, Jackson, Mahar, & Rowe, 2007）。内容（逻辑）效度应通过文献综述以及评审专家的主观判断确立。
- 反映身体活动能力的年龄变化特征。
- 能够发现由于训练或者运动带来的身体变化。
- 能够连续地对多种功能能力的表现进行评估，从体质低下到近于虚弱再到健壮均能评估。正如第一章中讨论的那样，目标是避免出现天花板效应和地板效应，所以所有参与者或者至少多数参与者都应该能够得到一个分数。
- 易于管理和记分。
- 对设备和空间的要求非常低，所以既可以在特有的临床和社区环境中进行管理，又可以在家居环境中进行管理。
- 对于居住在社区的大部分老年人来讲，即使没有医师同意，也可以安全进行。
- 能够被社会所接受，对老年人有意义且具有感召力。
- 能够合理快速地管理，个体测试时间不超过 40 分钟，最多 24 人小组完成测试的时间应不超过 90 分钟，由 6~7 名经过培训的志愿助手参与。

要保证老年人体适能测试项目满足这些标准，就要求在测试开发阶段进行大量以试错为目的的试点测试，将重点放在调整和细化测试准则上，以便满足信度和效度标准，同时兼顾设备、空间和时间要求，使它们合理化。最后，老年人体适能测试选用了如下 7 个测试项目和一个备选项目。

测试项目概述

下面将对老年人体适能测试中包括的各个测试项目进行概述。每个测试项目都有一个目标，同时还有测试准则的简单说明。在第三章中，给出了选择每个测试项目的额外理由，以测试效度的形式呈现。在第四章对测试准则进行了详细的说明。

30 秒坐站测试

目的

对多项活动所需的下肢力量进行评估，例如上下楼梯、行走、离开椅子站起来、走出/入浴缸或者进/出汽车（这项运动表现能力增加后可能会减少跌倒的机率）。

说明

在 30 秒时间内，双手交叉放于胸前，从坐姿状态到站立动作的完成次数。

30 秒手臂弯举测试

目标

对开展家务劳动和其他活动所需的上肢力量进行评估，例如抬举和携带杂物、拎手提箱、抱孙子等动作。

说明

在 30 秒时间内可以完成的手臂弯曲次数，女性握一个 5 磅（2.3 公斤）重的物体，男性握一个 8 磅（3.6 公斤）重的物体。

6 分钟步行测试

目标

评估有氧耐力——对于长距离行走、上下楼梯、购物、度假观光等活动非常重要。

说明

在 6 分钟的时间内，绕着 50 码（45.7 米）的场地行走的距离（码或者米）。请参见第四章，了解路线布局图。

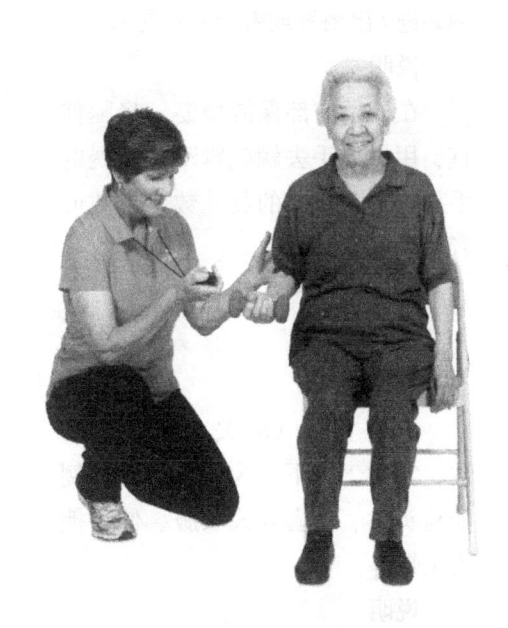

2 分钟踏步测试

目标

当时间限制、空间有限或者天气情况不允许进行 6 分钟步行测试时，以此项测试等效替换有氧耐力测试。

说明

2 分钟时间内完成的完整踏步次数；将每个膝盖抬升到髌骨和髂嵴之间的中间位置停下；分数即为右侧膝盖达到要求高度的次数。

椅式坐位体前屈测试

目标

评估下肢的柔韧性，因为柔韧性对于保持良好的姿势、正常的步态以及完成各种行动需求很重要，例如进/出浴缸或者上/下汽车。

说明

在椅子前部保持坐姿，将腿伸直，用力伸手去触碰脚趾，伸展的手指和脚趾之间的英寸数（正数或者负数）即为得分。

背抓测试

目标

评估上肢（肩关节）的柔韧性，它对于如下行为非常重要，例如梳头发、穿套入式衣服、伸手拽安全带等。

说明

一只手从肩膀方向下伸，另一只手从后背向上伸至后背中心位置，伸展的两手中指之间的英寸数（正数或者负数）即为得分。

8英尺起立行走测试

目标

评估灵活性和动态平衡性，对于要求快速完成的动作非常重要，例如迅速地上下公共汽车、起身到厨房忙碌、上卫生间或者接听电话。

说明

从坐姿到起立，走完8英尺（2.4米）、掉头、返回到就座位置需要的时间。

身高和体重

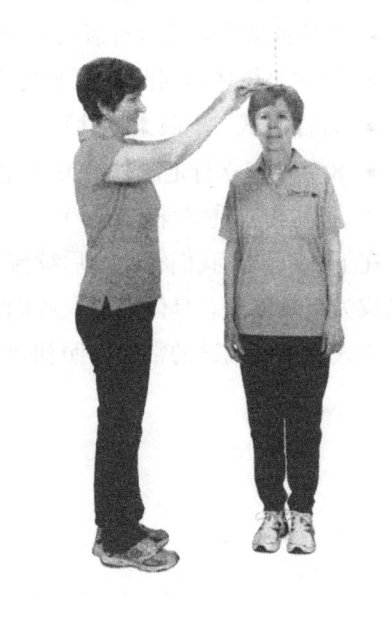

目标

以身高为基准，对体重进行评估，因为体重管理对功能性活动能力非常重要。

说明

需要测量身高和体重，然后利用换算表，确定身体质量指数。

总 结

开发老年人体适能测试的目的是反映关键体适能参数，它们是维持功能能力的必要前提。根据失能模型，身体受损（丧失力量、耐力等）有可能是由于病变，也有可能是由于运动缺乏，身体受损是演进成为失能的初始阶段。身体受损反过来可能导致功能受限（身体行为受到限制，例如从椅子上起身站起来、上下楼梯等），最终导致失能（丧失自我照顾的能力），但是通过干预手段阻止或者降低身体进一步恶化的情况除外。

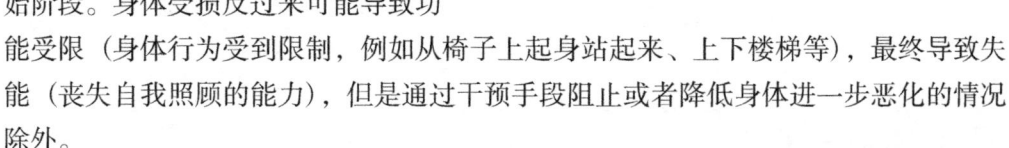

如下生理学参数是老年人维持功能能力的必要条件，可以预防或者延缓失能演化进程：

- 肌肉力量（下肢和上肢）；
- 有氧耐力；

- 柔韧性（下肢和上肢）；
- 灵活性和动态平衡；
- 身体质量指数。

我们识别了功能性体适能的一般要素后，下一步就是制定测试准则，评估每个体适能参数。为了满足老年人体适能测试的目标，每个测试项目都满足如下内容非常重要：

- 可靠且有效；
- 足够敏感，能够发现由于老化或者运动干预在能力方面出现的预期变化；
- 能够对一系列能力水平进行评估，从身体近于虚弱到健壮均可以；
- 易于管理和记分，对仪器设备、时间、空间和训练的要求最小化；
- 被社会所接受且对老年人具有感召力。

为了使制定的测试准则满足前面引述的标准，我们经过了大量以试错为目的的试点测试，最终选择了如下测试项目纳入到老年人体适能测试系列中：

- 30 秒坐站测试（下肢力量）；
- 30 秒手臂弯举测试（上肢力量）；
- 6 分钟步行测试（有氧耐力）；
- 2 分钟踏步测试（有氧耐力的备选项目）；
- 椅式坐位体前屈测试（下肢柔韧性）；
- 背抓测试（上肢柔韧性）；
- 8 英尺起立行走测试（灵活性和动态平衡）；
- 身高和体重（身体成分）。

在下一章中，我们将介绍后续流程，以保证测试项目能够满足质量标准，从而使测试成为有效测试。具体地说，我们将讨论确立测试效度和信度遵循的流程，以及制定老年人体适能测试的常模参照和效标参照标准的流程。

第三章　测试的效度、信度、百分位数标准和效标参照标准

辨别老年人相关的体适能的方法

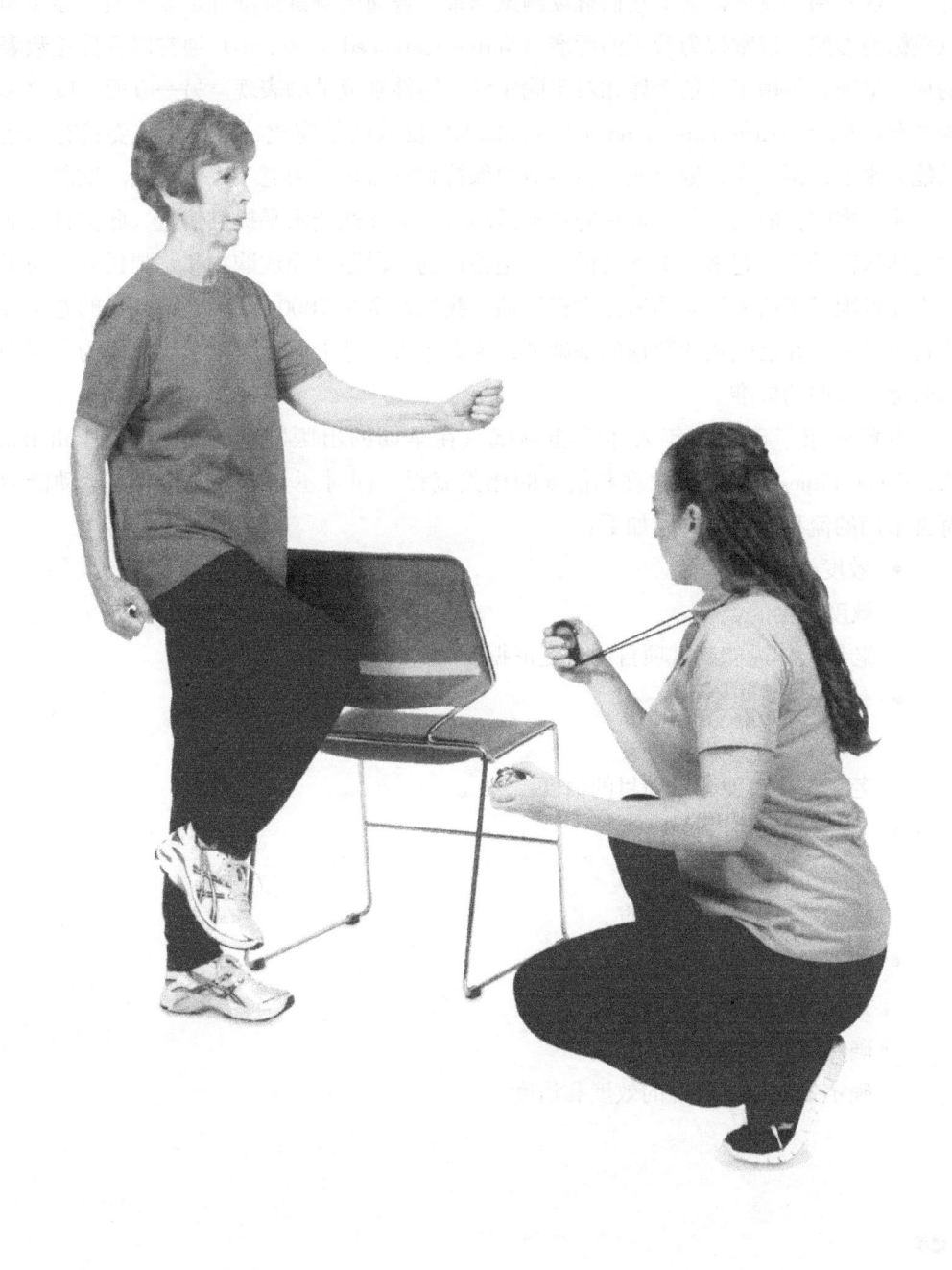

一项有价值的测试不论是具有研究价值还是具有实际应用价值，测试本身必须首先是有效且可靠的［American Psycholoical Association（APA），1985］。一个有效的测试是指能够达到研究者研究目的的测试。举例来讲，如果有证据显示，新开发的测量肱二头肌力量的现场测试，能够与以前这方面已验证的方法有很好的相关性，那么就认为这个测试是有效的。一个可靠的测试是指能够产生一致性、准确的、可重复性测试的得分且没有测量误差的测试。如果在不同情形下开展测试，例如，假设受试者的能力水平未发生变化，短期内重复测试，而测试者都能够得到相同的分数，就证明这个测试是可靠的。

按照美国心理学学会（APA）的指导原则，对外发布的测试还应该附测试评价或标准，这样用户就可以凭借它们解读测试结果。普通的测试标准都是以常模为参照和以效标为参照。以常模为参照的标准（Norm-referenced standards）通常以百分位数表的形式呈现，可用于评估个体相对于同年龄、同性别成员的表现。另一方面，以效标为参照的标准（Criterion-referenced standards）反映的是完成特定目标需要具有的运动能力水平，例如保持健康或者在生活中保持独立自理。为老年人体适能测试制定效标参照标准的目的是为开展常见的日常活动所需的体适能水平提供信息，此类日常活动包括从椅子上站起来、上下楼梯、走足够远的一段距离完成购物和跑腿任务。为了对上述各项日常活动所需体适能进行评估，我们对全国7000多名60~90岁的老年人进行了研究，在已收集的数据的基础上，为老年人体适能测试制定了以常模为参照和以效标为参照的标准。

本章介绍了确立老年人体适能测试（在早期的出版物中，命名为《Fullerton Functional Fitness Test》）效度和信度的相关流程，同时还介绍了后续制定运动能力标准采用的流程。本章主题如下：

- 效度
  效度证据的类型。
  老年人体适能测试项目的效度证据。
- 信度
  评估信度采用的流程。
  老年人体适能测试项目的信度。
- 百分位数参照标准
  标准化的研究程序。
  研究结果和参与者特点。
- 效标功能性体适能参照标准
  独立自理需要的功能能力。
  确定效标体适能得分。
  确定效标参照标准的效度和信度。

效 度

对于任何测试而言，一个最重要的特征就是效度。因为一个有效的测试直指目标测试内容，所以应始终比照测量的目的对测试的效度进行检验。举例来讲，如果某个特定测试项目的目的是为了测量下肢力量，那么检验其效度的方法之一就是，将该项测试的得分，与已被证实的下肢力量测试方法的得分情况进行对比。如果两组得分之间表现出高度的相关性，就表明相对于标准方法而言，该项测试具有很好的效度。但是，如果测试的目的还包括发现人的体适能水平随年龄的变化情况，以及参加一项运动项目后体适能改善情况，那么只有以下证据才可以进一步证明该测试的效度：表明测试项目有能力，区别不同年龄组之间的预期差别，同时还能发现运动和不运动的人之间的区别。理想的情况是，应通过尽可能多的证据来验证测试的效度。

效度证据的类型

确定测试效度的主要证据来源包括内容效度、效标效度和结构效度（APA，1995）。在验证老年人体适能测试方面，这三个方法都派上了用场。

内容效度

内容效度（或称逻辑效度，在指身体能力测试时，通常称为逻辑效度）指的是一项测试多大程度上代表了所要测量的内容或领域，如老年人体适能测试想要测量的应该是功能性体适能。阐明各测试要素之间相关性的文献综述，以及该领域专家的主观判断可以作为支持内容效度的证据。关于老年人体适能测试的内容相关性（或者逻辑相关性），主要包括在第二章的功能性体适能参数部分。在该部分内容中，我们介绍了各体适能参数相对于晚年维持功能性活动能力的重要性，具体而言，即下肢力量、上肢力量、有氧耐力、下肢柔韧性、上肢柔韧性、灵活性和动态平衡以及身体成分。

此外，由老年医学和运动科学领域知名学者组成的24人专家顾问小组，还有积累了丰富的实践经验的老年工作从业者，都对老年人体适能测试的内容效度提供了进一步支持。专家顾问小组在测试开发的关键阶段，均提供了反馈信息和咨询意见，相关内容在早期出版物（Rikli & Jones，1999a）中可以找到。

效标效度

效标效度指的是一项测试与已知有效的标准测试之间的关联。有时候，这种标准测试称为金标准；通常将待验证测试测得的分数与效标测得的分数之间的相关系数作为效标效度。与老年人体适能测试项目类似的测试已公布的数据组合，以及用适当的标准方法专门针对老年人体适能测试开展的研究，都可以作为支持老年人体适能测试项目效标效度的证据。老年人体适能测试各项目的效度均有据可查，本章将对此进行概述。

结构效度

结构效度，或者有时候称为判别效度，是指一项测试在多大程度上测出了我们提出的理论构想。结构是一个属性，属于理论范畴，因此无法像智力、人格或者本例中的功能性体适能一样直接观察到。

确立结构的流程通常从制定概念框架开始，对结构的意义和相关性进行解释，直至研究能够确认预期的变化或结构干扰为止。第二章讨论的资料（在概念背景和功能性体适能参数一节），以及证明老年人体适能测试能够发现不同年龄段老年人的体适能差别、健康状况和活动水平（Rikli & Jones, 1999a）的研究，都可以作为支持老年人体适能测试项目结构效度的证据。在表 3.1 中，以对比的形式给出了常模研究中经常运动和不经常运动的老年人的体适能测试得分情况。

表 3.1　老年人体质测试的平均数和标准差（括号中）

活动水平	60~64岁	65~69岁	70~74岁	75~79岁	80~84岁	85~89岁	90~94岁	综合组
分组								
经常运动	n=538	n=986	n=1130	n=847	n=425	n=235	n=101	n=4262
不经常运动	n=239	n=420	n=504	n=481	n=299	n=200	n=118	n=2261
30秒坐站(适应次数)								
经常运动	15.6(4.3)	14.7(3.9)	14.0(3.9)	13.6(4.1)	12.3(3.9)	11.3(3.9)	10.5(3.9)	13.9(4.1)
不经常运动	13.8(3.9)	12.8(3.6)	12.2(3.6)	11.8(3.7)	10.5(4.2)	9.4(4.0)	6.9(4.7)	11.7(4.1)
30秒手臂弯举(弯举次数)								
经常运动	17.6(4.7)	16.9(4.9)	16.0(4.8)	15.5(4.5)	14.5(4.2)	13.3(3.8)	12.2(3.5)	16.0(4.6)
不经常运动	15.7(4.8)	14.9(4.5)	14.1(4.3)	13.4(4.3)	12.9(4.5)	11.8(3.9)	10.4(3.7)	13.7(4.5)
6分钟步行(码)								
经常运动	638(91)	607(102)	588(94)	551(106)	524(97)	485(108)	427(120)	576(110)
不经常运动	595(95)	545(113)	512(109)	477(123)	417(130)	384(147)	305(127)	489(138)
2分钟踏步(步数)								
经常运动	100(23)	98(26)	92(25)	92(25)	85(24)	78(22)	78(21)	93(25)
不经常运动	85(23)	86(24)	80(25)	78(24)	69(23)	61(19)	52(21)	77(25)
椅式坐位体前屈(英寸)								
经常运动	2.1(4.2)	1.7(4.0)	1.1(4.0)	0.9(4.1)	−0.1(4.4)*	−0.3(4.2)*	−1.6(3.6) *	1.1(4.2)
不经常运动	0.8(4.2)	0.6(4.1)	0.5(4.0)	−0.1(4.0)	−0.6(4.2)	−1.0(3.6)	−2.9(4.6)	−0.0(4.4)
背抓(英寸)								
经常运动	−1.2(3.9)	−1.9(4.3)	−2.2(4.2)	−2.7(4.4)	−3.1(4.7)	−3.8(4.8)	−4.6(4.7)*	−2.3(4.4)
不经常运动	−2.0(4.3)	−2.6(4.4)	−3.1(4.5)	−4.0(4.9)	−4.2(4.9)	−5.2(4.6)	−6.2(5.4)	−3.6(4.8)

(续表)

活动水平	年龄组							综合组
	60~64岁	65~69岁	70~74岁	75~79岁	80~84岁	85~89岁	90~94岁	
8英尺起立行走(秒)								
经常运动	4.9(1.1)	5.2(1.1)	5.5(1.3)	5.8(1.4)	6.5(1.6)	7.2(2.0)	7.6(1.9)	5.7(1.5)
不经常运动	5.4(1.4)	5.8(1.4)	6.3(1.9)	6.8(1.9)	7.6(2.6)	8.3(3.1)	10.1(3.6)	6.7(2.3)

作为其中一部分，本表中的数据是 Rikli & Jones，1999b 中介绍的常模参照研究中收集的，并在 Rikli & Jones，2000 中转载。经常运动的老年人指那些每周至少参与 3 次中等强度的体力活动的人（按照定义，指很足够费力以引起心率、呼吸明显增加或出汗）。不经常运动的老年人指那些不从事规律的体力活动的人。平均年龄：经常运动 =74.8 岁；不经常运动 =74.6 岁；性别比例：经常运动 =68% 女性，32%男性；不经常运动 =73% 女性，27%男性。

* 表示没有显著性差异（$p>.01$）。所有其他年龄段都有显著性差异（$p<.01$）。

老年人体适能测试项目的效度证据

这里将简要介绍老年人体适能测试各项目的目的和背景信息，然后对支持各项目效度的证据进行总结。在第四章中，有老年人体适能测试各项目的全面介绍。

30秒坐站测试

30秒坐站测试的目的是评估下肢力量。下肢力量是老年人体适能的一个重要方面，因为它在日常活动中至关重要。

例如上下楼梯、行走、维持身体平衡、离开椅子站起来、从浴缸中走出来或者从汽车上下来。测试需要计算次数，也就是在30秒的时间内，一个人双手抱胸，能够完成从坐姿到完全站立的次数。

背景　30秒坐站测试是从其他坐站测试改编而来的，改编之前的测试记录的是完成规定的站立次数需要花费的时间，例如10次站立（Csuka & McCarty，1985）或者5次站立（Guralnik et al. 1994）。之所以将测量标准从完成规定的站立次数需花费的时间改为在规定时间内（30秒）完成站立的次数是希望提高测试的判别能力。在5次和10次站立测试版本中，如果测试者无法完成要求数量的站立动作（事实上很多人是完不成的），那么他们就无法获得一个分数。比如，在一次大规模研究中，有数千名居住在社区的老年人参与测试，其中有超过20%的参与者甚至无法完成5次站立动作（Guralnik et al.，1994）。在另一项研究中，74%生活需要有人照顾的居民无法完成5次站立（Giuliani et al.，2008）。利用标准的时间准则（例如30s）而不是标准的数量准则（例如5次或者10次站立），就使得每个参与者都能够得到一个分数，即使他们的得分可能是 1 分或者甚至是 0 分，那些下肢力量很小的人常常属于这种情况，而那些身体强壮的老年人，他们的得分通常为 20 或者更高。当对很大范围的年龄段（例如60~90岁或者100岁）的老年人进行测试，或者当针对干预初期功能很差但随着时间推移功能水平提高的部分老年人进行干预实验评估时，如果一个测试项目能够在很大范围的能力水平内形成差别（测量能力），是非常重要的。

效度证据　大量研究显示，对于老年人来讲，坐站能力是一个非常好的下肢力量现场测试指标，它与已经证实的实验室方法具有高度相关性，例如，伸膝和膝屈肌的力量以及腿部最大推举力量（Bohannon，2002；Csuka & McCarty，1985；Jones，Rikli, & Beam，1999），都为该项测试的效标效度提供支持。以下方面可以支持证明结构（判别）效度：坐站测试能够有效地发现与年龄相关的预期的身体体适能下降情况（Csuka & McCarty，1985；Rikli & Jones，1999a，1999b；Wiacek & Hagner，2008）；能够将经常活动老年人与不经常活动老年人区别开来[Burger & Marincek，2001；Miotto, Chodzko-Zajko, Reich, & Supler，1999；Rikli & Jones，1999a，1999b，2000（表3.1中得分）]；还能够预测跌倒风险（Alexander, Schultz, & Warwick，1991；MacRae, Lacourse, & Moldavon，1992；Tinetti, Speechley, & Ginter，1988）。

30秒坐站测试已经成功地测出对于身体相对健康的老年人运动的锻炼效果（Cavani, Mier, Musto, & Tummers 2002；DiBrezzo, Shadden, Raybon, & Powers，2005；Dobek, White, & Gunter，2007；Takeshima et al.，2007；Yan, Wilber, Agrirre, Trejo，2009），还测出了针对如下人群的锻炼效果：体质更加虚弱的人群（Beck, Damkjaer, & Beyer，2008；Hruda, Hicks, McCartney，2003；McMurdo & Rennine，1993）；患有特殊疾病的人群，包括心血管病（Liu, Baiqing, & Shnider，2010）、骨质疏松症(Pearson, Burkhart, Pifalo, Palaggo-Toy, & Krohn，2005)、纤维肌痛患者（Jones, Rutledge, & Aquino，2010）、乳腺癌和前列腺癌幸存者（Damush, Perkins, & Miller，2005）以及诊断患有低至中度阿尔茨海默氏症的患者（Santana-Sosa, Brriopedro, López-Mojares, Pérez, & Lucia，2008）。

30秒手臂弯举测试

手臂弯举测试包括在老年人体适能测试中，是上肢力量测量的一般手段。上肢力量对于完成很多日常活动都非常重要，例如家务活动、整理后院、抬举或者携带物品，例如搬运杂物、手提箱、抱孩子、抱宠物等。这项测试要求计算在30秒的时间内，在手握重物的情况下，女性手握物体重5磅（2.3公斤），男性手握物体重8磅（3.6公斤），一个人能够完成的整套手臂动作的次数。

背景　老年人体适能测试中的手臂弯举测试，与很多其他手臂弯举测试一样（Osness et al.，1996），但是有两点除外：（1）规定重量发生变化，女性手握重物从4磅（1.8公斤）到5磅（2.3公斤）；（2）在手臂屈曲阶段，手臂位置发生了变化。在老年人体适能测试中，为女性选的是5磅的重物，因为女性的上肢力量约为男性上肢力量的60%（Sperling，1980），这样就提高了女性与男性的重量比表现形式（女性5磅，男性8磅）。在老年人体适能测试中，手臂位置的变化表现为，在弯举过程中手臂从横握变为手掌向上姿势，这个改变的目的是使上臂肌肉有效地发挥作用，同时使肱二头肌腱相对于肌肉动作发挥作用。在老年人手臂弯举测试中，测试开始时，参与者以横握姿势手握物体将手完全伸出（胳膊在体侧向下），然后在屈曲过程中使掌心向上，这样就使手掌心在手臂完全屈曲的情况下面向肱二头肌，然后在伸展阶段返回横握姿势。请参见第四章的手臂弯举测试流程，了解整个测试的细节信息。

效度证据 效度证据作为效标效度的一个指标，手臂弯举能力一直与 Cybex（赛百思）手臂弯举能力（Osness et al.，1996）和包括1RM（最大重复次数）肱二头肌、胸推、自体重抗阻仪器测得的上背力量得分等上肢力量综合方法具有相关性（r=0.82）（James，1999；Rikli & Jones，1999a）。在老年人体适能测试项目中，手臂弯举测试与肱二头肌、胸推、上背综合方法之间呈现出较高的相关性（男性r=0.84；女性r=0.79），这一点具有特别重要的意义，因为它作为整体上肢力量的反映，佐证了老年人体适能测试项目手臂弯举的效度。

和坐站测试一样，手臂弯举测试的结构效度可以通过如下情形得到验证：成功地测出随年龄增长上肢力量出现的预期变化（Rikli & Jones，1999a，1999b；Wiacek & Hagner，2008）；将经常运动的老年人与不经常运动的老年人区分开来（Miotto et al.，1999；Rikli & Jones，1999a，1999b，2000 ［请参见］表3.1；）在下列人群中发现由于运动干预引起的变化：健康人群（Cavani et al.，2002；DiBirezzo et al.，2005；Dobek et al.，2007；Takeshima et al.，2007；Yan et al.，2009）和一些特殊人群包括癌症存活者（Damush et al.，2005）、心血管病患者（Liu et al.，2010）、患有骨质疏松的妇女（Pearson et al.，2005）以及诊断患有低到中度阿尔茨海默氏症的患者（Santana-Sosa et al.，2008）。

通过握力计测量的握力是另一个常见的现场测试方法，它可以作为评价年轻人上肢力量的合理有效指标。但是，对于很多老年人来讲却不建议，原因在于进行这项测试令人感到不舒适，特别是对于手臂患有关节炎的老年人来讲更是如此。

6分钟步行测试

6分钟步行测试的目的是评估有氧耐力。有氧耐力是指在一个较长的时间里进行大肌肉群活动的能力。很多活动都需要有氧耐力才能开展，例如上下楼梯、步行、购物、度假观光、参与体育和娱乐活动等。测试要求连续走完大约50码（45.7米）远的一段路程，在6分钟时间内走的距离越远越好。

背景 在老年人体适能测试中，以时间（6分钟）而不是距离，例如0.5英里、400米或者1英里作为标准的理论依据与其他距离行走测试的理论依据是一样的（Kline et al.，1987；Osness et al.，1996；Simonsick, Fan, & Fleg，2006），即为了提高测试的辨别能力。对于那些时间一定的测试项目，例如6分钟步行测试，所有活动能力水平的人都能够得到一个分数——从处于身体虚弱边缘，在6分钟时间内只能走几英尺的那些人，到身体强壮，在同样的时间里可以走完几百码的那些人都可以得到一个分数。因为报告显示相当大一部分居住在社区的老年人（65 岁以上的老年人中超过 20%），走几个街区甚至都成问题（Federal Interagency Forum on Aging-Related Statistics, 2010; Stump, Clark, Johnson, & Wolinsky, 1997），所以那些规定了距离（例如 0.5 英里或者 1 英里）的测试使很多老年人望而却步。

效度证据　以往的研究显示，对于年轻人和身体功能良好的老年人来讲，各种类型的距离行走测试（0.5 英里、400 米或者 1 英里），都是反映有氧耐力的相当不错的指标（Bravo et al., 1994; Fenstermarker, Plowman, & Looney, 1992; Kline et al., 1987; Pettee Gabriel et al., 2010; Simonsick et al., 2006; Warren, Dotson, Nieman, & Butterworth, 1993）。更具体地说，为老年人体适能测试而开发的 6 分钟步行测试准则的效标效度，可以通过以下内容得到支持：有研究显示，老年人 6 分钟步行测试得分与采用修改后的 Balke 法则下跑台表现之间呈现出高度相关性(Rikli & Jones, 1998)。

和很多其他老年人体适能测试方法一样，6 分钟步行测试成功地发现了不同年龄组以及不同身体活动水平老年人的预期表现差别（Miotto et al., 1999; Peterson, Crowley, Sullivan, & Morey, 2004; Rikli & Jones, 1998, 1999a, 1999b, 2000）。这项测试还成功地检测出相对来讲身体健康人士的运动干预效果（Cavani et al., 2002; DiBrezzo et al., 2005; Dobek et al., 2007; Takeshima et al., 2007）；同时还涉及其他特殊人群如心血管疾病患者（Wilk et al., 2005）、糖尿病患者（Lambers, Van Laethem, Van Acker, & Calders, 2008）、患纤维肌痛的女性（Jones et al., 2010）以及全髋关节置换手术患者（Hernandez & Franke, 2005; Wang, Gilbey, & Ackland, 2002）。

2 分钟踏步测试

当空间有限（或者有时候天气情况不允许）无法进行 6 分钟步行测试时，则以 2 分钟踏步测试作为有氧耐力的备用测量方法，将其纳入到老年人体适能测试系列中。2 分钟踏步测试方案需要确定在 2 分钟时间内，一个人能够原地踏步的次数，要求测试者将膝盖抬升到髌骨和髂嵴之间的一定高度停下，详情请参考第四章 2 分钟踏步测试图片。

背景　此前曾发布过很多踏步测试，例如 Harvard 踏步测试（Brouha, 1943）、Ohio State 踏步测试（Cotton, 1971）和 Queens College 踏步测验（McArdle, Katch, Pechar, Jacobson, & Ruck, 1972），2 分钟踏步测试可以视作这些测试的自控版，所有这些测试均要求达到指定的踏步节奏。在老年人体适能测试开发早期阶段进行的试点测试清楚地表明，很多老年人无法或者不愿意维持规定的踏步节奏，这就表明此项测试不适合这类人群。

效度证据　年轻人踏步测试要求达到规定的节奏和踏步高度，虽然这方面的效度有据可查，但是未研究过此类测试对于老年人的效度。为了验证老年人自控节奏的 2 分钟踏步测试的效标效度，采用的方法是将它与其他已公布的测试有氧耐力的方法进行对比。Dugas（1996年；Rikli & Jones，1999a中也有过报道）发现在2分钟踏步测试得分与Rockport 24名老年男女1英里路程行走测试得分之间（平均年龄为69.6岁）存在一定的相关性（r=0.73）。在另外一份研究中，有25名老年男女参与测试（平均年龄=70.8岁），发现在2分钟踏步测试得分与跑台测试表现之间也存在一定的相关性（r=0.74；Johnston 1999；Rikli & Jones，1999a中也有过报道）。跑台测试遵循修改后的Balke逐级运动原则（ACSM，2010），测试表现包括参与者达到预测最大心率的85%的时间。

2分钟踏步测试已成功地发现不同年龄组和体力活动水平老年人能力的预期下降情况（Miotto et al.，1999；Rikli & Jones，1999a，1999b；Wiacek & Hagner，2008），而且还被用于测量针对下列人群的锻炼干预效果：各种社区居住人群（Yan et al.，2009）、养老院居民（Beck et al.，2008）、癌症幸存者（Damush et al.，2005）、冠状动脉心脏病患者（Liu et al. 2010）、下肢截肢安装假肢的患者（Burger & Marincek，2001）。该项测试能够检测出经常运动与不经常运动老年人之间明显的差别，见表3.1。

还有一点值得注意，2分钟踏步测试在主观疲劳感觉量表（RPE）的评分方面收集到的等级信息，与同一个受试者在6分钟步行测试中收集到的等级信息相当具有可比性，这就表明这两个有氧耐力测试在运动强度（美国加州州立大学富尔顿分校积极老龄化中心未发表的数据）方面是相似的。在6~20分RPE量表中（Borg，1998），在踏步测试中报道的平均得分是13.9分，而6分钟步行测试中的平均得分是13.6分。RPE量表得分代表了参与者的尽力程度，介于"有些吃力"（13.0分）和"吃力"（15.0分）之间。

椅式坐位体前屈测试

椅式坐位体前屈测试的目的是评估下肢的柔韧性，特别是腘绳肌腱的柔韧性，该指标对于保持良好姿态以及完成活动任务非常重要，例如步行、上下楼梯、上下汽车、进出浴缸。而且下肢柔韧性还能够帮助预防腰痛和肌肉骨骼损伤，减少跌倒的风险。这项测试要求参与者坐在一个规定高度的椅子的前部，一条腿伸直，另一只脚平放在地面上。参与者双手叠放，双臂向前伸展，尽力触及脚趾。手指和脚趾之间的英寸数即是得分，得分可能是正数也可能是负数，量取中指和脚趾之间的距离即可。

背景 老年人体适能测试系列中的椅式坐位体前屈测试是从早前版本的地面坐位体前屈改进而来的，以前的测试版本出现在很多测试系列中，例如YMCA测试系列（Golding，Myers，& Sinning，1989）、Fitnessgram体适能测试（Welkand Meredith，2008）、AAHPERD 60岁以上老年人功能性体适能测试（Osness et al.，1996）。很多坐位体前屈测试版本都要求参与者坐在地面，双腿向前伸直，双手向前伸尽量触及（或者超过）脚趾。但Fitnessgram体适能测试是个例外情形，这个测试属于背部轻松式的坐位体前屈，它要求测试者坐在地面上，每次只伸出一条腿，另一条腿弯曲。

在老年人体适能测试柔韧性测试项目上,我们选择将测试地点从地面挪到椅子上,是因为很多老年人都有一些健康状况或者功能性限制(例如,肥胖、腰痛、下肢无力、髋关节和膝关节做过置换手术或者柔韧性严重下降),使得他们很难或者无法完成坐在地上再起来这个动作。在进行的试点研究中,我们还发现有些老年人可能是由于腹肌无力和腘绳肌紧张的双重作用,无法在水平的表面上保持坐姿,尤其是双腿外伸时更是如此。

在椅式坐位体前屈测试中,测试者一次只需将一条腿伸开,而另一条腿可以保持弯曲,且脚可以平放在地面上。与双腿均要求伸直的情况相反,在这个测试版本中,只要求伸直一条腿而另一腿保持弯曲,这样做的理论基础是,有证据显示,同时伸展两个腘绳肌腱的会引起过度椎间盘压缩,从而增加测试过程中腰受伤的风险(Cailliet, 1988)。一次只测量一条腿还有一个好处,就是能够发现两腿间的腘绳肌的任何不对称情况,以及由此导致的髋关节旋转问题,而且还是步态异常和腰痛的诱因(Cailliet, 1988)。

效度证据 有研究显示,一般来讲,相对于已经确立的腘绳肌柔韧性测试方法而言,椅式坐位体前屈测试与其至少具有中度效标相关效度,r 值介于 0.61~0.89 之间(Jackson & Baker, 1986; Jackson &Langford, 1989; Paterson, Wiksten, Ray, Flanders, & Sanphy, 1996)。更具体地讲,在老年人体适能测试中,与常见的黄金标准下肢柔韧性测试方法(American Academy of Orthopaedic Surgeons, 1966)——测角仪测量的腘绳肌柔韧性对比而言,椅式坐位体前屈项目的效标效度估计值为男性 0.76,女性 0.81(Jones, Rikli, Max, & Noffal, 1998)。实际上,与地面坐位体前屈得分相比,数据显示椅式坐位体前屈测试与老年人腘绳肌柔韧性更具相关性,甚至对于那些能够轻松完成坐到地面上再从地面坐姿站起来的老年人来讲亦是如此(Jones et al., 1998)。

关于椅式坐位体前屈测试的结构效度,数据显示,它能够检测出各年龄组之间的差别(Rikli & Jones, 1999a, 1999b; Wiacek & Hagner, 2008)和体力活动水平(Miotto et al., 1999; Rikli & Jones, 2000),但是关于验证运动干预后变化的效度,却是喜忧参半。在对相对健康的老年人进行的研究中发现,椅式坐位体前屈测试表现有所改善(Cavani et al., 2002; DiBrezzo et al., 2005; Yamauchi et al., 2005; Yan et al., 2009),阿尔茨海默氏症患者(Santana-Sosa et al., 2008)和患有骨质疏松的女性(Pearson et al., 2005)也都有所改善,但是在以社区居住老年人(Takeshima et al., 2007)、癌症患者(Damush et al., 2005)或者心脏疾病患者(Liu et al., 2010)为对象的其他研究中未发现改善。在锻炼人群中未观察到改善情况,是由于椅式坐位体前屈测试本身就无法发现这方面的变化,还是因为实际上在运动干预过程中要想改善柔韧性很困难,需要进一步开展研究。

背抓测试

背抓测试的目的是评估上肢柔韧性,特别是肩部柔韧性,该指标对于很多常见动作都非常重要，例如梳头发、拉上/开拉链、穿上套入式衣服或拉系安全带。当肩关节活动范围减小后，老年人不仅会感到疼痛，而且进入晚年后会面临更大的受伤和失能风险（Chakravarty & Webley, 1993; Magee, 1992）。测试要求测试者将一只手从肩膀伸向后背，尽量向下伸，另一只手从腰部向上伸，尽量伸到后背中央，然后试着将两手手指碰到一起。得分即为两手伸展的中指之间的英寸数，得分既可以是正数也可以是负数。

背景 老年人体适能测试中的背抓测试是 Apley 背抓测试的改编版，作为一项快速评估整个肩关节活动范围的方法，治疗师和矫形外科医生已使用该项测试多年（Gross, Fetto, & Rosen, 1996; Magee, 1992; Starkey & Ryan, 1996; Woodward & Best, 2000）。在 Apley 测试方案中，要求一只手从肩膀向下，另一只手从后背向上，伸向对侧肩胛骨处特定的解剖点。对旧版稍作修改，现在只要求测试者两手中指在后背处互相触及。之所以改变评价标准，目的是提供一个更简单更加量化的方法，以便在现场环境中测试肩关节活动范围。

效度证据 尽管在 Apley 背抓测试中，没有单独的衡量标准，但是该领域专家认为它是一个非常重要的整个肩关节活动范围的评价指标（Gross et al., 1996; Starkey & Ryan, 1996; Woodward & Best, 2000）。将一只手从肩膀伸向后背涉及肩关节屈曲、内收、外旋等几个动作。而另一只手处于背后位置，涉及肩部伸展、内收和内旋三个动作。

在其他已公布的测试系列中，例如 Fitnessgram 体适能测试（Welk & Meredith, 2008）和 Brockport 体适能测试（Winnick & Short, 1999）中，也包括该项测试的类似版本。但是据我们所知，在已经公布的研究中，没有说明这些方法的效标效度。虽然评分系统不一样，但是 Fitnessgram 体适能测试中的背抓测试与老年人体适能测试中的背抓测试涉及同样的动作。在 Fitnessgram 体适能测试中，得分要么是"是"（两手手指可以在后背接触到），要么是"否"（两手手指无法在后背接触到），但是在老年人体适能测试背抓测试中，衡量的是两手中指之间的距离，这样就能提供一个连续的记分系统。在 Brockport 体适能测试系列中，修改后的 Apley 背抓测试一次只评估一支手臂，测试者尝试着从肩膀向下伸手触及对侧肩胛骨。来自未公布的试点试验的数据表明，在患有脑瘫病的患者人群中，有些人支持修改后的 Apley 得分与功能能力之间的关系（Winnick & Short, 1999）。

Apley 背抓试验和相关背抓试验的逻辑（内容）效度已经相当完善，这个取决于治疗师和医师将其作为工具评估肩关节活动度的使用程度（Gross et al., 1996; Starkey & Ryan, 1996; Woodward & Best, 2000）。背抓试验的结构效度可以通过如下研究佐证，研究显示它能够发现不同年龄段（60多岁、70多岁、80多岁）能力的预期下降情况，同时还能够发现活动水平高和活动水平低的参与者之间的预期差别（Rikli & Jones, 1999a, 2000; Wiacek & Hagner, 2008）。正如下肢柔韧性测量（椅式坐位体前屈）一样，在一些研究中，上肢背抓测试成功地检测出运动干预效果（Dobek et al., 2007; Liu et al., 2010; Peterson et al., 2005; Santana-Sosa et al.,

2008；Yan et al.，2009），但是在其他试验中（Damush et al.，2005；DiBrezzo et al.，2005）未发现。尽管为了验证背抓测试的效标相关效度和结构相关效度还需要开展很多研究，但是现有证据足以证明，该项测试的逻辑（内容效度）能够有效地测量整个肩关节的柔韧性。

8英尺起立行走测试

8英尺起立行走测试的目的是评估身体的灵活性和动态平衡性，执行很多功能都需要这两方面能力，例如起立、快速行动及时地从公共汽车上下来、到厨房里忙乎一下、上卫生间、及时接听电话或者应声开门。在这项测试中，需要测试者从坐姿起立，绕着一个8英尺（2.4米）远的圆锥体（或者一个类似的标志物）快速地走，然后再返回坐着的位置。

背景 8英尺起立行走测试是此前发布的3米计时起立行走方案的改编版（Podsiadlo & Richardson，1991）。将3米（9.8英尺）改为8英尺的主要目的是增加在有效空间内，特别是在家居环境中进行这项测试的可行性。在我们开展的试点研究中，进行8英尺起立行走测试时发现，尽管很多时候在很多地方很难找到进行3米测试所需的空间（必须包括绕过圆锥体所需的空间），但是我们基本上总是可以找到一个空间，来开展8英尺测试。幸好信度测试也表明，尽管缩短了距离，但是基本上没有降低准确性（Cavani et al.，2002；Miotto et al.，1999；Rikli & Jones，1999a）。

效度证据 尽管在与计时起立行走测试进行性能对比时，没有黄金标准方法，但是发现这项测试与Berg平衡量表（$r=0.81$）、步态速度（$r=0.61$）以及ADL巴氏指数（$r=0.78$）显著相关。这是一项综合测量方法，涉及如下活动，例如上下车、步行和上下楼梯（Podsiadlo & Richardson，1991）。过去的研究还显示，在起立行走测试中的表现，能够区分老年人的各种功能类别，是对体力活动水平增加后身体变化的反应（Podsiadlo & Richardson，1991；Tinetti，Williams，& Mayewski，1986）。

专门针对起立行走测试的改编版开展的研究显示，改编版是一个非常好的鉴别工具，可以区别各年龄段的能力变化，而且还能够发现经常运动老年人与不经常运动老年人之间预期的差别，如表3.1所示以及苗托（Miotto）等人的作品所述（1999年）。研究结果还显示，在60多岁、70多岁、80多岁和90多岁的老年人中，他们完成8英尺起立行走测试的平均时间是逐步放缓的（Miotto et al.，1999；Rikli & Jones，1999b）。最近发现8英尺起立行走测试是一个绝佳的识别工具，能够识别出有跌倒风险和没有跌倒风险的人，8.5秒或者更长时间是跌倒风险增加的临界值（Rose，Jones，& Lucchese，2002）。8英尺起立行走测试曾被用于成功地测出不同人群的运动干预效果（Beck et al.，2008；Cavani et al.，2002；DiBrezzo et al.，2005；Liu et al.，2010；Pearson et al.，2005；Santana-Sosa et al.，2008；Yan et al.，2009）。

身高和体重

这项测试测量的是参与者的身体质量指数（BMI），已被纳入到老年人体适能测试系列中，以身高为基准对体重进行衡量。鉴于它与身体成分之间的关系，所以这个方法非常重要（特别是脂肪与瘦体重之间的比率）。从技术上讲，身体质量指数是用体重（公斤）除以身高（米）的平方的结果表示的（BMI=公斤/米^2）。

还有一个等效替换公式，就是用非度量单位进行计算，即用体重（磅）乘以703，然后再除以身高（英尺）的平方：BMI=（磅×703）/英寸^2。还可以用换算表来衡量身体质量指数，例如附录 F 中的换算表。

尽管身体质量指数不是为老年人体适能测试开发或验证的测量方法，但是我们建议将它纳入，作为一个功能性体适能的指标，因为此前的证据表明，它能够起到维持功能活动能力的作用。研究显示，与身体质量指数处于正常范围的人相比，指数高的人（或者，在某些情况下身体质量指数非常低的人）在进入晚年后更容易造成失能（Arnold, Newman, Cushman, Ding, & Kritchevsky, 2010; Bouchard, Beliaeff, Dionne, & Brochu, 2007; Losonczy et al., 1995; Steernfeld, Ngo, Satariano, & Tager, 2002）。身体质量指数高还与很多健康疾病有关，例如高血压、心脏疾病以及2型糖尿病（U.S. Department of Health and Human Services, 2008），所有这些疾病都会对功能性活动能力产生负作用。

由于在人老龄化过程中肌肉和骨骼方面出现的未知变化，专家尚未确定老年人的理想身体质量指数范围，因此建议将如下内容作为老年人身体质量指数的一般（粗略）指导原则（ACSM, 2010; Losonczy et al., 1995; Rose & Janssen, 2007）。

身体质量指数（BMI）

19~25　健康范围。
≥26　超重；疾病和行动能力丧失的风险增加。
≤18　体重不足；可能表明肌肉质量和骨骼组织损失。

总而言之，根据老年人体适能测试开发过程中文献资料回顾、试点研究和专家小组的反馈意见，我们相信有足够的证据表明，使用老年人体适能测试可以作为老年人身体能力衡量的有效手段。除了效度达到可接受的水平，有一点也很重要，就是测试项目具备再测信度。估计老年人体适能测试项目的再测信度的流程和文档将在下一节中详呈。

信 度

信度就像效度一样，是一项好的测试的基本要素。相对来讲，通过可靠测试流程进行的测试，测试得分应没有测量误差，测试结果是准确的，而且连续测试得出的结果具有一致性，即使隔天复测亦是如此，但是前提是测试者的能力水平或者测试条件未发生变化。获得稳定（可靠）的测量手段是关键，不论测试是用于项目评估、个体评估还是为了进行科学研究。推荐在两个不同地点开展测试，通常两次测试之间相隔2~5天，通过这种方式来评估一项身体活动能力测试的信度，然后再确定两组测试得分的相关性。如果第一天测试得分与第二天测试得分之间具有较高的相关性（0.80 或者更高），那么就表明测试具有可接受的信度水平，说明该项测试的两次测试结果之间的得分相对来讲是一致的（Safrit & Wood，1995）。

评估信度的流程

因为开展测试的方式和测试地点不同，同一项测试的信度可能有很大差别，所以在类似于通常测试条件的条件下，针对特定相关人群开展信度研究就显得特别重要。与其坐等以往研究为老年人体适能测试信度提供支持，不如我们利用小组测试条件，在接受过培训的义务助手的帮助下，自行开展再测信度研究。一定记住测试的本意：易于在社区环境中使用，几乎不要求测试技术人员接受训练。

开展信度测试的后续流程已经有详尽的介绍，而且此前也已（Rikli & Jones, 1999a）发布。简单地说，从附近的老年公寓里登记参加老年运动课的人员中招募了信度研究的参与者（82 名男性和女性，平均年龄 =71.8 岁）。所有参与者都能独立自理生活，不需要手杖或者其他辅助设备辅助行走，而且也没有妨碍他们参与本测试的健康状况。所有测试都是由经过培训的老年义工或者大学生义工开展。在进行所有测试前，参与者进行 8 分钟热身和伸展运动。所有测试和复测都是分开 2~5 天进行的。我们进行的试点测试表明，6 分钟步行测试和 2 分钟踏步测试有必要在老年人中进行实践性练习，以便获得稳定的得分，所以这两项测试在三个不同地点进行，第一组试验作为实践性练习。实践性练习帮助参与者确定有效的测试速度，从而提高后续试验的得分一致性。

老年人体适能测试项目的信度

每个测试项目的再测信度值都是通过计算组内相关系数（R）的方式确定的，具体方式是使用单因素方差（ANOVA）分析来确立一个独立试验的信度（Baumgartner, Jackson, Mahar, & Rowe, 2007）。单因素方差（ANOVA）分析模型将所有来源的测量偏差视为误差（信度低），包括每天能力变化情况，通过这种方式形成最准确的稳定性信度评估。结果表明，老年人体适能测试项目的再测信度相关值介于 0.80~0.98 之间，说明所有测试项目均处于可接受的信度水平上。请参考表 3.2，了解具体 R 值以及每个测试项目的 95%置信区间。

后续研究发现，居住在社区中的类似老龄人群，他们的信度结果具有可比性，例如 Miotto 等人（1999 年）的研究中的信度（R）值介于 0.94~0.98 之间，而在 Cavani 等人（2002 年）的研究中，这个值是 0.95~0.98。在针对先天性炎症性肌炎患者的研究中，30 秒坐站测试以及修改后的手臂弯举测试的信度得分也偏高（Agarwal & Kely, 2006），在针对中风幸存患者的研究中，30 秒坐站测试以及 8 英尺起立行走测试的信度得分也颇高（Sakai, Tanaka, & Holland, 2002）。

除了有效且可靠外，测试还应该有测试标准，以便能够对测试结果进行评估。测试标准提供了一个基础，使特殊人群中的个体可以将自己的得分与其他人的得分进行对比，这种标准称之为常模参照标准或者标准。测试标准通常以百分位数表的形式出现，且给出的都是统计数据，并对特定人群的典型能力进行总结。在下面一节中，我们将介绍开发老年人体适能测试年龄段百分位数标准的流程。

表3.2　老年人体适能测试的再测信度（R）和95%置信区间（CI）

测试项目	所有参与者			男性			女性		
	R	(CI)	n	R	(CI)	n	R	(CI)	n
30秒坐站	0.89	(0.79~0.93)	76	0.86	(0.77~0.90)	34	0.92	(0.87~0.95)	42
30秒手臂弯举	0.81	(0.72~0.88)	78	0.81	(0.66~0.90)	36	0.80	(0.67~0.89)	42
6分钟步行	0.94	(0.90~0.96)	66	0.97	(0.92~0.99)	23	0.91	(0.84~0.95)	43
2分钟踏步	0.90	(0.84~0.93)	78	0.90	(0.80~0.95)	36	0.89	(0.83~0.94)	42
椅式坐位体前屈	0.95	(0.92~0.97)	76	0.92	(0.85~0.96)	34	0.96	(0.93~0.98)	42
背抓	0.96	(0.94~0.98)	77	0.96	(0.93~0.98)	35	0.92	(0.86~0.96)	42
8英尺起立行走	0.95	(0.92~0.97)	76	0.98	(0.96~0.99)	34	0.90	(0.83~0.95)	42

经同意，转载自Rikli & Jones, 1999a。

百分位数参照标准

标准得分是通过对特定人群中的大部分人进行测试，然后利用描述性统计方法，对这些数据进行分析总结而成。组织标准数据的一个常见方法就是利用百分位数表。百分位数表表明与任何给定原始分数相关的百分位数等效值（等级）。原始分数指的是从每个测试项目直接获得的分数，例如在6分钟步行测试中走过的英尺数，或者在30秒手臂弯举测试中完成的手臂重复弯曲次数。落在特定年龄段分布图中点的原始分数相当于该分布的第50个百分位数，也就是说在已接受测试的人群中，有50%的得分与特定分数持平或者位于特定分数之下，有50%的测试者的得分在该特定分数之上。同样地，落在特定年龄段分布图中第75个百分数的原始得分，表明在已接受测试的人群中，有75%的得分与特定分数持平或者位于特定分数之下，而只有25%的测试者的得分在该特定分数之上。在老年人体适能测试百分位数表中，将男性和女性的得分分开，以5岁划分一个年龄段，年龄范围在60～94岁之间（请参考附录H）。在下面的章节中，将介绍一次全国性研究的流程和结果，进行研究的目的是为老年人体适能测试确立标准得分。

标准化的研究流程

尽管此前的出版物已经介绍了老年人体适能测试标准数据收集流程（Rikli & Jones, 1999b），在这里我们还是进行一下总结，因为老年人体适能测试标准的使用者了解研究的本质并且了解作为标准制定的基础人群的特点非常重要。从技术上讲，标准得分仅对情形与标准人群类似的参与者提供了对比数据。尽管标准研究的数据收集工作是在20世纪90年代进行的，但是认为现如今那些标准已不如当时收集更具有相关性，也是缺乏理论依据的。统计资料表明，从老年人体力活动模式的特点、健康指标以及其他身体和功能性手段方面来讲，基本上没有什么变化（Federal Interagency Forum on Aging-Related Statistics, 2010）。

在标准研究过程中，共收集了7183（5048名女性和2135名男性）名60~94岁之间美国老年人的数据，数据来自21个州的27个测试现场。在表3.3中，对参与者的特点进行了总结。每个测试现场的老年参与者，都是由各老年中心、退休社区和类似社区场所通过志愿者招募、张贴通告以及本地媒体宣传等方式招募而来。要加入此项研究的参与者必须居住在社区中能够独立自理地生活，日间无须经常使用辅助设备，而且也没有妨碍他们参与此项研究的健康状况。

为了使测试流程保持一致，很大一部分工作重点放在了培训测试管理人员和助手方面。参与这项测试的各州，都为大部分的主要组织者开设了培训班。各州的组织者又为本地技术人员和助手开设了培训班。作为获得信息和培训的额外来源，所有测试人员都有一份测试手册和教学录像资料。

各个现场的数据收集工作，通常在小组环境中进行，每个小组最多不超过24人。测试通常在大型多功能厅内进行，沿着功能厅的边缘设有6个站点，以回路方式对测试进行管理。经过8~10分钟的热身后，参与者被平均分配到6个站点中进行测试。为了使疲劳的影响最小化，6个站点按照下列顺序排列：（1）30秒坐站测试；（2）30秒手臂弯举测试；（3）身高和体重测量以及2分钟踏步测试（如果使用）；（4）椅式坐位体前屈；（5）背抓测试；（6）8英尺起立行走测试。小组测试的回路图在第四章图4.3中，参与者可以从回路的任意点开始测试。如图所示，当通过2分钟踏步测试而不是6分钟步行测试来评估有氧耐力时（经常如此，因为空间有限或者天气状况不允许），此时2分钟踏步测试作为身高和体重测量站的一部分。如果6分钟步行测试被选作有氧耐力测试的一部分，那么所有其他测试均完成后，为此项测试单做一组进行管理。

研究结果和参与者特点

研究数据为男性和女性分别提供百分位数评分标准，以5岁为单位划分年龄段，年龄范围介于60~94岁之间。关于所有测试项目原始得分的百分位数得分等效数，可查询附录H的标准百分位数表。百分位数等级表示分数分布图中的一个点，给定的得分百分数位于该点之下。举例来讲，如果一个原始得分位于第25个百分位数，那么就表明某特定年龄段25%的得分都低于给定的得分，而75%都高于该得分。附录H中给出了一整套百分位数表，为了对百分位数表进行等效替换，在第五章中给出了男性和女性的标准得分范围（参见表5.3、表5.4），以便提供一种更简单的、更易于掌握的方式来查看标准数据。百分位数表以缩写的形式呈现，其中只提供了得分的标准范围，按照定义代表的是各项测试各年龄段中间的50%得分

第三章 测试的效度、信度、百分位数标准和效标参照标准

(即得分介于第25位和第75位之间的部分)。

表 3.3 参与者特点：平均数和标准差（括号内）

特点	综合	60~64岁	65~69岁	70~74岁	75~79岁	80~84岁	85~89岁	90~94岁
受试者总人数(#)	7183	861	1568	1815	1451	784	470	234
女性	5048	620	1086	1230	987	543	354	158
男性	2135	241	482	515	464	241	116	76
平均年龄(岁)								
女性	73.3(7.6)	62.1(1.5)	67.1(1.4)	72.0(1.4)	76.8(1.4)	81.4(1.2)	86.1(1.1)	92.0(2.1)
男性	73.4(7.4)	62.2(1.4)	67.1(1.4)	72.1(1.5)	76.9(1.4)	81.4(1.1)	86.0(1.0)	92.3(1.9)
身高(英寸)								
女性	63.2(2.8)	64.0(2.7)	63.7(2.8)	63.4(2.7)	62.9(2.7)	62.4(2.7)	62.2(2.6)	61.1(3.1)
男性	68.7(3.1)	69.4(2.9)	69.3(3.2)	68.8(3.1)	68.5(2.9)	68.1(3.1)	67.6(3.0)	66.5(3.3)
体重(磅)								
女性	146.5(28.4)	153.6(32.4)	153.3(30.5)	149.7(27.4)	142.9(24.6)	136.8(23.1)	134.0(22.0)	128.2(23.7)
男性	178.8(28.5)	187.6(31.0)	187.5(30.1)	178.8(26.5)	176.4(26.6)	172.6(24.9)	161.9(22.9)	155.5(20.5)
教育(#年数)	14.5(3.3)	14.8(2.9)	14.5(2.9)	14.4(3.0)	14.5(2.9)	14.4(2.9)	14.6(3.2)	14.9(3.9)
慢性病(#)	1.7(1.4)	1.4(1.3)	1.5(1.3)	1.6(1.3)	1.9(1.4)	2.0(1.4)	2.0(1.4)	2.1(1.8)
药物(处方#)	1.6(1.6)	1.1(1.4)	1.4(1.6)	1.5(1.6)	1.7(1.5)	1.8(1.6)	1.9(1.6)	1.7(1.7)
中等强度的运动(%)(≥3天/周)	65.3	69.2	70.1	69.2	63.8	58.7	54.0	46.0
自评健康(%)								
非常好	56.9	65.0	64.7	57.4	53.6	47.2	44.7	49.0
好	34.1	27.7	28.4	34.8	36.6	40.8	42.3	34.7
一般	9.0	7.3	6.9	7.5	9.8	12.0	13.0	16.4
功能水平(#每组)*								
高	3126	523	838	857	567	220	91	30
中	2140	144	369	538	515	306	180	88
低,有风险	1322	119	216	252	262	206	163	104
种族(%)								
白人	89.1	80.0	87.5	88.2	92.6	94.2	94.5	90.2
非裔美国人	2.5	4.7	2.3	2.1	2.0	1.6	3.0	2.8
西班牙	4.2	8.0	5.4	5.4	2.6	0.9	0.8	2.1
其他(2.3%是亚洲人)	4.2	7.3	4.8	4.3	2.7	3.3	1.6	4.9

*综合身体功能（CPF）量表包括12项内容，功能评级以对量表的响应为基础，评分标准已按照年龄调整。请参考 Rikli and Jones (2012)。

经同意，转载自 Rikli & Jones, 1999b。

老年人体适能测试标准研究的数据还提供另一重要信息，即这个横断面中的老年人经历的典型的下降数量和速率。如图3.1所示，数据显示在所有测试项目上，多数年龄组的男性和女性都呈现出非常一致的身体能力得分下降趋势，各组的年龄差别为5岁。对这些数据进行的统计分析显示，年龄差别为5岁的多数相邻两组的平均下降情况都非常明显，男性和女性均如此（Rikli & Jones, 1999b）。

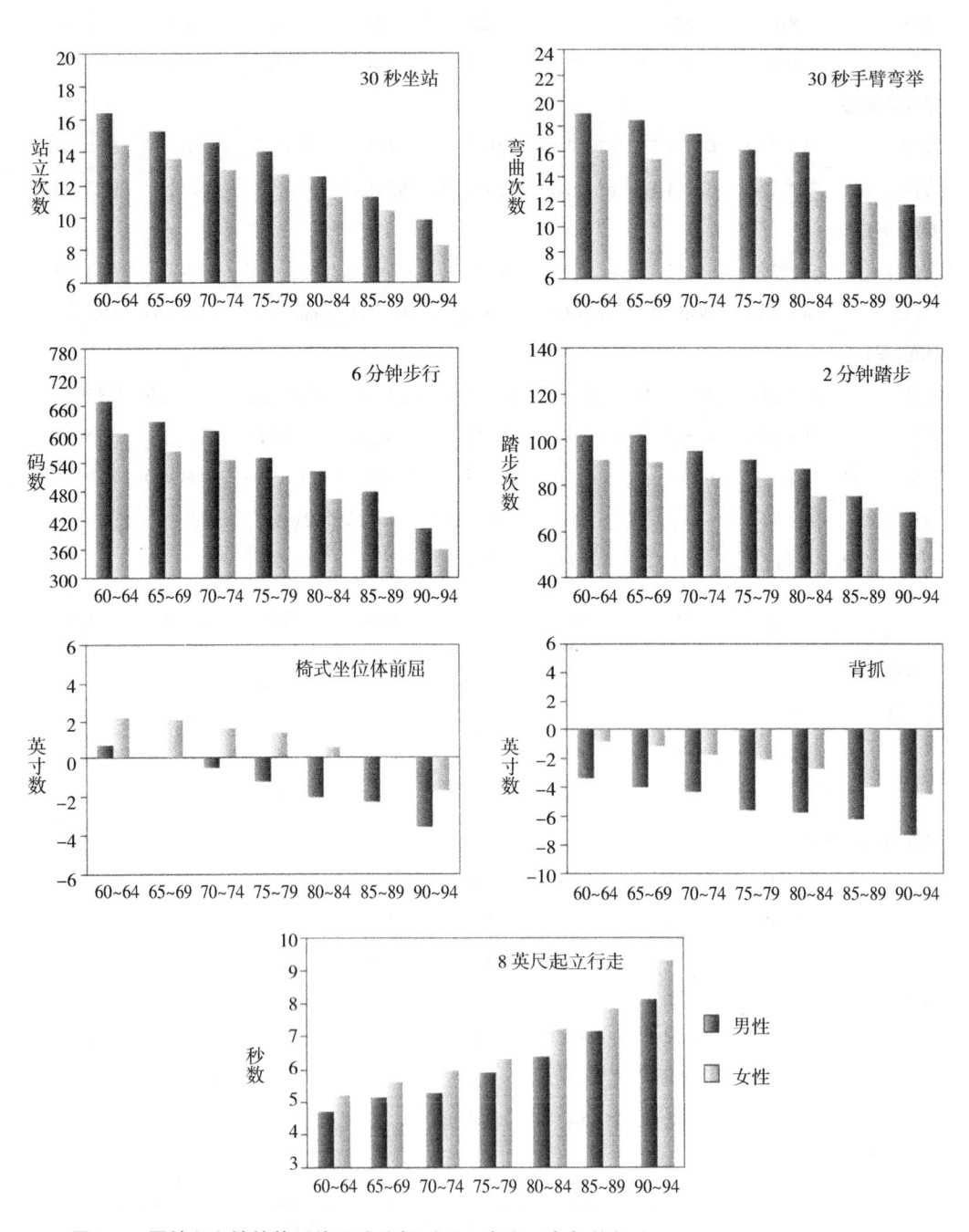

图3.1 男性和女性的体适能平均分数（以5岁为一个年龄段）

经同意，转载自 Rikli & Jones, 1999b。

第三章　测试的效度、信度、百分位数标准和效标参照标准

　　从 60 岁到 94 岁，力量、耐力、灵活性和平衡性所有这些变量的下降总量为 30%~45%，平均每年损失 1%~1.5%，或者每 10 年损失 10%~15%。对于两个柔韧性测试项目，未计算下降的具体比例，因为测量标度的零点是任意确定的，因此不适合进行比率计算。所有变量的确切的平均值和标准差可查阅 Rikli & Jones，1999b。

　　从图 3.1 中还可以发现，所有测试项目均呈现出明显的性别差异。在力量、耐力、灵活性和平衡性测试项目中，男性得分始终高于女性，而在两个柔韧性测试项目中，女性得分则始终高于男性。性别差异在所有测试项目、所有年龄段均非常明显。

　　重申一下，有一点非常重要需要记住，那就是这些标准得分代表的是各年龄段的平均下降数，可能与分组的情况截然不同。举例来讲，如图 3.2 所示经常性参加体育锻炼的老年人（30 分钟，一周 3 次）的整体得分分布情况要优于那些不怎么参加体育锻炼的老年人，所有项目上的比较情况都一目了然（表 3.1）。对于 60~94 岁之间的老年人而言，不仅经常运动的人的成绩一开始就要高一些，而且与不经常运动的老年人相比，他们的能力下降速度缓慢（31%对 44%）。从图 3.2 可以看出，在 80 多岁与 90 多岁时，体适能下降情况明显加速，对于不经常运动的老年人来讲更是如此。

　　数据显示对于久坐少动的人而言，基本上 50%的身体活动能力下降情况可以通过积极运动抵消。为了对这个情况进行说明，可以参见图 3.2 中的坐站测试以及表 3.2 给出的精确的平均分。在 60~64 岁到 90~94 岁这 30 年中，不经常运动的老年人的坐站测试得分下降了大约 7 点，从 60~64 岁时的 13.8 下降到 90 岁时的 6.9。而经常运动的老年人，在其 90 岁时的坐站测试得分要高 3.6 点（10.5 对 6.9），说明如果不经常运动的人锻炼的话，那么他们的能力可能会提高大约 50%。换句话说，如果一个人保持运动而非久坐，那么在他/她到 90 岁时，他/她可能能够完成 10.5 次站立，而不是仅能完成 6.9 次坐站，这样会使能力提高 52.2%。

　　在计算其他体适能项目类似的"节约率"时，我们发现如果保持运动，平均损失率可以减少 52%。与不经常运动的老年人形成对比，经过 30 年时间，当伴随着年龄出现 50%的体适能下降时，经常运动老年人将会转化成 15 年的体适能

"规律的体力活动对于健康地老去非常重要……即使是目前患有功能限制的老年人亦是如此，有科学证据表明，规律的体力活动是安全的，能够帮助改善功能能力。"

U.S.DHHS，2008。

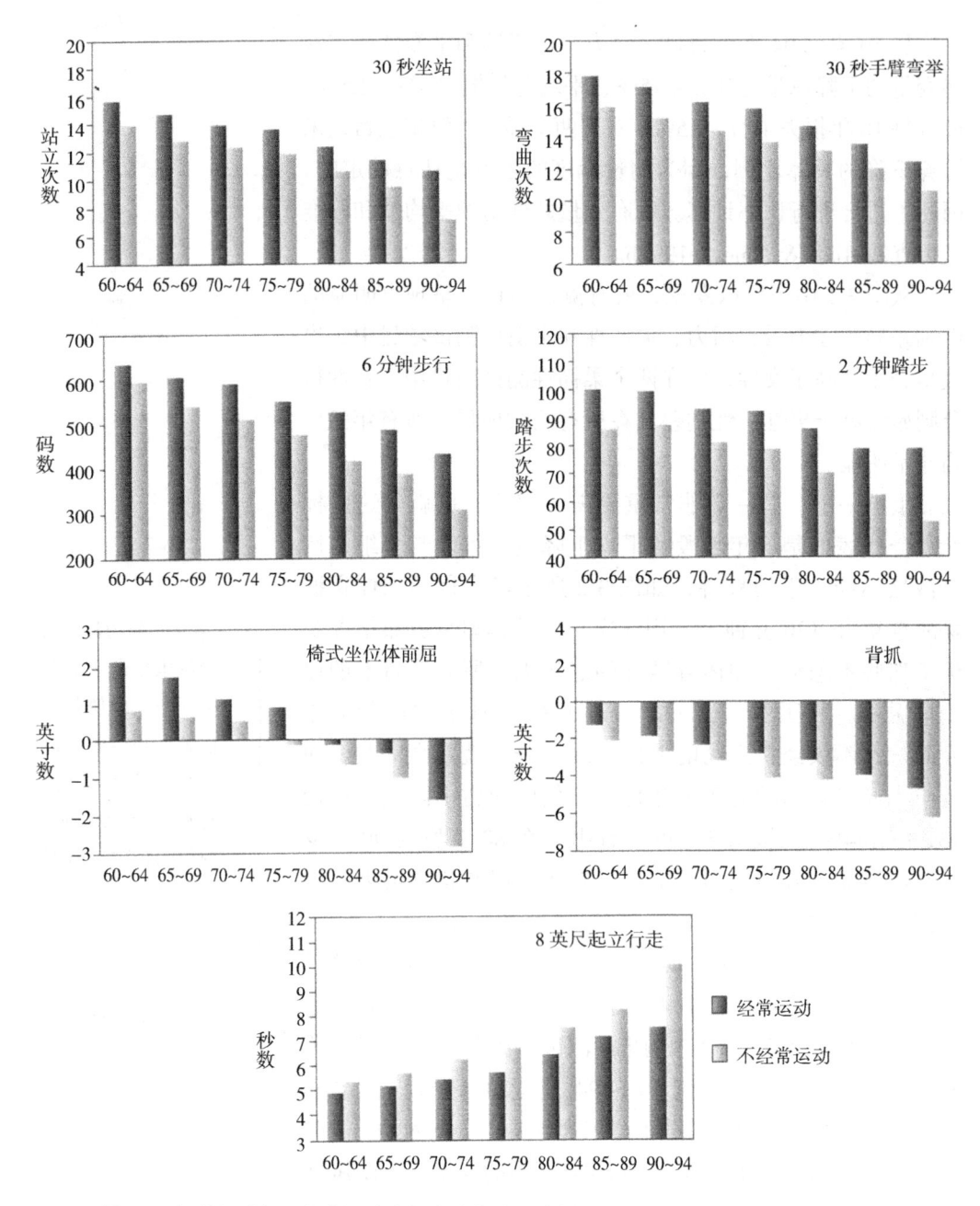

图 3.2　经常运动与不经常运动参与者的体能测试得分（以 5 岁为一个年龄段）。

优势，这个统计数据就显得特别重要。这个统计数据与其他报告的结论是一致的，即规律地进行中等强度的体力活动可以使体适能下降减少 50%，并将与年龄相关的身体老化延迟 10~20 年（Chandler & Hadley, 1996; Morey, Pieper, & Cornoni-Huntley, 1998; Paterson & Warburton, 2010; Shephard, 1997）。

在利用常模参照标准解释个体得分时，值得关注的当属研究（常模）人群的特点。正如表 3.3 所示，在标准研究的参与者中 89.1%为白人、4.2%为西班牙人、2.5%为非裔美国人、2.3%为亚太裔、1.9%为其他。尽管这些比例与美国国家统计数据相当接近，但是白人参与者的比例过高，而其他小组参与者的比例过低，特别是非裔美国人和西班牙人的比例过低。当前，在65岁以上人群中，美国的种族和民族比例是80.1%白人、8.3%非裔美国人、7.0%西班牙人、3.4%亚太裔、1.2%其他（Administration on Aging, 2010）。

还有一个关注点就是，研究参与者都接受过相当不错的教育（平均接受过14.5年的教育，相当于2.5年大学教育），他们都非常爱活动（据报导，有超过50%的人每周至少参加3次，每次至少30分钟的中等强度运动，而全国水平仅为25%），而且很多人身体状况良好。

尽管老年人体适能测试参与者和参与其他类似测试的老年参与者没有多大差别（居住在社区的老年志愿者），但是在利用老年人体适能测试标准解释非本研究中的老年人的个人得分时必须小心。重申一下，有一点非常重要需要我们记住，老年人体适能测试是针对独立生活的、居住在社区的老年人，而且测试标准是基于上述人群中的志愿者样本。在研究中利用志愿者的做法可以得到便利性样本，因之不能代表所有有利害关系人群的真实情况，便利样本的身体情况基本上总是比整体人口的身体健康状况要好，而且功能也要好一些。但是在现实中，这个标准可能为大部分老年人提供比较合理的标准，而他们是最有可能进行这些测试的人群，他们愿意参与这种社区项目或者研究调查。

除了为老年人确立百分位数标准，常模研究中的数据还可以作为基础，用以为老年人体适能测试确立有史以来第一个效标参照的体适能标准，健康从业者以及康复和体适能专家将提供临床相关信息，说明保持行动能力和独立自理所需的体适能水平。在下一节中，我们将介绍确立为老年人制定效标参照标准的流程。

效标功能性体适能参照标准

在制定效标参照标准时，先识别与特定目标或者兴趣类别相关的得分，例如身体健康或者功能独立自理。在很多案例中，效标参照标准都提供更加重要的信息，而常模参照标准在这方面却望尘莫及。以一个60岁的老年男性为例，一般来讲，了解他的胆固醇水平会不会使他面临心脏问题的风险，要远比知道他是不是处于该年龄段的平均水平更重要些。同样地，了解某个人的下肢力量（通过老年人体适能测试中的坐站测试得出）水平恰好可以保持身体行动能力和独立自理能力，这一点要远比知道某个人与同年龄组其他人得分的差异重要得多。

在为老年人体适能测试制定效标标准时（Rikli & Jones, 2012），我们感兴趣的是识别每个测试项目的临界分数，这个分数与人进入晚年后开展日常活动所需的身体独立能力最相关，这里指的晚年是90岁及以上。临界分数（标准）表明的是在身体上保持独立所需要的体适能水平，应被视为对所有老年人来讲都合适的体适能目标，不论他们的性别、教育水平和种族如何。

老年人体适能测试软件 2.0 可以产生个性化报告，这样测试参与者就能够将自己的得分与标准范围和功能独立性方面的效标标准进行比较。更多的这方面信息，请访问我们的网站：http://sft.humankinetics.com。

在解释老年人体适能测试的结果时，我们相信从常模参照标准以及效标参照标准中都可以获得重要信息。常模参照标准提供了一个基础，使参与者不仅可以将个人当前体适能水平与同伴的情况进行对比，而且可以以同年龄组其他人的典型情况为基准，追踪个人在几年间的变化情况。另外，效标参照标准也非常有用，它能够帮助识别维持功能独立所需的体适能水平。目前，随着人寿命的延长，全球大部分地区的老年人的数量在不断增加，从个人和经济角度来讲，这一大部分人口保持健康、独立就非常重要。众所周知，尽管保持行动能力和身体独立性要求有足够的身体素质（力量、耐力、灵活性和平衡性），但是为实现生活独立开展常见的日常活动所需的体适能方面的信息却非常少。为老年人体适能测试开发的效标参照标准，可以算是在识别老年人体适能测试综合体适能测试系列标准方法方面的第一个尝试。因为目前柔韧性和功能能力改善关系之间的研究尚不充分，所以除了两个柔韧性测试方法外，所有老年人体适能测试项目都有效标参照标准可循。

为老年人体适能测试设定效标参照标准时遵循的流程与前沿测量专家在运动科学（Baumgartner et al., 2007; Cureton & Warren, 1990; Mahar & Rowe, 2008; Morrow, Jackson, Disch, & Mood, 2011; Safrit & Wood, 1995）中推荐的流程是一致的。因为设置效标参照标准需要为特定目标引用一个标准得分，所以这个流程中非常重要的一步就是确定如何定义并评估标准（这里指身体独立性）。

保持身体独立所需的功能能力

为了制定老年人体适能测试项目效标标准，说明维持功能能力保持身体独立所需的阈值体适能分数，评估功能能力的途径就显得很重要。因为研究的目标是为老年人体

"我在临床工作中定期使用老年人体适能测试项目。新的效标参照标准将强化它们的相关性，是对这个行业的一大贡献……我期待着它们能够整合到我们的老年医学领域中。"

Durham VA 医疗中心副主任 Miriam C. Morey；Duke 大学医学院医学教授。

第三章 测试的效度、信度、百分位数标准和效标参照标准

适能测试确立效标参照标准（Rikli & Jones，2012），所以功能能力是借助图3.3中的综合身体功能（CPF）量表，通过自评的方式进行的，该量表已做了信度和效度评估（Rikli & Jones，1998）。综合身体功能包括12个项目，设计初衷是对老年人多项能力进行评估——基本的日常活动能力（日常生活活动，例如自己穿衣服、自己洗澡）、工具性日常生活能力（例如，做家务和购物）以及高级日常活动例如费力的家务劳动、体育和锻炼活动。综合身体功能量表是在此前由Siu、Reuben和Hays发布（1990年）与Rosow和Breslau（1966年）此前发布功能量表的基础上改编而来的，其中还包括一些从国民健康访问调查（National Center for Health Statistics，1991）中选摘的项目。

全国数据库中研究参与者的综合身体功能得分用于对人群进行分类，通常分成高（高级）功能水平、中等功能水平、低功能水平至面临丧失身体独立性的风险。高功能水平的人表示他们能够完成全部12项活动且没有困难或不需要协助，得到综合身体功能量表最高得分24分。中等功能水平的人的得分为14分或者以上，意味着他们能够进行综合身体功能量表中至少7项活动且不需要协助，满足普遍认可的身体独立方面要求。

低功能水平的人不能达到中等功能水平者的要求，表明他们可能面临丧失身体独立性的风险。将中等功能水平（有能力开展至少7项综合身体功能量表活动）定义为有能力实现功能自理，这一点和其他人转载的数据是一致的（Cress，Petrella，Moore，& Schenkman，2005；Rosow & Breslau，1996；Siu et al.，1990）。举例来讲，普遍认为具备独立生活能力需要如下特征，例如能够自己穿衣服洗澡、做简单的家务劳动、自己购物和跑腿（要求有能力走大约400码或者366米、至少走到邮局、银行、百货店或者去看医生），抬举并携带10磅（4.5公斤）的物体上下楼梯。这些活动都应该在综合身体功能量表中选中，以便满足中等功能水平能力评级的最低要求（能够执行至少7项活动，无需协助），从而同时满足功能独立的要求。

综合身体功能量表还对不同年龄提供了一个中等功能水平的定义，当目标是预测某人进入晚年（按照年龄来讲，就是90岁）后，其开展各项独立自理生活活动所需的能力，而不是评估当前独立自理能力时，就需要这个定义。因为在为老年人体适能测试确立效标体适能标准流程时，需要预测在人进入晚年后（90岁）完成各个项目需要的体适能水平，而这个预测工作与保持至少中等功能水平能力和身体独立性相关，所以采用了以年龄为基准的得分系统，用以确定中等功能水平。如图3.3所示，以年龄为基准的中等功能评级要求60、70和80岁以上的老年人的得分要高于（即在无须帮助的情况下，能够开展相当大比例的综合身体功能活动）90多岁老年人的中等功能水平评级。

综合身体功能（CPF）量表

说明：在真实反映您情况的项目前画圈，表明您有完成这个项目的能力。确认是否可以完成某项活动，而非是否做过。

	可以自己完成，不需要帮助	可以完成，需要帮助	无法完成
a 满足个人需求，例如自己穿衣服	2	1	0
b 自己洗澡，在浴缸内或者淋浴	2	1	0
c 外出步行（1或者2个街区）	2	1	0
d 轻家务劳动，例如做饭、除尘、洗碗、清扫过道	2	1	0
e 走上走下楼梯	2	1	0
f 自己购物和跑腿（走大约3~4个街区；400码）	2	1	0
g 举起并携带10磅重物（一袋杂物）	2	1	0
h 走0.5英里（6~7个街区）	2	1	0
i 走1英里（12~14个街区）	2	1	0
j 举起并携带25磅重物（中等或者大个儿手提箱）	2	1	0
k 重家务劳动，例如擦地板、洗尘、扫树叶	2	1	0
l 剧烈的活动，例如徒步旅行、挖花园、移动重物、骑自行车、有氧舞蹈、高强度健美操	2	1	0

综合身体功能分级量表：

高（高级）功能水平——可以完成全部12项活动，无需协助（综合身体功能量表得分，24分）。
中等功能水平——目前有能力完成至少7项活动（综合身体功能量表得分，14分），无需协助，满足普遍认可的身体独立方面要求——能够自理，例如做轻家务劳动、走3~4个街区、自己购物等。
低功能水平（有风险）——不能达到中等功能水平要求，表明个人可能面临丧失身体独立性的风险。

中等功能水平、按照年龄调整后的得分（当预测未来能力而不是当下能力时使用[①]）：
90岁及以上——综合身体功能得分14分（能够执行至少7项活动，无需协助）；
89~90岁——综合身体功能得分16分（能够执行至少8项活动，无需协助）；
70~79岁——综合身体功能得分18分（能够执行至少9项活动，无需协助）；
60~69岁——综合身体功能得分20分（能够执行至少10项活动，无需协助）；

[①]对于那些年龄不满90岁的老年人，按照年龄调整的（较高）中等功能水平记分要求允许身体功能水平出现预期下降，类似于通常报告的每10年老年人生理性下降10%~15%，这样就为中等功能水平设立了一个标准，反映晚年（90岁以上）生活自理的预期能力，而不是当前自理需要的能力。

图3.3 用于对功能能力自评的综合身体功能量表

经同意，转载自Rikli & Jones, 2012。Roberta E. Rikli和C. Jessie Jones，《Senior Fitness Test Manual》第2版（伊利诺伊大学香槟分校：人体运动出版社），版权所有2013年。未经人体运动出版社事先书面同意，严禁用于商业用途。

确定保持功能行动能力和独立自理所需的效标体适能得分

正如在确定基于效标标准的过程中出现的典型情形那样，在为老年人进行体适能测试，即进入晚年后独立生活的能力，形成推荐的体适能标准（临界得分）问题上，需要涉及几个流程——主观推理、以数据为基础的统计和文献回顾。更具体地讲，体适能标准是以此前常模数据库中的 2140 名中等功能水平参与者所取得的分数为基础开发来的，同时根据文献资料中提到的预期在 60 到 90 多岁的 30 年时间里与年龄和性别相关衰退模式的相关信息进行了调整。表 3.3 中身体功能处于高水平的 3126 名参与者在他们进入晚年后也能够自然而然地满足功能独立的标准。但是，在确立功能独立的最低体适能标准时，在分析中未考虑这个研究参与组的体适能得分，因为他们的能力明显高于满足最低标准所需的水平，因此可能会对提出的体适能水平产生通胀效应。

完成第五章（表 5.5）中为老年人推荐的体适能标准涉及如下三个阶段。第一阶段是利用常模研究数据库中，年龄在 90~94 岁之间，身体功能处于中等水平（独立）的老年人实际得到的分数，为 90~94 岁的老年人设定体适能标准。这被视为逻辑第一步，因为该年龄段参与者首先已经满足了实现维持功能水平进而实现功能独立的目标。由于文献资料中没有证据表明男性和女性维持身体独立的阈值有何不同，所以对于 90 岁以上的男性和女性，在所有测试项目上，建议的体适能标准都是一样的，这个标准是基于 90~94 岁之间，身体功能处于中等水平的男性和女性研究参与者的平均得分，但是对得分做了四舍五入和小的平滑处理，使其与老年人体适能测试记分系统一致，且便于公众使用。

此前的报道显示，为 90~94 岁的老年人拟设的标准是合理的，并且与其他调查结果显示的实现独立功能所需的体适能水平一致。举例来讲，在 6 分钟步行测试中，为 90~94 岁的老年人设定的 400 码（366 米）标准，介于 360~600 米推荐范围之内，此前曾提议将这个推荐范围作为保持功能独立应完成的最小步行距离——即能够在社区内穿行来自己购物和跑腿（Cohen, Sveen, Walker, Brummel-Smith, 1987; Lerner-Frankiel, Vargas, Brown, Krusell, Schoneberger, 1986）。而且，为 6 分钟步行测试设定的 400 码标准，与医疗保障中采用的 1/4 英里的标准（440 码）非常接近，1/4 英里被用作确定行动能力受限和失能的临界点（U.S. Department of Health and Human Services, 2006）。为 90~94 岁的老年人完成 8 英尺起立行走测试拟设的 8.0 秒标准与 8.5 秒临界点类似，但是略低，在相同测试准则中，8.5 秒被视为预测老年人跌倒的一个指标（Rose et al., 2002）。将低于 8.5 这个临界点的情况视为跌倒风险预测指标是一个特别重要的考量，因为跌倒和跌倒相关伤害是丧失独立性和导致医疗成本剧增的一个主要原因（Centers for Disease Control and Prevention, 2011）。

这个流程的第二个阶段，要求在 60~64 岁至 90~94 岁这 30 年时间中，在预期体适能下降规划基础上，为不满 90 岁的老年人确定合适的体适能标准。有一点非常重要，就是标准应设立得足够高，使人们应对与年龄匹配的正常的身体体适能下降速度，不会在进入90岁时滑入功能独立水平以下。在确定下降速度时，每个体适能变量都需要考虑在内，首先考虑的是常模数据库中2140名功能独立参与者的实际得分，然后计算60~64岁至90~94岁这30年时间中体适能下降的百分比。当对运动能力进行了纵向（同一个人，每长一岁）和横向跟踪后，只有在同一时间对不同年龄组进行常模研究时才如此，我们在文献资料给出的更大下降百分数（约1.25倍）的基础上，对这个数字（下降百分数）进行调整。因此，表5.5中给出的60~64岁老年人的标准，反映的是以年龄为基准的预期的体适能下降，约是常模研究参与者下降速率的1.25倍。请参见Rikli & Jones（2012）了解更多详情。

第三阶段，一旦为最年长（90~94岁）的和最年轻（60~64岁）的年龄段确立了体适能标准，我们将根据上述范围内不同年龄组体适能下降模式方面现有可用的信息，为介于中间的年龄组确定标准，特别需要注意的是：男性的体适能下降速率要高于女性（Doherty, 2003; Hughes et al., 2001）；下肢力量下降速度要快于上肢力量（Paterson, Jones, & Rice, 2007; Vandervoordt, 2002）；以年龄为基础的体适能下降有一个公认的曲线模型，晚年后下降速度加快（ACSM, 2009; Doherth, 2003; Macaluso & DeVito, 2004; Paterson et al., Vandervoordt, 2002）。请注意在表5.5中，与老年晚期相比，建议老年早期的标准反映的变化速率稍慢。

如前所述，为所有年龄组建议的最终标准反映的是四舍五入后的数值，目的是与老年人体适能测试记分方式一致，也更加易于掌握，并适合老年工作从业人员和老年人自己使用。如表5.5所示，为坐站测试、手臂弯举测试和踏步测试设定的所有标准都是正数，目的是与老年人体适能测试关于这些项目的说明一致，6分钟步行测试的标准是以每5码为单位增加，这个标准与老年人体适能测试的记分说明也是一致的。

在图5.2和5.3中，以及附录J的可复制运动能力得分图中，每个年龄段的效标参照评价标准（体适能目标）都用星号（★）标记。这些运动能力得分图（图5.2、图5.3和附录J）中的低等功能区反映的是老年人的平均体适能得分，这些人都无法完成独立生活所需的各种活动，具体信息见表3.4。更具体地说，身体功能处于低水平的人，是指那些认为自己没有他人帮助只能完成综合身体功能量表中6项或者少于6项活动的人，这些人面临着丧失独立性的风险。

扼要重述一下，推荐的体适能标准（老年人体适能测试临界得分）是以体适能预测水平为基础制定的，这里说的体适能水平是各年龄段维持直至晚年的行动能力和身体独立性必需的体适能水平，不包括伴随年龄增长出现的正常的身体能力下降。

确定效标参照标准的效度和信度

一旦确立了老年人体适能测试的效标体适能参照标准，接着将对它们的准确性进行评估，具体做法是以82名居住在社区的老年人为单独测试样本，进行效度和信度

第三章 测试的效度、信度、百分位数标准和效标参照标准

测试（48 名女性和 34 名男性；平均年龄 =70.2 岁；SD=5.7）（Rikli & Jones, 2012）。在制定效标参照标准时，不仅测试工具（在本例中，老年人体适能测试和综合身体功能）的效度和信度很重要，体适能标准的效度和信度也同样重要，以此作为一个指标，说明它们在识别满足或不满足标准人员方面的准确性和一致性（Baumgartner et al., 2007; Morrow et al., 2011）。

表 3.4 在老年人体适能测试中，身体功能能力处于高（高级）、中、低三个水平的女性和男性平均分和标准差（括号内）

测试项目	功能能力测试自我报告		
	高 n=3126	中 n=2738	低 n=717
30 秒坐站(# 站立次数)			
女性	14.1(3.6)	12.4(3.5)	8.4(4.1)
男性	15.5(4.2)	12.5(4.1)	8.3(3.4)
30 秒手臂弯举(# 弯曲次数)			
女性	15.7(4.6)	14.0(4.0)	10.5(3.9)
男性	18.0(4.9)	15.9(4.5)	10.7(3.5)
6 分钟步行(# 码数)			
女性	589(84)	515(101)	363(135)
男性	636(96)	521(126)	369(138)
2 分钟踏步(# 踏步数)			
女性	94(24)	81(23)	58(25)
男性	100(24)	87(26)	59(25)
椅式坐位体前屈(英寸)			
女性	2.4(3.6)	1.0(3.6)	-1.9(4.1)
男性	0.2(4.5)	-1.9(4.8)	-3.8(4.8)
背抓(英寸)			
女性	-0.1(3.5)	-2.0(3.9)	-4.5(4.7)
男性	-4.0(4.7)	-5.7(5.2)	-8.0(5.7)
8 英尺起立行走(秒)			
女性	5.5(1.1)	6.2(1.4)	8.8(3.2)
男性	5.1(1.2)	6.2(1.9)	8.9(2.9)

作为 Rikli & Jones, 1999b 中介绍的标准研究中的一部分，收集了本表中的数据（此前已发布）。功能活动是通过自述方式按照综合身体功能量表（图 3.3）进行评估的，采用的是以年龄为基准的记分系统。身体功能处于高水平的老年人可以在无人帮助的情况下，完成全部 12 项综合身体功能测试，获得最高得分 24 分；身体功能处于中等水平的老年人，得分介于 14 分或者更高得分之间（能够在无需帮助的情况下，完成 7 项或者更多活动）；而身体功能处于低水平的老年人，为那些表明自己仅可以完成综合身体功能量表中 6 项或者不足 6 项活动的老年人，他们面临着丧失身体独立性的风险。平均年龄：高功能水平：71.1；中等功能水平：74.8；低功能水平：79.5。性别比例：高度功能水平 =60%女性；中等功能水平 =77%女性；低功能水平 =85%女性。

效标参照测试的效度解决了一致性的问题，方法是将每个测试项目中满足或者不满足设定标准的人正确分组。在本例中如果效度得分高，那么就表明按照综合身体功能量表预测满足（不满足）中等功能水平能力的大部分案例中已经确立的体适能标准是准确的。如表 3.5 所示，在所有测试项目上，不论男性还是女性效度得分都很好（一般都高于 0.80）。

表 3.5 老年人体适能测试项目效标参照标准的效度

测试项目	全部			女性			男性		
	c	(ϕ)	N	c	(ϕ)	n	c	(ϕ)	n
30 秒坐站	0.87	−0.7	75	0.86	−0.74	45	0.86	−0.71	30
30 秒手臂弯举	0.83	−0.66	69	0.83	−0.52	40	0.86	−0.72	29
6 分钟步行	0.91	−0.67	78	0.88	−0.44	48	0.97	−0.97	30
2 分钟踏步	0.91	−0.79	68	0.92	−0.81	40	0.89	−0.76	28
8 英尺起立行走	0.79	−0.56	73	0.8	−0.6	44	0.79	−0.58	29

说明：c = 效度系数，在两种方法中，满足或者不满足标准的分类一致性比例——老年人体适能测试方法和功能独立性方面综合身体功能标准方法。

ϕ = Phi 相关系数，表明每个变量（老年人体适能测试和综合身体功能）的分类之间的相互关系，是分类一致性的另一个指标。

经同意，转载自 Rikli & Jones, 2012。

根据推荐的流程（Baumgartner et al., 2007），其中也给出了 φ 相关系数值，提供了另一个一致性指标。

效标参照的信度通过如下方式确定：在两个不同的场合进行测试，这样就将第一天的分类与第二天的分类在准确性方面进行对比。如果第一天满足（不满足）标准的大部分参与者在复测时也满足（不满足）标准，那么就认为标准测试的信度好。如表 3.6 所示，以在两个不同日期开展测试时，研究参与者满足老年人体适能测试体适能标准为基准，研究参与者中存在相当大的一致性。表中还给出了修改后的卡帕值（kq），它提供了一个修正系数，为报告分类一致性提供了机会。

尽管还需要在更长时间里做进一步的研究，才能全面评估推荐的效标参照标准的准确性，真正的测试是在一段时间内追踪研究参与者，来确定为刚刚步入老年的老年群体建议的标准，是否能够有效地预测他们进入晚年后的功能能力和身体独立性；但是，同时我们相信支持上述标准的理论基础和实证证据都充分合理，所以当以进入晚年后保持身体独立所需的体适能为基准评估老年人的体适能能力时，就成为非常有用的指导方针。更重要的是，标准能够为健康和体适能专家提供史无前例的参考信息，规划针对特定弱点的运动干预措施，从而降低最终丧失独立性的风险。

第三章 测试的效度、信度、百分位数标准和效标参照标准

表 3.6 老年人体适能测试项目效标参照标准的再测信度

测试项目	全部 c	（φ）	N	女性 c	（φ）	n	男性 c	（φ）	n
30 秒坐站	0.89	（0.79）	73	0.89	（0.78）	42	0.90	（0.80）	31
30 秒手臂弯举	0.80	（0.60）	71	0.79	（0.58）	39	0.81	（0.62）	32
6 分钟步行	0.93	（0.86）	73	0.91	（0.82）	44	0.97	（0.94）	29
2 分钟踏步	0.88	（0.76）	69	0.90	（0.80）	39	0.87	（0.74）	30
8 英尺起立行走	0.90	（0.80）	71	0.88	（0.76）	40	0.94	（0.88）	31

说明：Pa= 比例的一致性，即在测试第一天和测试第二天，参与者被划归到满足或者不满足老年人体适能测试评价标准之列的一致性。

Kq= 修正卡帕值，提供了一个修正系数，为报告分类一致性提供了机会。

经同意，转载自 Rikli & Jones, 2012。

总 结

已经公布的测试应该是有效且可靠的，应该附有评价标准，便于对测试得分进行解释。理想的情况是，应该利用各种证据源对测试的效度进行验证，包括内容相关性的、效标相关性的和结构相关性的证据。

在开发老年人体适能测试时，关于选定的体适能类别的相关性的内容（逻辑）证据，是通过文献回顾和专家意见两个方式提供的，这部分内容已经在第二章概念背景和功能性体适能参数一节中讨论过。与效标相关的证据以如下形式呈现：表明每个测试项目的性能与公认标准方法之间的相关性（r 值），前提是能够找到合适的效标。测试项目的结构相关性效度以如下内容为证据：发现不同年龄组之间，以及体力活动水平高和体力活动水平低的参与者之间预期的能力的不同，以及发现运动干预效果的能力。

老年人体适能测试项目再测信度是通过组内相关性（R）流程进行评估的，即将第一天的测试得分与第二天的复测得分进行对比。评估老年人体适能测试信度的研究是专门设计的，以便能够反映与大部分测试场所类似的测试环境（具体做法如：当测试在社区环境开展时，用培训过的志愿者进行协助）。如表 3.2 所示，测试项目的再测信度 R 值介于 0.80～0.96 之间，表明所有测试项目均具有可接受的信度。

老年人体适能测试项目的百分位数标准，是基于一项全国性研究，该研究有 7000 多名美国老年人参与，他们来自 21 个州的 267 个测试现场。研究得出的数据为 60～94 岁之间的男性和女性提供了以年龄段为基础的标准（以百分位数的形式）。

需要提醒测试用户的是，老年人体适能测试标准是以志愿者样本为基础的，他们是独立生活的老年人，相对来讲身体比较健康，比总体老龄人口来讲爱动一些，但是因为参与者人数有限，所以白人的比例过高。然而，老年人体适能测试参与者的特点

与社区居住老年人的大范围样本具有相似性，因此能够为最可能参与再测的大部分人——也就是说居住在社区愿意参加测试的人，提供相关的比较标准。

还有一点需要告知测试用户，那就是该标准代表广泛能力水平范围的平均得分，而特定老年人小组的能力可能会千差万别。

最后，常模研究得出的数据，也提供了一个基础，借以为老年人综合体适能测试系列制定首个效标参照标准。更具体地说，身体功能处于中等水平的老年人研究参与者，他们的老年人体适能测试平均得分，在进行必要的调整以便反映身体素质随年龄下降的情况后，被用作确定效标体适能参照标准的基础，具体见第五章（表5.5和图5.2、图5.3）。拟议的体适能标准提供了此前没有的参考信息，用于以身体独立开展各种日常活动所需的体适能为基准，对老年人的体适能水平进行评估。第五章还包括其他信息，例如利用老年人体适能测试运动能力得分图表，解释个体得分情况。

在下面一章，我们将介绍老年人体适能测试项目的管理和记分流程，包括使参与者参与测试应做的适当准备；物资和仪器设备清单；具体测试和记分准则，通过实例说明如何针对特殊人群修改测试准则以及组织测试和志愿者培训指南。

第四章 测试管理

建立统一的测试准则

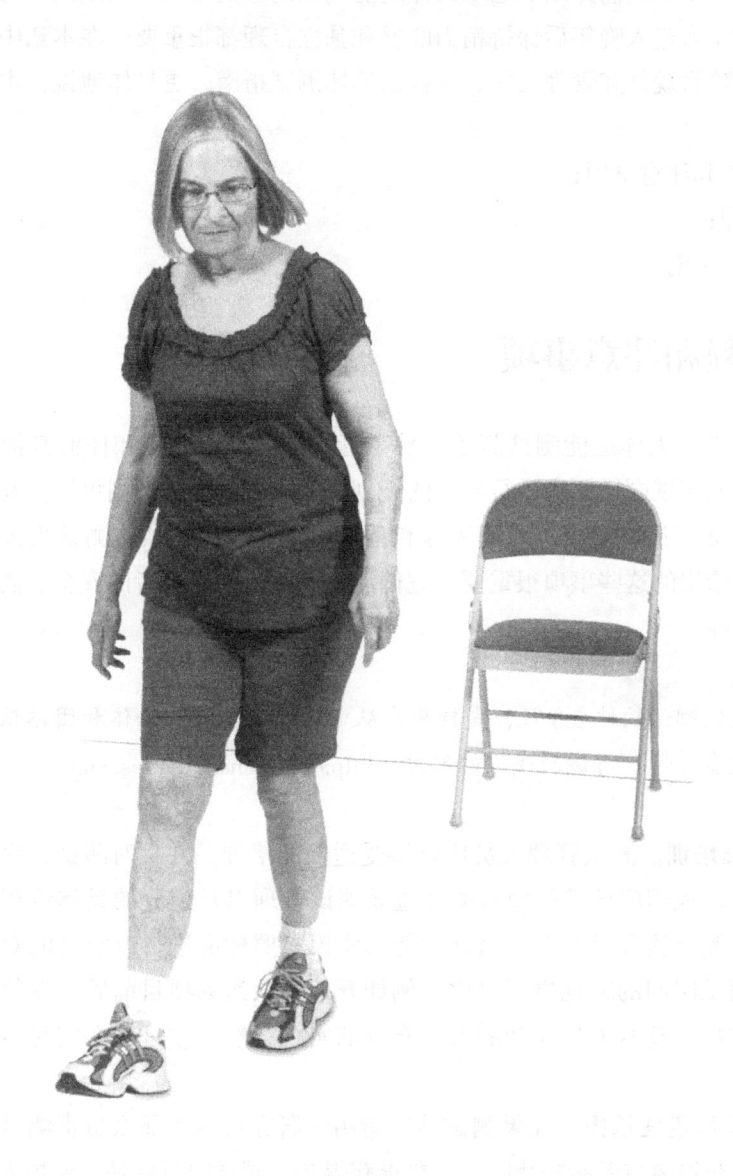

在设计老年人体适能测试（SFT）时，始终遵循着一个原则，那就是易于在社区环境中进行管理，无须投入大量时间、设备、专业技术且对空间要求也非常低。整个测试过程可以在 20~30 分钟的时间内完成，测试可以单独进行也可以两人一组进行，由搭档协助打分。此外，我们在设计时也考虑到为群体测试（一次最多 24 名参与者）提供便利，在受过培训的测试人员帮助下，使他们可以在 60~90 分钟的时间内完成测试。

在前面的章节中，我们介绍了老年人体适能测试的理论基础、用途以及为什么每个体适能参数对于人进入晚年后保持精力旺盛和独立自理都很重要。在本章中，我们将详细说明测试项目规划和管理工作，并提出群体测试指南。更具体地说，本章包括如下内容：

- 测前流程和注意事项；
- 测试管理；
- 群体测试指南。

测前流程和注意事项

比较而言，老年人体适能测试简单、易于管理和记分，但是和任何其他测试一样，老年人体适能测试同样要求进行周密的规划，从而保证测试准则可靠，并保证测试数据有意义。如下清单给出了测前流程和条件，这些内容都须在测试当天之前解决。关注清单中给出的这些事项很重要，它们能够保证测试参与者的安全、测试的效率和测量的准确性。

▶ 老年人体适能测试软件 2.0 版，支持用户从电子表格中导入个体和团体信息，关于软件的更多详情，请访问我们的网站：http://sft.humankinetics.com。

1. **技术人员培训**。测试管理人员应该接受适当的培训，并且对测试程序非常熟练——也就是说，他们应该理解而且能够遵循测试管理以及记分的具体流程。严格遵守已经确立的测试流程是基石，这样才能与常模参照标准进行有意义的对比，或者将两个不同测试时间的表现进行对比，例如开始一项运动项目前后。在熟悉了本章的测试说明之后，技术人员应开展大量充分的实践，然后才可以切实对客户进行测试。

2. **知情同意和责任承担**。如果测试结果是用于研究目的，那么负责测试人员必须在测试进行前获得参与者的知情同意。要求获得知情同意的目的是，保护人体受试者的权利（换句话说，是保证他们已经被告知测试目的和风险，使他们了解他们有权利随时终止测试）。尽管你的项目可能不需要参与者签署知情同意书，但是我们建议最好是要求参与者签署知情同意表格（或者类似的东西），通过这种方式解释与测试相关的风险和责任。在附录 A 中，给出了一个知情同意和责任承担表格范例，其中给出了测试目的、风险、准则、个体权利和责任。

3. **筛选参与者**。尽管无须医学筛选，这些测试项目对多数居住在社区的老年人来讲也是安全可行的，但是有一些例外情况。有下列情况者，在没有医生同意的情况下，不能参与测试：

- 已被医生告知由于某一疾病不能运动；
- 有充血性心脏衰竭病史；
- 目前经受关节疼痛、胸痛、头晕眼花，或者运动时有劳力型心绞痛（胸闷、压力、疼痛、沉重感）；
- 不受控制的高血压（高于 160 / 100 毫米汞柱）

4. **知情同意和责任承担**。当你和以往一样收集客户信息时（姓名、地址、紧急联系电话、健康背景等），应该解释一下此前公示的条件，在必要的情况下，让客户获取体检合格证明。让客户签署有下列情况（见附录 A）的知情同意和责任承担表格，这是一个非常重要的传达相关信息的方式。还应该有一个简单的体检合格证明表，见附录 B。

5. **参与者测前告知**。为了保证最大程度的安全和最好的表现，参与者在测试前应被告知如何以最佳方式为测试进行准备。具体地说，应告知参与者如下内容：

- 在评估前一天或者两天避免剧烈的体力活动；
- 在测试前 24 小时，避免过度饮酒；
- 测试前 1 小时吃些清淡的食物；
- 穿轻便的衣服和鞋子以便参加体力活动；
- 戴帽子和太阳镜，便于在户外行走，别忘了带上老花镜（如果需要），填表格时可能用得上；
- 如果需要的话，带上知情同意表和体检合格证明表；
- 告知测试管理人员任何影响您能力表现或药物的疾病。

6. **有氧耐力测试练习**。为了提高得分的准确性，参与者需要在测试当天以前进行有氧耐力测试的练习。他们应为自己完成 6 分钟步行测试或者 2 分钟踏步测试计时。练习测试能够帮助他们确定最适合自己的步速。如果需要，应将知情同意和体检合格证明表与参与者告知清单同时分发给客户。在附录 C 中是一份参与者告知表范例，用户可以复印使用。你可以复印此表直接用于自己的项目，也可以修改后再用。

7. **测试设备和用品**。在测试前，应将所有测试设备和用品收集整理并准备就序。老年人体适能测试需要的大部分工具都是非常常见的东西，在很多运动场所中都可以找到，也可以从家中带来或者可以在附近的商店中购得。表 4.1 包含全部设备和用品清单，它们是完成老年人体适能测试必需的，清单同时给出了获得上述设备和用品的厂商或者供货源，用品信息显示在图 4.1 中。每个设备和用品的具体用途，将在下一节测试项目介绍中详细说明。

表 4.1　老年人体适能测试设备和用品供应商和供货源

设备和用品*	可选的供应商和供货源
折叠椅	一般来讲，在主要的折扣店、体育用品商店和某些百货商店都可以买到
秒表	
手握重物［5 磅和 8 磅（2.3 和 3.6 公斤）］哑铃	
比例尺	
美纹纸胶带	
30 英寸（76 厘米）绳子	
长卷尺（>20 码或者米）	
4 个圆锥体（或者类似的标志物）	
冰棒棍（用于计算 6 分钟步行测试的圈数）	通常，可以在折扣店的工艺和织物区或者特种工艺和面料店找到
60 英寸（150 厘米）卷尺	
18 英寸（45 厘米）直尺（码尺的一半）	
检尺计数器（2 分钟踏步测试）	
小铅笔	
姓名标签	在办公用品商店有售
3×5 英寸（7.5×12.5 厘米）卡片（可作为备选方式，标记 6 分钟步行测试的圈数）	
个人得分卡（大约 5×8 英寸［13×20 厘米］）	附录 D 中的内容可以拷贝到 8.5×11 英寸（22×28 厘米）的卡片纸上，然后对半切开
站点标志（用于群体测试）	附录 G 中的信息可以拷贝并放大到重磅纸上。如果需要还可以安装和层压
12 英寸塑料量角器	在保健/医疗用品商店有售或者可以在网上购买

*在小组测试时，有些用品可能需要多件，参见表 4.2。

图 4.1　老年人体适能测试时需要使用的设备和用品

8. **数据记录表（记分卡）**。记录测试得分的表格，类似于图 4.2 中的样表，应在测试进行前就准备好。记分卡上的"说明/备注"栏用于记录与标准测试准则的偏差。当然，按照调整后的测试标准取得的得分，不得与评价标准进行对比，但是可以用于个人两次不同时间的测试结果进行对比。可以复制使用附录 D 中的记分卡。请注意：在同一页上相同的信息重复两次，目的是方便用户将它们复制到纸上，然后再对半切开形成两张大约 5×8 英寸的记分卡。

> 老年人体适能测试软件 2.0 版，支持用户通过手机或者其它移动设备将得分输入到系统中，关于软件的更多详情，请访问我们的网站：http://sft.humankinetics.com。

记分卡：老年人体适能测试

日期：2013 年 2 月 12 日
姓名：Mary Jacob　　　　M：___　F：X　　年龄：76 岁　　身高：61″　　体重：129

测试项目	测试试验 1	测试试验 2	备注
1. 坐站测试（30 秒时间内完成的次数）	15	不适用	
2. 手臂弯举测试（30 秒时间内完成的次数）	10	不适用	保持良好的形态有困难——需要加强上肢力量
3. 2 分钟踏步测试（踏步次数）或者 6 分钟步行测试（码数）	520 码	不适用	
4. 椅式坐位体前屈测试（最近的 1/2 英寸：+/−）	+1.5	+2.0	右或者左（将腿伸直）
5. 背抓测试（最近的 1/2 英寸：+/−）	−4.5	−3.0	右或者左（从肩膀向下）
6. 8 英尺起立行走测试（最近的 1/10 秒）	6.1	6.3	

图 4.2 记分卡样本。

9. **测试顺序**。在规划测试顺序时，很重要的一点是需要考虑是用 6 分钟步行测试还是 2 分钟踏步测试作为有氧耐力测试手段。如果选用了 2 分钟踏步测试，那么就应该按照如下顺序安排测试，使疲劳最小化：手臂弯举测试、2 分钟踏步测试、背抓测试，最后是 8 英尺起立行走测试。当测试站点按照回路形式安排，以便对大型测试组进行评估时，参与者可以从循环的任意站点开始测试，但是之后就应该遵循推荐的顺序进行测试，这样在相临的测试中就不会用到同一组肌肉群。如果选用了 6 分钟步行测试，那么就应该在所有其他项目都进行完后最后进行这项测试。通常情况下，如果进行 6 分钟步行测试，那么就忽略该循环中的 2 分钟踏步测试。而如果两项都选，既进行 6 分钟步行测试又进行 2 分钟踏步测试，那么我们建议择日再单独进行 6 分钟测试，避免使参与者过度疲劳。身高和体重测量可以随时进行，因为他们没有体力消耗。在进行群体测试时，我们建议将身高和体重测量安排在第 3 站，如果选了 2 分钟踏步测试，第 3 站的内容还应该包括 2 分钟踏步测试，但是如果没有选 2 分钟踏步测试，那么忽略。

10. **环境条件**。如果温度或者湿度条件令人不舒服，或者对于参与者来讲不安全，那么就不要进行测试。因为人们对温度和湿度的承受能力显著不同，个人感到舒适是最好的原则。要勤查看过热或过度劳累迹象，如果出现这种征兆或者如果参与者要求停止，那么立即停止测试。

11. **过度劳累的迹象**。下列内容是常见的生理现象，在过热或者过度劳累时会出现。出现下列任何情形时，应立即终止测试：

- 异常的疲倦或呼吸急促；
- 眩晕或头晕；
- 胸闷或胸口疼痛；
- 心律不齐；
- 任何种类的疼痛；
- 肢体麻木；
- 肌肉失控或失衡；
- 恶心或呕吐；
- 困惑或失去知觉；
- 视力模糊。

12. **紧急情况处理流程和事件上报**。测试开始前，一定要规划流程，以便紧急情况发生时可以照章办事。知道最近的电话亭在哪里，同时确保紧急事件流程和电话号码已经张贴清楚妥当。还有一个好主意，就是将打印出来的指示贴在附近的设施上，以便在发生紧急情况时拨打电话。如果在测试过程中出现任何的受伤或疾病，那么你应该先上报事故流程，说明事故情况和后续事故处理流程。附录 E 中是一个事故上报表的样例。

测试管理

在本节中，将介绍测试当天应遵循的测试流程，包括正确的热身活动说明，以及测试开始前应讲给参与者听的注意事项，其中还有对老年人体适能测试准则的详细介绍。

"通常来讲，到了这个年纪，进行测试是我最不想做的事。但是老年人体适能测试除外，这个测试很有乐趣，肯定了我以前参与的锻炼课程的价值。"

Ken Higdon，86 岁，堪萨斯州列涅萨湖景村。

热身运动和参与者注意事项

测试开始前,参与者应进行 5~8 分钟的热身和伸展活动。在热身阶段,到底做哪项活动并不是最重要的,只要涉及大肌肉群而且不太剧烈就可以了。原地踏步、摆动双臂、向上向后伸展,以及并肩而行都是很好的肌肉热身运动。在音乐烘托下做这些运动会增添很多乐趣,而且会使测试成为一次愉快的体验。热身结束后,参与者应做些简单的伸展运动,注意那些在测试中需要拉伸的部位,特别是下肢(腘绳肌)肌肉和上肢(肩部)区域。下面是一些范例,可以在老年人体适能测试活动前用来伸展测试中将涉及的主要的肌肉和关节。

简单的伸展运动

转头

慢慢向右转动头部,在脖子感到一个柔和的张力时停止。保持这个姿势5秒,然后慢慢向中心位置回转头部。然后向左侧重复相同的动作。

转头半圈

慢慢地向右侧头,感到一个柔和的张力时停止。然后慢慢地将头向前转动,并转向左侧。反方向重复运动。

单臂交叉

用左手抓住右手手臂，慢慢地将右手手臂拉过胸前，感到一个柔和的张力时停止。保持这个姿势5秒，然后左臂重复相同的动作。

胸部伸展

双手在身后交握，然后慢慢地将双臂向上抬，胸部、肩膀和手臂感到一个柔和的张力后停止动作。保持这个动作5秒。

小腿拉伸

将左脚向前迈一步，使双脚保持平行。在弯曲左膝的同时，将身体重心向前倾，使右腿保持挺直，右脚跟着地。保持这个动作10秒，换右脚向前迈一步重复这个动作。

腘绳肌拉伸

将左腿向前伸，用脚后跟轻轻地点地。弯曲右膝盖，臀部向前倾，用双手获得支撑。一直向前倾，当左腿后侧感到柔和的张力时停止。保持这个姿势10秒。将右腿向前伸重复这个动作，动作过程中一定要保持后背挺直，不能弯曲。

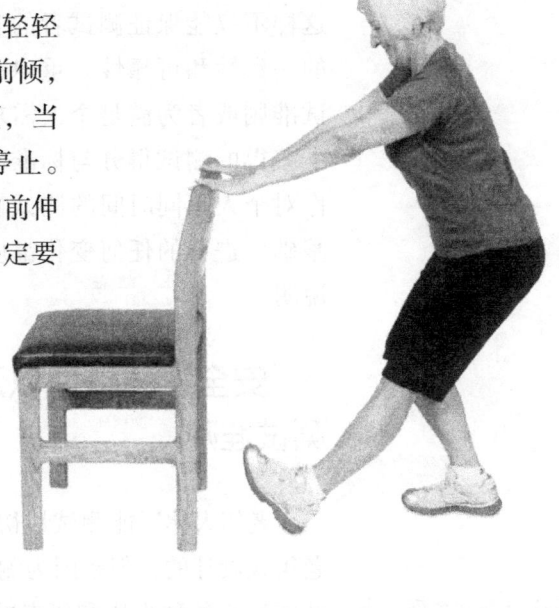

伸展运动指南

可以做

- 进行一些热身活动，然后再做伸展运动（加速循环、提高体温）。
- 缓慢地进行拉伸，每个动作保持5~10秒。
- 恰当的拉伸程度应该是感到柔和的张力，而不是疼痛。
- 重复每个拉伸至少两次。

不可以做

- 弹跳、急动或者强行拉伸。
- 拉伸的程度令人感到疼痛。
- 屏住呼吸。

在开展测试前，告知所有参与者，在所有测试项目上都应该适可而止，过犹不及，不要过度劳累或者超过安全范围。这种声明不仅是针对所有参与者的标准化告知（在常模参照标准研究中，给予参与者的说明指导同样如此），而且有助于向参与者澄清一个问题，所有测试项目的目标是在他们感到舒适的情况下竭尽全力，但是须保持在各自的安全界限范围内。

▶ 参与者告知：鼓励参与者在所有测试项目上尽自己的最大努力，但是不要发展到过度劳累或者超过各自的安全界限。

61

要严格遵守上面指出的要点，而且要遵循测试准则，这样不仅能保证测试者的安全，而且能够保证测试流程的一致性和可靠性。重申一下，不论以何种方式修改测试准则或者为满足个人需求而修改测试准则，这种情况下获得的测试得分与标准不具有可比性，但是结果可用作对个人不同时间的测试情况进行评估。以测试准则为基础，进行的任何变化都应该在记分卡的"备注"栏中说明。

安全注意事项以及针对特殊人群改编的测试准则

老年人体适能测试最初是为居住在社区的身体健康的老年人设计的，但是因为测试管理简单而且安全，所以测试项目在各种临床和年老的身体虚弱人群中都广泛使用，包括如下人群：患有代谢紊乱的人（例如，心血管疾病、肺部疾病、糖尿病）；患有肌肉骨骼疾病的人（例如，骨质疏松症、关节炎、髋关节或膝关节置换手术）；神经和认知障碍（阿尔茨海默氏病和其他形式的老年痴呆、帕金森病）；感觉障碍（例如，视觉、听觉、感觉运动）；慢性疼痛病症（例如，纤维肌痛、关节炎、复杂性区域疼痛综合征）和行动能力限制（例如，平衡障碍、肌肉减少症、病态肥胖）。尽管测试项目准则中的有些元素可能需要调整，但是没有必要变更30秒坐站测试、30秒手臂弯举测试、2分钟踏步测试和6分钟步行测试的测试时长。虽然有些人可能无法达到规定的测试时长要求，但是可以记下他们在规定时间内可以完成的量。延长时间是特意设置的，目的是衡量大多数人的体适能，并提供一个机会使人们能够展示他们在一段时间内取得的进展。如果将30秒坐站测试的时间减少到10秒或者15秒，那么可以给予他们的展示时间太少了。

在老年人体适能测试每个项目准则结尾部分，给出了安全注意事项以及针对特殊人群改编后的测试准则，这些都是以临床医师和执业人士小组给出的建议为基础的，在将老年人体适能测试用于各种临床人群方面，他们具有非常丰富的经验。此外，在对所有测试项目进行管理时要时刻牢记如下内容：

"我发现这个测试系列（老年人体适能测试）适合做过下肢截肢手术的参与者，因为只需将测试准则稍稍改编一下即可，例如起立时用一只手或者两只手帮忙，借助外力行走等。"

Burger & Marinced, 2001。

- 如果参与者使用不恰当的技术或者动作（特别是如果他们可能因此伤到自己时），那么立即停止测试。
- 如果出现任何如测前流程和注意事项一节描述的过度劳累的情形，那么停止测试。
- 对于有视觉障碍的人，使用明亮的物体、清除所有混乱、避免炫目的灯光，而且经常询问他们是否需要帮助。
- 对于有听觉障碍的参与者，更多地使用视觉展示；给他们朗读指示；讲话清晰、语速缓慢、低声调；而且记住面部表情更能够传情达意。
- 对于患有慢性疼痛症状的人，在测试开始前评估他们的疼痛水平。如果将疼痛水平划分为 0~10，而参与者的疼痛水平为 5，那么就应该延迟测试，直至疼痛水平低于 5 再进行测试。而且，多天均进行疼痛评估大有裨益。
- 对于有认知障碍的参与者，使用简单的语言/词语；讲话速度要慢而且要清晰；态度沉稳；令参与者感到放心；态度要乐观积极向上；保持眼神交流；不要给予太多的口头指示；使用非语言的手势和示范来帮助交流，给参与者足够的时间进行响应。

老年人体适能测试的准则

在本节将对各项老年人体适能测试项目的准则进行全面介绍。每个测试项目都包括目的、设备要求、测试流程、得分说明、安全注意事项和针对特殊人群改编的测试准则。对于每个测试项目而言，指导者应首先以缓慢的节奏，展示正确的流程，保证参与者理解希望他们在测试时要做的动作。然后，对于所有计时测试（30 秒坐站、30 秒手臂弯举、2 分钟踏步、8 英尺起立行走和 6 分钟步行），应该以较快的节奏重复演示，说明要在安全范围内尽个人最大努力。正如前面所述，为了使疲劳最小化，建议按照这里给出的顺序进行测试：30 秒坐站、30 秒手臂弯举、2 分钟踏步测试（如果不进行 6 分钟步行测试）、椅式坐位体前屈测试、背抓测试和 8 英尺起立行走测试。当以回路形式对一大群人进行测试时，参与者可以在循环的任意站点开始测试，然后按照建议的顺序从该点依次向下继续。如果选用的是 6 分钟步行测试而不是 2 分钟踏步测试，那么应始终在所有其他测试都完成后再进行这项测试。身高和体重测量则可以在任意时间进行，因为这项测试基本上不需要花费力气。

DVD 30秒坐站测试

a   b

目的

评估下肢力量。

设备

秒表、直背或折叠椅，座位高度17英寸（43厘米）；椅子靠墙放，以免溜坡。

流程

参与者坐在椅子的中间部分，后背挺直，双脚平放在地面上，手臂在腕部交叉，放在胸前（图a）。听到"开始"口令后，参与者起身形成完全站立姿势（图b），然后再恢复到完全坐姿状态。在测试前，让参与者练习一或两次站立。慢慢展示测试，展示正确的形态，然后以较快的速度展示，测试的目标是在个人安全范围内尽力而为。鼓励参与者在30秒时间内完成越多次完全站立越好。

得分

得分指的是在 30 秒时间内完成的站立次数。如果在 30 秒时间结束时，参与者基本上已经起身站立起一多半了，那么就算做是一个完整的站立动作。此项测试只进行一次。

安全注意事项

- 将椅子靠墙放好，或者让人将之固定好。理想情况下，可以将椅子放在地毯表面来避免溜坡。
- 注意一点，当参与者落座时，椅子一定要在他们身后，对于视力有障碍或者身体和认知能力差的人更是如此。
- 注意平衡问题；快速运动更会增加有感觉障碍人士（例如，视觉或者内耳问题）的不稳定性。
- 这个测试项目对于患有慢性疼痛症状的人和曾做过膝关节或髋关节置换术的高个子是禁忌项（用 17 英寸高的座椅可能会在髋关节和膝关节形成一个大于 90° 的角度，这样会造成额外的压力）。改编测试来降低疼痛或者增加角度，或者干脆不进行这项测试。

针对特殊人群改编测试准则

- 如果参与者甚至无法在手臂交叉胸前的姿势下完成一次站立，那么允许他们用双手扶大腿或者椅子站立起来，或者利用手杖或助行器，或者用一个更高或更低的座椅高度。在记分卡上记录改编的详细内容［例如，扶大腿、借助椅子、调高/低椅子高度（记下英寸数）］。尽管为了与常模参照标准进行对比，记录的测试得分是零分，但是也要记录下改编后的得分（例如，0/14），这样就可以在两次不同测试之间对个人能力进行评估。当然，最终的目标是达到介绍的测试准则不得用手扶的。
- 记住，尽管测试准则是 30 秒时间内站立的次数，但是当观察到参与者无法再继续完成后续站立尝试时，应立即停止测试。
- 对于认知有障碍的参与者，可能需要重复测试项目展示。
- 如果参与者很虚弱，那么就不必练习站立了。

DVD　30秒手臂弯举测试

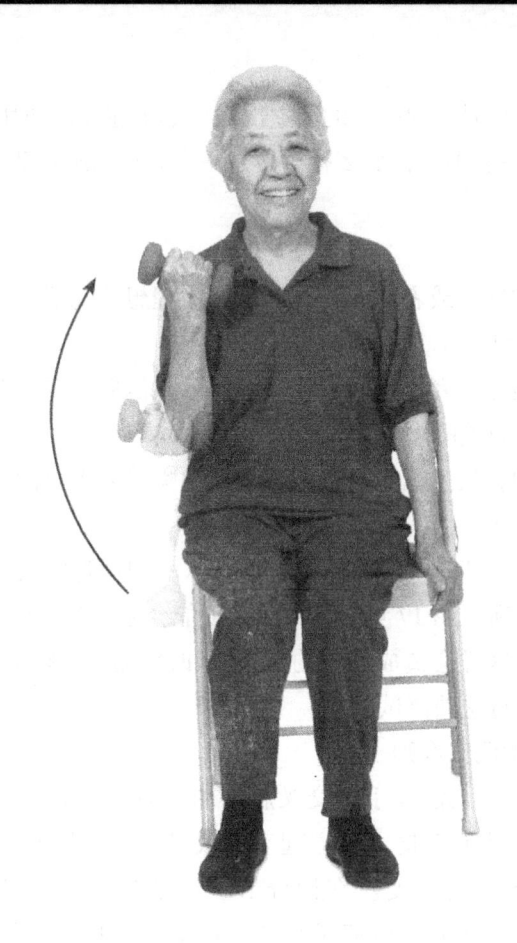

目的

评估上肢力量。

设备

秒表、没有扶手的直背或折叠椅、女性5磅（2.3公斤）哑铃；男性8磅（3.6公斤）哑铃。

流程

让参与者坐在有直背的椅子上，双脚平放在地上，将身体的主控侧靠近座椅的边缘。手握重物放在身体一侧且与地板垂直，用惯用手以横握姿势抓握重物。当胳膊肘从下方位置向上弯举时，手握重物徐徐提升，在肘关节屈曲过程中，手掌也旋转到手心向上的位置。在此过程中，腰不能动——只能是胳膊肘弯屈。慢慢地展示测试，说明动作形态，然后以较快的速度进行展示。让参与者重复练习一到两次，练习时手中不握重物，以保持正确的形态。

听到"开始"口令后，参与者完成整套动作（从前完全伸展到完全屈曲），将重物推起，在30秒时间内完成的次数越多越好。在整个测试过程中，上臂必须保持不动,使胳膊肘抵着身体有助于稳定上臂。

得分

得分为 30 秒时间内手臂弯举的总次数。如果在 30 秒时间结束时,前臂基本上已经弯屈一多半了,那么也算是在内。只进行一次测试试验。

安全注意事项

- 确保在进行测试时,参与者的腕部的屈曲不能过度。屈曲和伸展都是从胳膊肘发出的——而不是手腕。手腕不得向前或者向后弯。
- 询问参与者是否在肘部、腕部或者手部感到疼痛;调整测试以减少疼痛或不做此项测试。

针对特殊人群改编测试准则

- 如果由于健康状况例如关节炎,参与者不能手握重物,那么可以使用魔术贴沙袋。
- 如果重物太沉以致参与者无法完成正确动作,那么可以换轻一点的重物来代替。
- 如果有些参与者对测试准则中描述的动作感到迷惑,或者从横握动作换位到手掌向上的动作有困难,那么他们在手臂屈曲过程中无须变换重物握持方式。
- 如果参与者站着执行测试感到容易一些的话,那么就让他们站着进行测试。
- 对于测试准则的任意改编,记录正式测试得分(零分)和改编后的得分(例如,0/13)。在记分卡的备注栏中,记录为使特殊人群完成测试,对测试内容进行改编的情形(例如,2 磅重物、使用绿色阻力带、未返回到横握姿势)。
- 记住,尽管测试准则是在 30 秒时间内完成动作的次数,但是如果发现参与者无法再继续完成屈曲动作时,可以立即停止测试。
- 对于认知有障碍的参与者,可能需要重复测试展示。

DVD 身高和体重

目的

评估身体质量指数（BMI）。

设备

比例尺、60英寸（150厘米）卷尺、美纹纸胶带、直尺（或者其他平面物体，用以标记头顶位置）。

流程

由于时间关系，在身高和体重测量过程中，可以穿鞋，如何调整将在后面详述。

身高。将一个60英寸的卷尺垂直贴到墙上，使零点恰好在地板上方20英寸处。让参与者背靠墙站着（后脑勺中部与尺子成一条直线），眼睛直视前方。在参与者的头顶放一把直尺（或者类似的物体），使它保持水平，然后将其向后延伸够到卷尺。测试者的身高就是卷尺上标记的英寸数再加上20英寸的和（从地板到卷尺零点之间的距离）。如果穿着鞋，要从测得的身高值中减去0.5英寸或者1英寸（或者更多），做出最佳判断减去最合适的值。将身高记录到最近的 0.5 英寸 [注意：60 英寸的卷尺大约相当于一个 150 厘米的公制卷尺。如果使用公制卷尺，为了便于计算身高，将其放在地板上方 50 厘米（相当于 19.7 英寸）的位置。考虑到鞋的高度，减去 1~3 厘米，具体减去几厘米由你做出最佳判断。将身高记录到最近的厘米数。]

体重。让参与者将身上的厚重衣服脱下（例如，夹克、厚重的毛衣）。测量参与者的体重取最近的磅数（或者公斤数），要将参与者鞋子的重量扣除。一般来讲，轻便的鞋子应减去 1 磅（大约是 0.5 公斤），厚重的鞋子减去 2 磅（大约是 1 公斤），具体减去多少由你做出最佳判断。

得分

将参与者的身高和体重记录在计分卡上。也可以稍后按照附录 F 中给出的身高体重换算表，推算身体质量指数。说得更具体点，可以用体重（kg）除以身高（m）的平方计算身体质量指数。

$$BMI = kg/m^2$$

身体质量指数还可以通过下面的公式计算，即用体重磅（lb）乘以 703，然后除以身高英寸（in）的平方：

$$BMI = (lb \times 703)/in^2$$

DVD 2分钟踏步测试

目的

提供另外一种测试有氧耐力的方法。

设备

秒表、卷尺或者大约30英寸（76厘米）长的一段绳子、美纹纸胶带和用于计算踏步数的检尺计数器。

设置

为了使得分准确性最大化，可以让参与者在测试前一天练习测试（原地踏步2分钟）。在测试当天刚开始时，为每个参与者都设定最小的抬膝高度，基本上相当于前胯骨的中间位置（髂嵴）。可以用一个卷尺来确定这个位置，或者最简单的方法就是，从髌骨到髂嵴拉一根绳子，然后将绳子折叠过来，用尺子在大腿上做一个记号点即是。

监测踏步高度

为了监测正确的膝盖高度（踏步高度），让参与者靠墙、门道或者靠着高背座椅，将卷尺从大腿位置移动到墙上或者椅子上与此等高的一个位置。如果参与者个子很高，那么还可以在附近的矮桌上摞书来标记踏步高度。

流程

听到"开始"口令后，参与者开始原地踏步（不是跑），在2分钟时间内完成的次数越多越好。尽管两膝关节都得抬到正确的高度，但是只用检尺计数器记录右膝盖达到目标高度的次数即可。当不能保持正确的膝盖高度时，让参与者减慢速度或者停下来，直到能够重新以正确的动作开始，但是时间照计不误。

得分

得分就是2分钟时间内完成的完整踏步次数（换句话说，右膝盖达到正确高度的次数）。测试当天只进行一次测试。

安全注意事项

- 平衡性有问题的参与者应靠墙站立，靠近过道或者站在过道内，或者站在栏杆或椅子（以便失去平衡时来支撑）之间，而且应该仔细照看。
- 监测参与者，看是否有过度劳累的情形。
- 测试结束后，让参与者慢慢地走一会儿来放松。
- 如果在测试过程中有参与者用力踏地板，那么想办法促使他们轻轻地落脚，防止膝盖疼痛。

(针对特殊人群改编测试准则)

- 如果参与者身体不稳或者有视觉障碍，那么让他们扶着桌子，或者靠墙站立，或者站在栏杆或椅子之间，在这种状态下完成测试；密切监测他们的进展情况。
- 如果参与者无法将膝盖抬起到正确的高度，或者是仅能抬起一侧膝盖到正确的高度，那么让他们尽自己所能完成测试。
- 如果参与者无法原地踏步，那么允许他们在前进中进行。
- 对于测试准则方面的任意改编，请将测试的改编情形记录在记分卡的备注栏中(例如，无法抬起一侧膝盖到正确的高度，双手扶握栏杆站着，用一只手扶墙站立)。
- 提醒那些身体虚弱或者不太适合有氧运动的参与者，他们可以随时休息（得分为2分钟时间内完成的踏步数量）。

DVD 椅式坐位体前屈测试

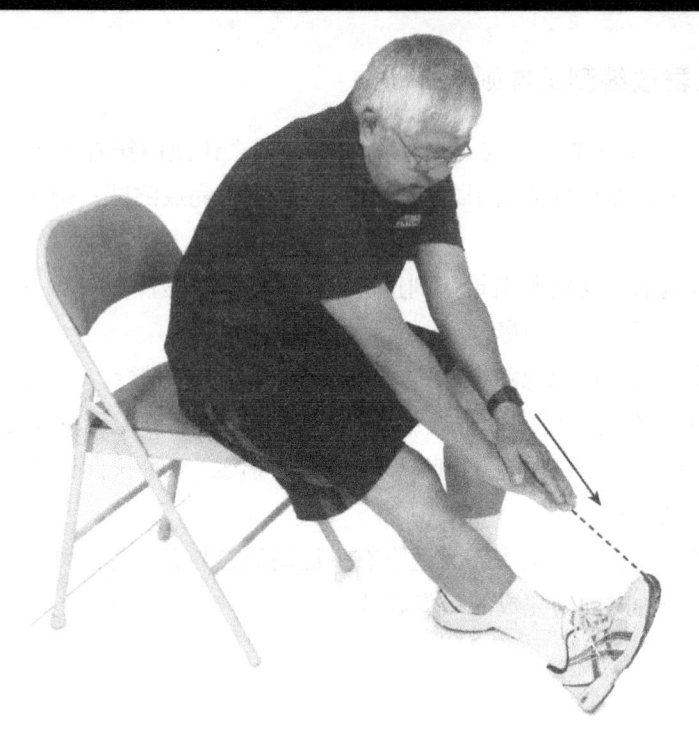

目的

评估下肢（主要是腘绳肌）的柔韧性。

设备

椅子腿斜伸向前可以避免倾翻的 17 英寸（43 厘米）高的折叠椅、18 英寸（46 厘米）长的尺子（码尺的一半）；椅子靠墙放着，以避免跌倒。

流程

参与者坐在椅子的边缘。大腿根部与臀部之间的折叠处应与椅子座位的前边缘对齐。一条腿弯曲，稍偏向外侧，脚平放在地板上。另一条腿向前尽量伸直。脚跟放在地板上，脚掌向上弯曲大约 90°。

两臂向前伸出，双手重叠中指对齐，参与者从髋关节慢慢地向前倾，尽量够到或者伸过脚趾头。如果伸直的膝盖开始弯屈，那么让参与者慢慢返回上一动作，直到膝盖伸直为止。最大伸直状态必须保持 2 秒。

参与者用两条腿都进行练习，看看哪条腿是自己的优势腿（也就是得分高的那条腿）。用得分最佳的腿进行测试（与标准进行比较）。一旦确定了优势腿，那么就要让参与者多练习几次，以便热身。

得分

参与者用优势腿练习两次后，进行两次测试，记录最好的测试得分。测量从中指指尖到鞋脚趾端的距离，记录最近的 0.5 英寸（1.27 厘米）。鞋脚趾端中点的位置代表零点。

如果没有够到这个位置，将得分记为负数（-）；如果中指能够到这个点，将得分计为零；如果中指能够伸过鞋脚趾端中点，那么将距离得分计为正数（+）。

安全注意事项
- 将椅子靠墙放稳，这样在测试过程中不会滑倾。
- 提醒参与者当他们慢慢向前弯屈时呼气，同时避免晃动。
- 参与者伸展的程度应仅仅是稍感不适，注意一定不要伸展到感到疼痛的程度。
- 提醒参与者不要屏住呼吸——在整个测试过程中要有意识地呼吸。
- 患有骨质疏松症的人、近期做过膝关节或髋关节置换术的人或者向前伸会感到疼痛的人不能进行这项测试。
- 测试人员应在参与者伸直的那条腿的一侧蹲下，将一只手放在参与者膝盖上（轻轻地），这样如果测试人员感到参与者的膝盖开始弯屈时，可以让参与者停止测试或者必要时将参与者身体向后拉。

针对特殊人群改编测试准则
- 对于那些不能伸直膝盖的人，借助测角仪（如果有）或者最佳判断，在计分卡上记下近似屈曲值。如果使用测角仪，应放置在伸直的那条腿的外侧，使中心轴位于膝关节的中点。使测角仪的一臂与股骨位于一条直线上，测角仪的另一臂与小腿中线位于一条直线上。
- 如果参与者有视觉障碍，那么询问他是否可以触摸他，以便给他指引方向。
- 对于那些没有领会动作要点的人，给他们重复做演示。
- 允许参与者在轮椅上进行测试（轮子须锁住），或者借助助行器完成测试。

DVD 背抓测试

目的

评估上肢（肩关节）柔韧性。

设备

18英寸（46厘米）直尺。

流程

让参与者站好，将优势手放在同侧后背上，手掌向下手指伸直，尽量向下伸手触及后背中部。注意：胳膊肘是向上的。让参与者将另一只手臂从后腰向上伸，手掌向上尽量触及后背中部，尽量使两手的中指触碰到一起或者重叠。参与者应练习这个测试，确定自己的优势位置（手在后背上可以获得最好得分的位置）。测试进行前练习两次。

看看两手的中指是否在最大程度上指向对方。不移动参与者的双手，将中指调整到最佳位置。不让参与者将手指握到一起或拉着。

得分

参与者在自己的优势位置完成两次热身练习后,进行两次测试且记录最好得分。得分取最近的 0.5 英寸(厘米),测量中指重叠距离或者中指之间的距离。如果中指没有碰到,那么记录负(-)分,如果双手中指刚刚触及,那么记录零分,如果双手中指重叠,那么记录正(+)数得分。不管在后背的位置调整,量取的始终是两手中指尖之间的距离,但是两手在后背的位置不做考虑。

安全注意事项

- 如果参与者感到疼痛那么停止测试。
- 提醒参与者在伸展的过程中要有意识地呼吸。
- 提醒参与者避免反弹或者动作过快。
- 尽量快速地完成测量,这样参与者就无须保持这种不太舒服的姿势。
- 让参与者在练习过程中晃动、转动后背。

针对特殊人群改编测试准则

- 这个测试对于患有颈部和肩部伤病或者问题(肩周炎、肩袖问题、神经痛)的人是禁忌。

8英尺起立行走测试

目的

评估灵活性和动态平衡性。

设备

秒表、座椅高度为17英寸（约43厘米）的折叠椅、卷尺、圆锥体（或者类似的标记物）。

设置

将椅子靠墙放好，面向圆锥体标记物，相距8英尺（约2.44米），测量从圆锥体背后开始到地板上与椅子前边缘对齐的某点之间的距离（a）。

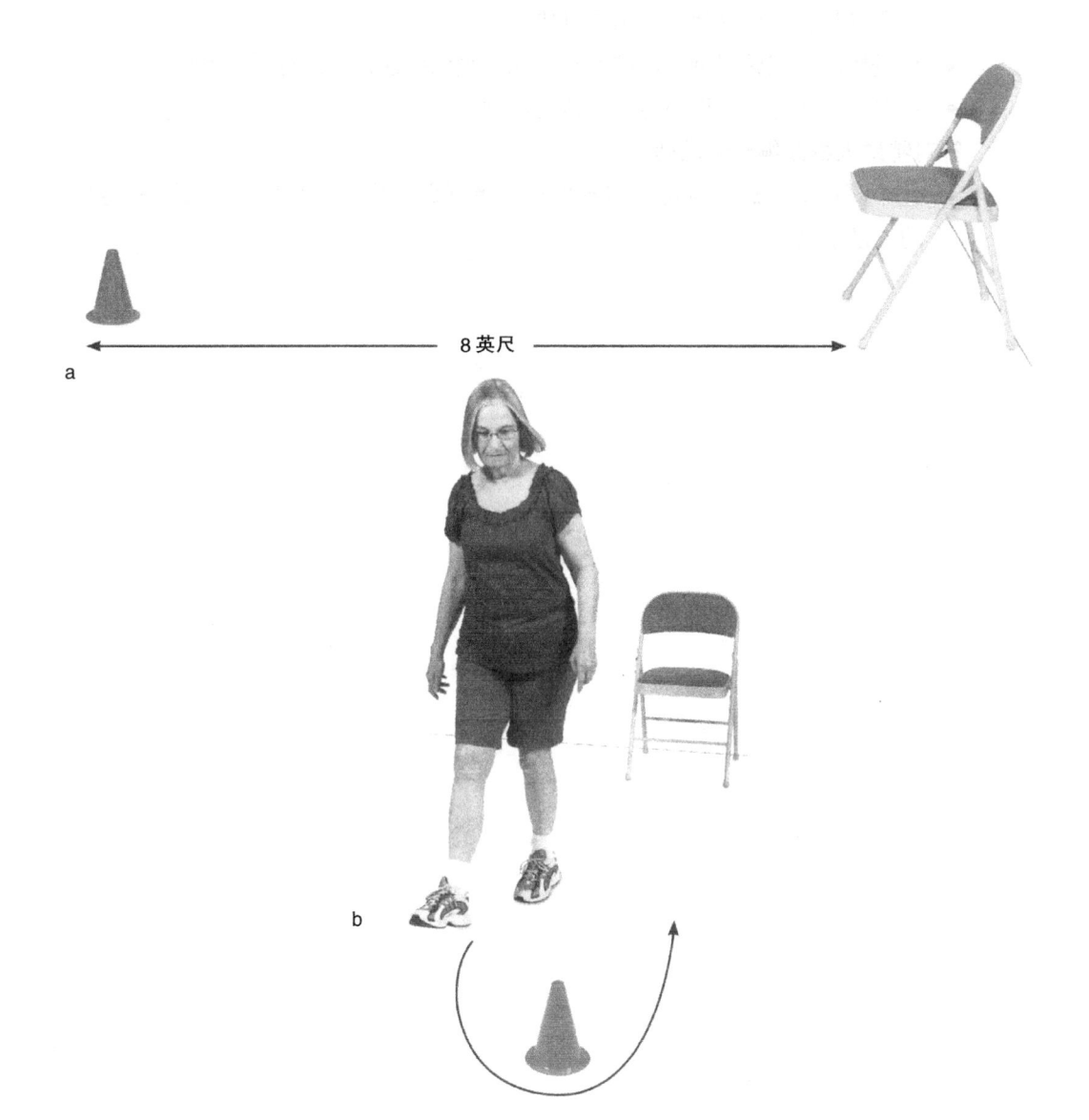

第四章　测试管理

流程

参与者坐在椅子的中央，后背挺直，两脚平放在地板上，双手放在大腿上。一只脚稍微靠前一点，身体稍微向前倾。在听到"开始"口令后，参与者从椅子上站起来向前走，从任何一边绕过圆锥体，然后返回来坐到椅子上（b）。不论参与者是否起身行走，要确保在发出"开始"口令时就按下计时器，并在参与者落座在椅子上的同时按停计时器。

得分

展示完正确的动作和所需的节奏后，让参与者练习一次，然后进行两次测试。记录最好（最快）的时间，得分记录到最近的 1/10 秒。

安全注意事项

- 在进行 8 英尺起立行走测试时，站在椅子和圆锥体之间，这样万一参与者失去平衡，可以及时地帮助他们。对于体质弱的参与者来讲，更要密切关注，特别是当他们站起来，绕过圆锥体，返回落座时更是如此。如果发现某个参与者几乎要跌倒了，停止测试。
- 对于年老身体虚弱或非常肥胖的参与者而言，要看着他安全地站起并落座；在他们要落座时，有可能还需要确认椅子在恰当的位置，然后再让他们落座。此外，可能还需要用大号或者更加稳固的椅子，或者需要有身强体壮的人帮忙。

针对特殊人群改编测试准则

- 如果需要，参与者可以借助手杖或者助行器的帮助来完成测试。
- 对于有视觉障碍的参与者，用颜色明亮的或者大个的圆锥体标记物，避免他们跌倒；对他们进行口头提示；而且如果必要对他们进行指引。
- 对于认知有障碍的人，用标记物或者箭头标记行走路线。
- 让那些无法从椅子上站起来的参与者以坐姿开始和结束此项测试。

DVD 6分钟步行测试*

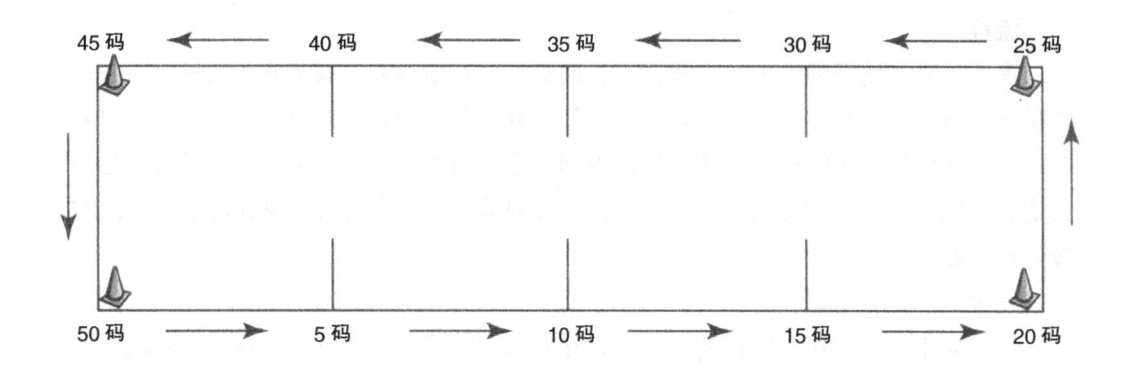

```
45码 ← 40码 ← 35码 ← 30码 ← 25码
                                        
                                        
50码 → 5码 → 10码 → 15码 → 20码
```

*注意：在测试管理时，6分钟步行测试应该始终放到最后。

目的

评估有氧耐力。

设备

长卷尺、2个秒表、4个圆锥体（或者类似的标记物）、美纹纸胶带、标志物、每人12~15个冰棒棍（或者索引卡和铅笔，用于记录走过的圈数）、为等候的以及需要休息的人准备的椅子、姓名标签。

设置

为了提高速度并使得分准确度最大化，让参与者在测试前一天练习6分钟步行测试。在测试当天进行设置时，以5码（约4.57米）为单位标记一个面积为50码的长方形区域（20码×5码，见示意图）。量定区域内的各角应用圆锥体标记，5码线用美纹纸胶带或者粉笔标记（在公制单位中，这个区域可以是一个50米的长方形场地，由5米为单位划分，得分将转换成码数，以便与本文中的标准进行比较）。

流程

为了使激励行为更加规范，一次应让两名或者多名参与者同时测试。技术娴熟的指导者可以一次同时测试12名参与者，让同伴协助计分，但是一次测试6名参与者比较容易管理。开始（和停止）应间隔10秒，鼓励参与者按照自己的步速前进，不要排成一排或者成对前进。参与者应佩戴号牌（或者姓名标牌），来标明开始和停止顺序。听到"开始"口令后，参与者开始以尽可能快的速度在场地内走，在6分钟时间界限内走过的距离越远越好。我们建议用2个秒表来计时，以防某一个突然坏掉。要记录走过的距离，每次参与者完成一圈时，发给他/她一个冰棒棍（或者类似的物体）。或者每次参与者完成一圈时，可以用"划道"方法（//// 等），在计分卡上标记一下。

第四章　测试管理

所有参与者都开始后，计时者应进入到标记区域内部。为了帮助调整步速，当参与者基本上完成一半时以及当还剩下 2 分钟时间时，应向参与者报告剩余时间。参与者可以停下在准备好的椅子上休息，但是时间照计不误。测试人员应多鼓励参与者几次，喊鼓励的话给参与者听，"做得非常好""干得好，保持下去，再接再厉"。当参与者的 6 分钟时间到了后，测试人员应让参与者停下来，靠向右边（在最近的 5 码标志物处）并慢慢地原地踏步一会，放松下来。

得分

当所有测试者都停下来时记录得分。每个冰棒棍（或者记分卡上的标记）代表 50 码（或者米）。举例来讲，如果一个人有 8 个冰棒棍（代表 8 圈），并在靠近 45 码（或者 45 米）的位置停下，那么他的总得分就是 445 码或者 445 米，如果是以米为单位，那么就需要转化为码数，以便和标准进行对比。测试当天只能进行一次测试。

安全注意事项

- 选择一个光线比较好的地方，而且地表面要平坦、防滑。
- 将椅子沿着行走区域的外侧摆放，这样参与者就可以在测试过程中或者测试之后休息，而且紧急情况下也可以使用（例如，发生头晕或过度劳累等情况）。
- 监测参与者是否有过度劳累现象。
- 对于患有糖尿病的参与者，要注意观察他们是否有高血糖或低血糖迹象。准备好果汁，以便随时饮用。
- 测试结束时，让参与者继续慢慢地走一会儿来放松，然后再做一下小腿拉伸运动。
- 准备好水，以便参与者在测试前、中和后随时饮用。
- 提醒参与者可以降低速度；或者可以停下来休息，并且只要 6 分钟时间未到，他们随时可以继续走。

针对特殊人群改编测试准则

- 如果需要，在测试过程中，参与者可以利用手杖或者助行器，帮助保持身体平衡。
- 对于身体虚弱或者有视觉障碍的参与者，要求在"同伴"（测试助手）的陪伴下行走（或者必要时让参与者握住助手的胳膊）。
- 测试准则的任何改编情形，都需要标记在记分卡的"备注"栏中（例如，使用手杖、扶着测试人员的胳膊）。
- 提醒年老身体虚弱或者不适合进行有氧锻炼的参与者，他们可以随时停下来休息（得分是 6 分钟时间内走完的码数或者米数）。

79

小组测试指南

我们的经验是，一般来讲，从业者和研究人员倾向于让几个参与者一起进行老年人体适能测试。实际上，如果目标是将表现与标准数据进行比较，最好采用小组测试的形式，因为所有标准分数是在小组情况下收集的，这种情况下的社交互动和鼓励要比单个参与者进行测试的情形好。尽管老年人体适能测试特别适合于小组管理，但是仍然需要周密计划和组织，才能使小组测试顺利高效地开展。在6～7名接受过培训的助手的帮助下，可以通过回路站点设置方式，在60～90分钟的时间里，一次性为最多24人的小组进行测试。如果所有测试包括6分钟步行测试都需要在室内环境中进行，那么就需要一个大型社区中心或者体育馆（规格大约为50英尺乘以100英尺，或者15米乘以30米）。但是，如果可以在户外条件下进行6分钟步行测试，或者如果用2分钟踏步测试来替换6分钟步行测试作为有氧耐力测试，那么一个小得多的场所也足矣。本部分主要包括测试站点设置说明、每个站点需要使用的设备和用品清单、筛选和培训测试人员的指导原则以及在测试当天对测试项目进行管理的逐步流程。

> 老年人体适能测试软件2.0版，支持排定测试环节，参与者分组和测试分组等任务。关于这方面的更多信息，请访问我们的网站：http://sft.humankinetics.com。

站点设置

为了使时间效率最大化并使参与者的疲劳感最小化，应该以回路方式设置测试站点，顺序如下：（1）30秒坐站；（2）30秒手臂弯举；（3）身高和体重以及2分钟踏步测试（如果未选用6分钟步行测试作为有氧耐力测试手段）；（4）椅式坐位体前屈测试；（5）背抓测试；（6）8英尺起立行走测试。如图4.3中所示，站点应沿着屋子外围设置，这样就可以用中央区域进行热身运动，而且如果空间允许的话，还可以进行6分钟步行测试。这种站点设置方式使参与者能够从回路的任意站点开始测试，然后按照循环顺序进入下一站点的测试内容。

如果选用了6分钟步行测试，那么始终应在所有其他测试都完成后再进行该项测试。如果无法进行6分钟步行测试（例如，因为空间有限、天气条件恶劣等），那么可以在第3站进行2分钟踏步测试以及身高和体重测量。如果你希望同时管理2分钟踏步测试和6分钟步行测试，我们建议将2分钟踏步测试作为常规回路的一部分，择日再进行6分钟步行测试。对于很多老年人来讲，同一天完成两个有氧耐力测试会使他们感到筋疲力尽。而且这样做可能会引发不安全状况，得分也有失准确。

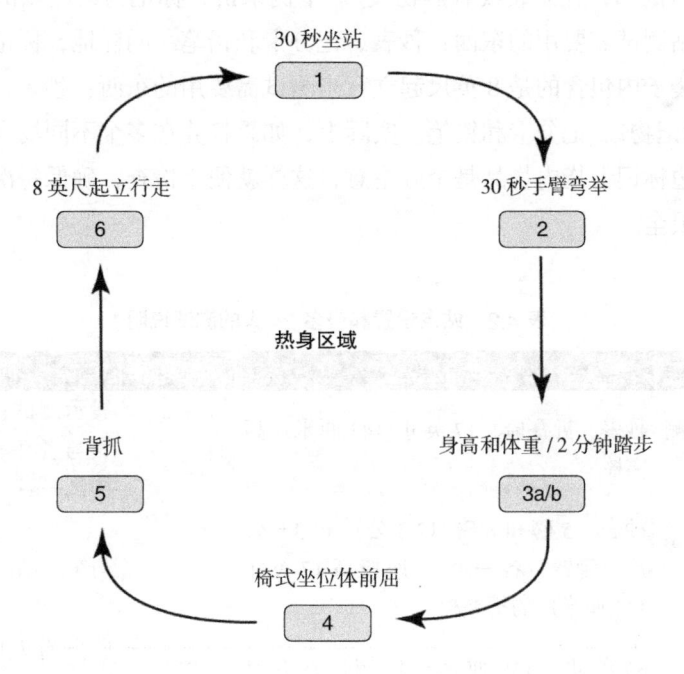

```
                        30 秒坐站
                           1
        ↗                              ↘
  8 英尺起立行走                    30 秒手臂弯举
       6                                 2
                                         
       ↑           热身区域              ↓
       
      背抓                      身高和体重/2 分钟踏步
       5                              3a/b
        ↖                              ↙
                     椅式坐位体前屈
                           4
```

图 4.3　小组测试站点设置顺序。
* 如果用 6 分钟步行测试代替 2 分钟踏步测试，那么应始终在所有其他测试都完成后，再进行该项测试。

对于小组测试而言，管理回路内每个测试项目的具体流程与老年人体适能测试准则上载明的流程一样。但是，需要额外的设备和用品，而且每个站点还应该配备一名接受过培训的测试人员。

测试设备、用品和人员

为了使小组测试顺利进行，每个站点都应提前设置好所需的设备和用品。尽管老年人体适能测试的特点是不需要大量设备，但是不能因此而低估了准备所需设备和用品花费的时间。表 4.2 给出了所需的具体设备和用品，还给出了每个站点需要的测试人员人数，也给出了简短的组织说明。记住表 4.1 还推荐了一些获得设备和用品的厂商和供货源。

尽管不是绝对必要，但是在每个站点设置一张小桌子（例如卡片桌）绝对非常方便，或者如果可能将测试站点设置在柜台、桌子、长凳或者某些类型的窗台附近，可以将测试用品（记分卡、铅笔、秒表）放置在上面。为了方便分配和轮换参与者，给每个站点都贴上标识，标明站点的名称和站点编号，这种做法也非常有帮助。在附录 G 中，有站点标识样本和简单的测试说明。可以复印站点标识，张贴或者层压，这样就可以重复使用。

为了给组织工作带去便利并跟踪所有用品和设备，同时保证在测试当天每个站点

81

都有设备和所需用品，在收集和运送各站点需用的设备和用品时，给用品袋标号是个不错的主意（例如，礼品袋或者购物袋）。举例来讲，标记为第一站的小袋子内包含的是开展坐站测试需要用的东西：秒表、记分卡和铅笔。同样地，标记为第 6 站的稍微大一点的袋子内包含的是 8 英尺起立行走测试需要用的东西：秒表、卷尺、圆锥体（或者类似标记物）、记分卡和铅笔。实际上，如果打算在多个不同场合进行测试，在每个袋子外边标记上袋内物品是个好主意，这样就便于检查，确保每次需要时想要用的东西一应俱全。

表 4.2　站点设置和最多 24 人的测试说明 *

站点	设备	测试人员数量	简单说明
1. 30 秒坐站测试	秒表、折叠椅、17 英寸（43 厘米）高座椅	1	展示测试；让站点的所有参与者都马上练习；每次测试一名
2. 30 秒手臂弯举测试	秒表、5 磅和 8 磅（2.3 公斤和 3.6 公斤）哑铃（各一个）、座椅高 17 英寸（43 厘米）的折叠椅	1	与第一站说明相同
3. 身高和体重测量；2 分钟踏步测试	60 英寸（150 厘米）比例尺、卷尺（贴在墙上）、两个秒表、两个检尺计数器、30 英寸（76 厘米）绳子两段、美纹纸胶带	2+	向所有人展示踏步测试；让他们立即练习；每个测试人员测量两名参与者的身高和体重，并监管他们的踏步测试
4. 椅式坐位体前屈测试	18 英寸（45 厘米）直尺、座椅高 17 英寸（43 厘米）的折叠椅、12 英寸测角仪	1	与第一站说明相同
5. 背抓测试	18 英寸（45 厘米）直尺	1	与第一站说明相同
6. 8 英尺起立行走测试	秒表、圆锥体、卷尺、折叠椅、座椅高 17 英寸（43 厘米）的折叠椅	1	展示测试；参与者站成一队，轮流练习测试，测试试验 1 和测试试验 2
所有站点（1~6）	每个站点都需要足够数量的椅子（总共 4 个），以便参与者在等候测试时可以休息；4 个记分卡和 4 支铅笔		
#6 分钟步行测试	这个测试应在所有其他测试都完成后再进行，需要助手帮忙。需要的设备如下：长卷尺、2 个秒表、4 个圆锥体、美纹纸胶带、毡头标志物、每个参与者 12~15 个冰棒棍（或者索引卡和铅笔，用于记录走过的圈数）、行走测试者休息用的椅子和姓名标签		请参见 6 分钟步行测试准则。有经验的测试人员可以一次性测试 12 名参与者，另外 12 名参与者作为计分助手。但是，如果时间允许，最好是每次测试 6 名参与者

* 如果总计有 24 名参与者，那么将 4 名分到一个站点开始进行测试，然后让参与者顺时针循环完成 6 个站点的测试内容。

\# 如果是进行 6 分钟步行测试，而不是 2 分钟踏步测试，那么这个站点只要一名测试人员就可以了。

选择和培训测试人员

在组织大约 24 人的测试时，相当于每个站点 4 个人，因此需要 6~8 名测试人员。如果只有 3~4 名测试人员，那么建议将被测人数从 24 人减少至 12 人。一般来讲，每个站点分配一名助手，但是有一个站点例外。如果第 3 站（选用了 2 分钟踏步测试，而不是 6 分钟步行测试）中还包括 2 分钟踏步测试，那么至少应派两名测试人员，当然 3 名最好。这个站点的测试人员需要帮助维持良好的秩序，防止在从一个站点到另一个站点的循环过程中出现扎堆现象。如果可能，领头教练或者研究人员不应负责站点服务工作，而应该来回巡视，监测测试情况并协助小组循环，并在紧急情况出现时掌控局面。如果碰巧有人能够为这项测试帮忙，无论如何让他们帮忙。在测试过程中合作对于他们来讲也是一个愉悦的体验，而且会对测试准确性和效率产生积极影响。

测试人员可以是老年志愿者、同事、朋友或者附近大学的大学生志愿者。精力旺盛的老年人志愿者是提供协助的理想人选，但是需要他们有良好的沟通技巧，而且身体和精神条件都允许，能够展示并正确地开展测试。其实，在促使测试顺利进行方面，老年人乐于伸出援手，他们非常可靠，甚至在必要的情况下愿意走一段路为其他地点的测试提供帮助。不管站点的助手属于哪种类型，有一点非常重要，那就是他们都受过适当的培训而且有充足的时间在测试当天前进行练习。所有测试人员需要理解每个测试项目的具体流程（准则）以及严格遵守这种流程的重要性，或者如果必要，在记分卡的意见栏中记录与正确准则的偏差情况。如下是在培训测试人员时应遵循的流程。

- 在测试前几天，向所有测试人员提供书面测试准则的说明资料和图释，并仅分配给每个测试人员一到两项测试项目进行学习。本章的测试说明可以拷贝并分发给测试人员。
- 让测试人员学习分给他们的测试准则，并以朋友或者家人为对象，练习测试项目。
- 在正式测试前，为所有测试人员安排一个练习日（彩排日）；展示并回顾测试项目的流程。
- 在彩排过程中，让他们练习向受试者提供指派的测试项目，并仔细检查测试和得分的准确性。
- 如果测试内容包括 6 分钟步行测试，那么练习当天向测试人员详细地解释测试准则，重点强调如何帮助所有参与者到达测试的正确地点、如何帮助分配伙伴、在测试过程中观察过度劳累迹象、帮助在测试结束时记分。如果时间允许，测试人员应组成搭档，模拟测试当天的场景进行 6 分钟步行测试练习。

测试当天的流程

为了帮助规划，根据我们在多个测试地点为多名老年人开展老年人体适能测试方面取得的经验，我们为测试当天流程编制了下列清单。按照此流程可以顺利开展测试。

1. 你和所有测试人员应在测试开始前，提前至少30分钟抵达测试现场，设置完成测试站点和6分钟走的测试场地。

2. 在参与者到来前，将所有测试人员召集到一起，回顾一下测试流程并解决最后未解决的问题。

3. 指定一个人向参与者收集全部知情同意和体检合格证明表（如果适用）。

4. 完成参与者欢迎仪式后，你或一名测试人员应为参与者开展5~8分钟的热身运动，包括轻松的伸展运动。如果可能，在热身过程中在现场播放音乐，增加趣味性，获得好心情。

5. 在将参与者派往各个站点前，向他们解释测试的目的是在所有测试项目上竭尽全力，但是不要发展成过度劳累或者超过自己的安全范围。提醒参与者如果任何活动令他们感到疼痛或者不舒服，那么应该立即停止测试。

6. 热身完成后和特别注意事项讲完后，将参与者（数目相同）分派到6个站点中的任意一个站点。参与者在不同站点开始测试；但是，他们应该按照数字顺序从一个站点向下一个站点循环。举例来讲，如果某个参与者从第5个站点开始测试，那么他应该循环到第6站，然后再是第1站，依次往后推直到完成所有站点测试为止。让参与者在各自的站点等候，直到所有人都完成测试为止。然后让参与者拿着各自的记分卡，按照顺时针顺序循环进入下一个站点。

测试方案举例1：假设有24名参与者，6~8名测试人员，那么测试开始时将向每个站点分配4名参与者。每位测试人员在整个测试过程中始终负责自己的站点，而参与者从一个站点向下一个站点循环。

测试方案举例2：假设有12名参与者，3~4名测试人员，那么测试开始时将向第1站、第3站和第5站3个站点分配4名参与者。每个助手负责同一排的两个站点的测试内容。举例来讲，当第1个站点的参与者完成坐站测试时，他和参与者同时轮换到第2个站点，进行第2个站点的手臂弯举测试。

同时，第3个站点的测试人员也开展第4个站点的测试，依此类推。参与者最终轮换到全部6个站点完成测试内容，而测试人员在指派给他的两个站点中来回测试。

7. 如果安排了6分钟步行测试（这项测试总是在所有其他测试都完成后再进行），让参与者拿着他们的记分卡，在测试地点聚在一起形成一组。向他们讲述测试准则的设置要求和注意事项。在有经验的组织者的协助下，有可能同时完成12名参与者的测试，在这种情况下需要其他同伴来帮忙记录圈数。但是，如果时间允许，一次性测试6名参与者还是比较好管理的。

8. 测试完成后，将所有记分卡收集起来，向参与者表示感谢，感谢他们给予的配合。告诉他们什么时候、如何能够拿到测试结果。

总　结

老年人体适能测试可以在社区环境中轻松管理。可以在 20~30 分钟时间内，对 1~2 个人完成整个测试。在训练有素的测试人员的帮助下，可以在 60~90 分钟时间内，对最多 24 人完成测试。如下测前注意事项非常重要：

- 正确地培训测试技术人员。
- 获得知情同意。
- 正确地筛选参与者。
- 向参与者提供测前说明。
- 收集测试设备和用品。
- 准备记分卡。
- 规划正确的测试顺序。
- 考虑环境条件和过度疲劳迹象。

在测试当天，进行适度的热身活动非常重要，向参与者提供标准的指导说明，并按照本章描述的老年人体适能测试准则开展测试。如果与标准准则有一定的偏差，那么应将偏差内容记录在记分卡的备注栏中。

老年人体适能测试对小组测试尤其有用，但是要进行周密的测试计划，以便当天的测试能够顺利地进行。说得具体点，需要特别注意如下几个方面：（1）规划测试站点；（2）收集并整理测试设备和用品；（3）筛选并培训测试人员；（4）规划测试当天的每步测试流程。

本章主要介绍了如何管理老年人体适能测试。在下一章中，将对测试结果如何解释以及如何向客户提供反馈信息进行全面阐述，同时在如何利用反馈信息激励客户来提高他们的运动表现能力方面，我们也将提出自己的建议。

第五章　测试结果

解释并利用客户反馈，激励客户提高运动能力

我们发现在完成老年人体适能测试后，大部分参与者希望立刻了解如下三件事：（1）他们得了多少分；（2）他们的得分意味着什么；（3）他们如何才能提高自己的得分。这一章中将阐释如何向客户解释老年人体适能测试各项目的结果，包括如何阅读标准表格和图。标准表格和图作为全国研究的一部分，开发制作的目的是确立体适能标准。我们还讨论了如何利用测试项目反馈的信息，来激励客户增加体力活动水平，从而改善他们的体适能水平。具体而言，我们提供的信息涉及如下方面：

- 解释测试得分。
- 向参与者提供反馈信息。
- 利用测试结果激励参与者。

解释测试得分

老年人体适能测试的一个重要特征就是随附的可以用来解释测试结果的评价标准。你应该还记得第三章的内容，评价标准既可以是常模参照的（这种标准使参与者可以将自己的得分与同年龄同性别组其他成员的得分进行对比），又可以是效标参照的（这种标准代表了标准行为或者目标，例如具备开展日常活动所需的体适能水平）。在全国研究的基础上，为老年人体适能测试制订了常模参照标准和效标参照标准，其中有7000多名老年人参与测试，他们介于60~94岁之间，测试数据来自全美267个测试地点。对测试中的数据进行了分析，然后归纳成各种图表，用户可以根据它们对测试得分进行解释。

标准化的表格

展示标准化的数据的一个常见方法就是利用百分位数表。百分位数标准表明一个参与者的测试得分相对于他同龄人的排名情况。百分位数等级表明分数分布图上的点，在此百分位数下，为低于此百分位数的得分百分数。举例来讲，在坐站测试中62岁女性的得分为15分，该得分位于第50个百分位数之下（如表5.1中百分位数标准范例所示），说明有一半这个年龄的女性得分都低于这位女性的得分，有一半女性的得分高于这位女性的得分。但是，另一位同龄女性在此项测试中得分为20分，那么这位女性的百分位数排名就是90，说明她比同年龄组中90%的其他人的得分都高，只有10%的人的得分高于她的得分。附录H包含老年人体适能测试各项目女性和男性百分位数的完整分布情形。

还可以利用百分位数表，将个人得分与不同体适能水平的得分进行比较如表5.2所示，通过为各测试得分确定相应的百分位数排名，可以表明一个人的相对优势和弱势。举例来讲，如果一位73岁的男性老人，获得了表5.2中给出的原始体适能得分，那么他的相应百分位数等级（按照附录H确定）就传达给我们一个信息，在前3个测试项目（30秒坐站、30秒手臂弯举、6分钟步行测试，得分分别位于第75

位、第 70 位和第 90 位）中，他位于平均水平之上，但是在下肢柔韧性方面他低于平均水平(第 20 个百分位数)。

表 5.1 各年龄段坐站测试（女性）百分位数标准参照示例图表

百分位数等级	60~64 岁	65~69 岁	70~74 岁	75~79 岁	80~84 岁	85~89 岁	90~94 岁
95	21	19	19	19	18	17	16
90	20	18	18	17	17	15	15
85	19	17	17	16	16	14	13
80	18	16	16	16	15	14	12
75	17	16	15	15	14	13	11
70	17	15	15	14	13	12	11
65	16	15	14	14	13	12	10
60	16	14	14	13	12	11	9
55	15	14	13	13	12	11	9
50	15	14	13	12	11	10	8
45	14	13	12	12	11	10	7
40	14	13	12	12	10	9	7
35	13	12	11	11	10	9	6
30	12	12	11	11	9	8	5
25	12	11	10	10	9	8	4
20	11	11	10	9	8	7	4
15	10	10	9	9	7	6	3
10	9	9	8	8	6	5	1
5	8	8	7	6	4	4	0

说明：所有老年人体适能测试项目的百分位数标准在附录 H 中详呈。
经同意，转载自 Rikli & Jones，1999b。

表 5.2 原始得分和百分位数等效值举例

测试项目	原始得分	百分位数排名（大约）（年龄介于 70~74 岁之间的男性）
30 秒坐站测试(下肢力量)	17	第 75 位
30 秒手臂弯举测试(上肢力量)	20	第 70 位
6 分钟步行测试(有氧耐力)	740	第 90 位
椅式坐位体前屈测试(下肢柔韧性)	−4.0	第 20 位

可以利用表 5.2 中给出的测试结果，规划专门针对客户需求的那些项目。以男性测试得分为基础，推荐的运动项目可能会包括额外运动，以提高下肢柔韧性为目标。在个人资料表上记录客户的百分位数得分，例如图 5.1 中给出的做法，这样可以清晰明了地解释个人的优势和劣势，并跟踪从一次测试到下一次测试的进展情况。在附录 I 中有一个相同的表格，可以复制直接使用。而且，对于那些有电脑的人来讲，可以

个人资料表

姓名 <u>John Doe</u>　　测试日期 <u>2013 年 2 月 12 日</u>

年龄 <u>73 岁</u>　男性 <u>×</u>　女性 <u>　</u>

测试项目	得分	百分位数分类 * 低于平均值 第 25 个百分位数	正常范围	高于平均值 第 75 个百分位数	是否满足体适能标准？是/否	意见
30 秒坐站测试（站立次数）	17	——	——	×	是	干得好,保持下去,再接再厉
30 秒手臂弯举测试(重复次数)	20	——	——	×	是	也非常棒
2 分钟踏步测试（踏步次数）或者 6 分钟步行测试（码数）	740 码	——	——	×	是	非常棒！继续坚持行走锻炼
椅式坐位体前屈测试(英寸数+/–)	–4.0	×	——	——	不适用	柔韧性需要加强。增加小腿和腘绳肌肌肉拉伸
背抓测试（英寸数+/–）	–8.5	×	——	——	不适用	应增加肩关节柔韧性锻炼
8 英尺起立行走测试（秒数）	4.2	——	——	×	是	灵活性非常好
身体质量指数（见 BMI 图表）	身高 67 英寸 体重 154 磅	BMI 24	≤18 体重过轻,表明可能存在肌肉或者骨质损失 19~25 健康的范围 ≥ 26 超重,可能会使残障或者疾病风险增加			

* 可以根据表 5.3、表 5.4 和表 5.5 以及老年人体适能测试评价图表（图 5.2、5.3）来确定百分位数等级和效标参照的体适能标准。

图 5.1　个人资料样表

利用老年人体适能测试软件 2.0 版，制作个性化专业的客户记录表，并通过软件保存等级记录并输出文档项目。

▶ 老年人体适能测试软件 2.0 版生成的报告，以标准值连续图的形式，说明了个人参与者的得分，参与者可以凭此解释个人得分。更多信息请访问我们的网站：http://sft.humankinetics.com。

在表 5.3 和表 5.4 中，为老年人体适能测试各项目提供了另一个版本的标准化的运动能力标准。在附录 M 中也提供了这些表格以供参考。在这些简化的表格中，只提供了各年龄段的正常得分范围，这里的"正常"指的是得分的中间 50%，也就是说，介于第 25 个和第 75 个百分位数之间的得分。在使用这些表格时，您只需检查一下，看看特定的得分是否介于正常范围内或者是高于还是低于正常范围。以一名 72 岁的女性为例，如果她的坐站测试得分为 12 分，那么得分就介于为 70～74 岁年龄段老年人设定的 10～15 分范围之间，因此她的体适能水平评估结果为正常或者属于此年龄段的典型情形。但是，如果坐站测试得分为 9 分或者低于 9 分，则被视为低于为 70～74 岁年龄段老年人设定的正常水平，而如果得分高于给出的范围值（也就是说，16 分或者更高），则被视为高于正常水平。

"就我所知，老年人体适能测试是确立项目效度的国家基准的最好工具。这个测试只要很小的空间，一些简单的设备，而且测试本身简单易做，利用这个功能强大的工具，项目负责人可以跟踪客户和项目的进度。"

全人类健康解决方案总裁 Jan Montague, www.wpws.net

表 5.3　女性正常得分范围 *

测试内容	60~64 岁	65~69 岁	70~74 岁	75~79 岁	80~84 岁	85~89 岁	90~94 岁
30 秒坐站测试（站立次数）	12~17	11~16	10~15	10~15	9~14	8~13	4~11
30 秒手臂弯举测试（重复次数）	13~19	12~18	12~17	11~17	10~16	10~15	8~13
6 分钟步行测试 **（码数）	545~660	500~635	480~615	435~585	385~540	340~510	275~440
2 分钟踏步测试（踏步次数）	75~107	73~107	68~101	68~100	68~90	55~85	44~72
椅式坐位体前屈测试（英寸数+/−）	−0.5~+5.0	−0.5~+4.5	−1.0~+4.0	−1.5~+3.5	−2.0~+3.0	−2.5~+2.5	−4.5~+1.0
背抓测试（英寸数+/−）#	−3.0~+1.5	−3.5~+1.5	−4.0~+1.0	−5.0~+0.5	−5.5~+0.0	−7.0~−1.0	−8.0~−1.0
8 英尺起立行走测试（秒数）	6.0~4.4	6.4~4.8	7.1~4.9	7.4~5.2	8.7~5.7	9.6~6.2	11.5~7.3

* 正常得分范围指的是各年龄组的中间 50%（介于第 25 个百分位数和第 75 个百分位数之间）。正常范围之上的得分被视为高于该年龄组的平均水平，而低于正常范围的得分被视为低于平均水平。

** 得分四舍五入，取最近的 5 码。

\# 得分四舍五入，取最近的 0.5 英寸。

表 5.4　男性正常得分范围 *

测试内容	60~64 岁	65~69 岁	70~74 岁	75~79 岁	80~84 岁	85~89 岁	90~94 岁
30 秒坐站测试(站立次数)	14~19	12~18	12~17	11~17	10~15	8~14	7~12
30 秒手臂弯举测试(重复次数)	16~22	15~21	14~21	13~19	13~19	11~17	10~14
6 分钟步行测试 **(码数)	610~735	560~700	545~680	470~640	445~605	380~570	305~500
2 分钟踏步测试(踏步次数)	87~115	84~116	80~110	73~109	71~103	59~91	52~86
椅式坐位体前屈测试(英寸数+/−)	−2.5~+4.0	−3.0~+3.0	−3.0~+3.0	−4.0~+2.0	−5.5~+1.5	−5.5~+0.5	−6.5~−0.5
背抓测试(英寸数+/−)#	−6.5~+0.0	−7.5~−1.0	−8.0~−1.0	−9.0~−2.0	−9.5~−2.0	−9.5~−3.0	−10.5~−4.0
8 英尺起立行走测试(秒数)	5.6~3.8	5.9~4.3	6.2~4.4	7.2~4.6	7.6~5.2	8.9~5.5	10.0~6.2

   * 正常得分范围指的是各年龄组的中间 50%（介于第 25 个百分位数和第 75 个百分位数之间）。正常范围之上的得分被视为高于该年龄组的平均水平，而低于正常范围的得分被视为低于平均水平。

   ** 得分四舍五入，取最近的 5 码。

   # 得分四舍五入，取最近的 0.5 英寸。

效标运动能力得分

　　另一个评估测试得分更重要的方法是，将个人得分与效标参照得分或者参考点进行对比，例如表 5.5 中给出的体适能临界得分，该得分表明了人进入晚年后维持身体行动能力和生活独立自理需要的体适能水平。我们在全国研究项目中收集到的数据已在第三章中进行了说明，此外还给出了女性和男性在各年龄段的典型情形，以及维持功能行动能力和身体独立自理需要的体适能水平信息。处于中等功能水平的女性和男性的平均体适能得分（指的是研究项目中那些进入晚年后在日常生活活动方面不会遇到困难的人，例如上下楼梯、走 1/2 英里路程，或者携带杂物，具体信息见图 3.3），相当于一种阈值或者效标参照点，说明在这个阈值或者参照点即具有足够的体适能水平维持功能行动能力并实现独立自理。如需了解更多关于中等功能水平（独立）老年人的定义以及确立推荐的体适能标准的流程信息，请参考第三章。

　　图 5.2、图 5.3 以图释的形式，给出了男性和女性在各个测试项目中，高于平均水平、位于平均水平、低于平均水平以及低功能水平的得分区域，同时还给出效标参照体适能得分（用 * 号表示），它们恰恰是为维持功能活动和独立自理而推荐的体适能目标。等于或者高于体适能标准（* 号）得分表明参与者达到了其所在年龄组推荐的体适能标准，这个标准设置得非常高，其中考虑了以年龄为基础的正常的身体体适能水平下降情形，这样当人进入晚年后（以 90 岁为界），就不会发展到体适能低于独立自理要求的功能水平。低功能区域反映的是标准化数据库中人群的平均得分，这些人在无人协助的情况下，甚至无法完成综合身体功能量表中的 7 项活动，而这 7 项活动是维持身体独立自理应达到的数量（请参见表 3.4）。

表 5.5　与保持功能行动能力和身体独立自理相关的老年人体适能测试得分（效标体适能标准）

测试	年龄段						
	60~64 岁	65~69 岁	70~74 岁	75~79 岁	80~84 岁	85~89 岁	90~94 岁
30 秒坐站（30 秒时间内站立次数）							
女性	15	15	14	13	12	11	9
男性	17	16	15	14	13	11	9
30 秒手臂弯举（30 秒时间内弯举次数）							
女性	17	17	16	15	14	13	11
男性	19	18	17	16	15	13	11
6 分钟步行（码数）							
女性	625	605	580	550	510	460	400
男性	680	650	620	580	530	470	400
2 分钟踏步（踏步次数）							
女性	97	93	89	84	78	70	60
男性	106	101	95	88	80	71	60
8 英尺起立行走（秒）							
女性	5.0	5.3	5.6	6.0	6.5	7.1	8.0
男性	4.8	5.1	5.5	5.9	6.4	7..1	8.0

经同意，转载自 Rikli & Jones, 2012。

毫无疑问，在解释个人得分与具备足够的体适能水平从而支持长期功能行动能力和独立自理能力方面，年龄也是一个非常重要的因素。举例来讲，如果坐站测试的得分是 11 分，那么一位 82 岁女性相对于 62 岁的女性就完全不同。对于一位 82 岁的女性而言，11 分处于其所在年龄组下肢力量的正常范围内，符合为 80～84 岁老年人建议的体适能标准。然而对于一位 62 岁的女性而言，如果得分是 11 分，那么就表明她处于其所在年龄组的平均水平之下，而且也处于为其所在年龄组推荐的具备良好功能行动能力应达到的体适能标准水平之下。从另一方面讲，如果一位 62 岁的女性在坐站测试中的得分为 15 分或者更高，那么就表明她满足为其年龄组推荐的体适能标准，意思就是说她有足够的下肢力量水平，能够抵抗伴随年龄出现的身体体适能下降，但是体适能下降不会发展到 90 岁时独立自理功能所需的体适能水平之下。图 5.2 和图 5.3 中的第 25 个百分位数线和第 75 个百分位数线，为各个测试项目提供了一个典型的、预期的年龄曲线的一般说明。在附录 J 中，我们为图 5.2 和图 5.3 中提供的信息准备了现成的可以复制的图表。用户可以直接拷贝，用它们帮助客户解释他们各自的体适能得分。

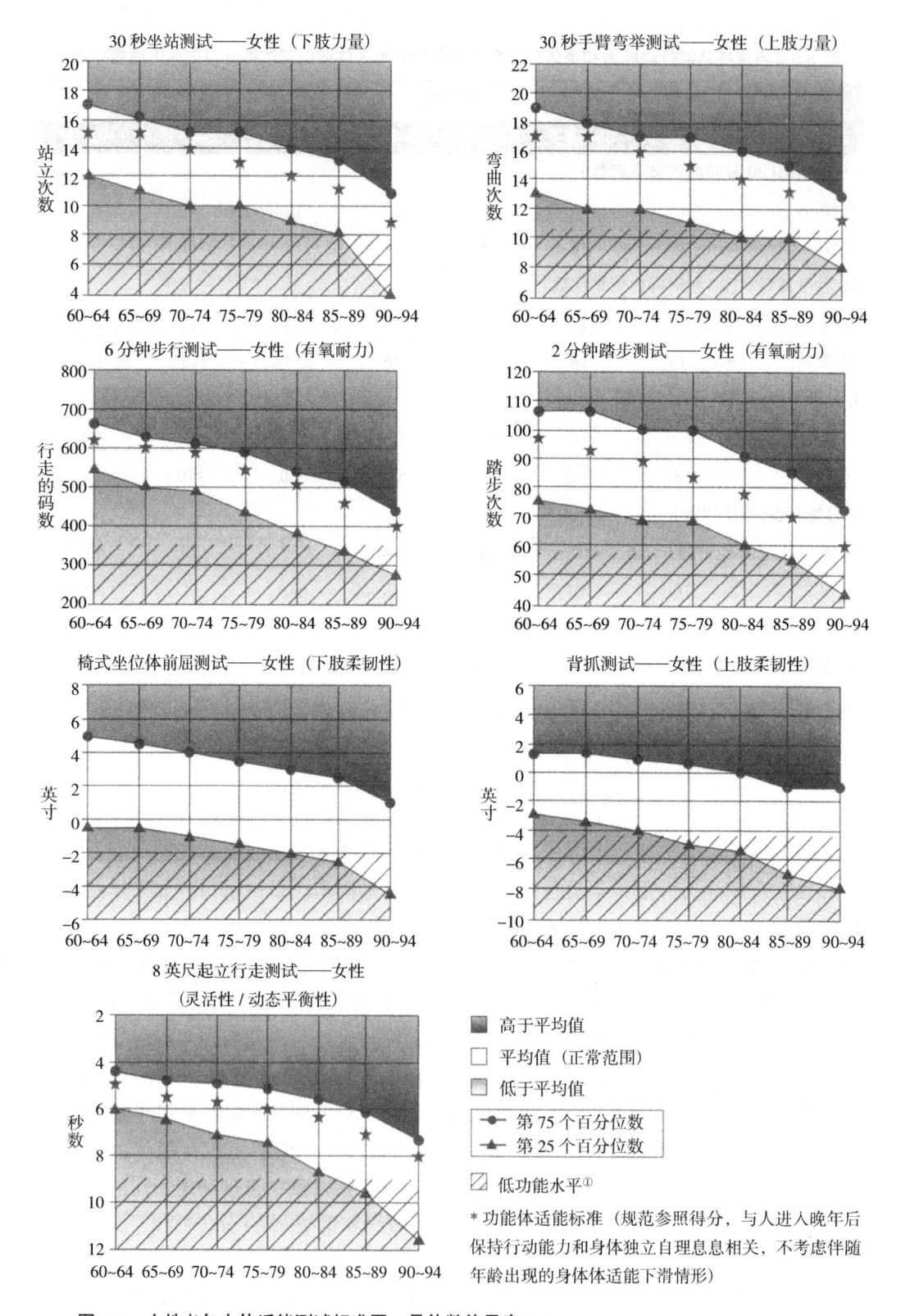

图 5.2 女性老年人体适能测试标准图。具体数值见表 5.5。

①反映的是男性和女性的平均体适能得分，在无人协助的情况下，只能开展综合身体功能量表中给出的 6 项测试或者不足 6 项测试（参见表 3.4）。

第五章 测试结果

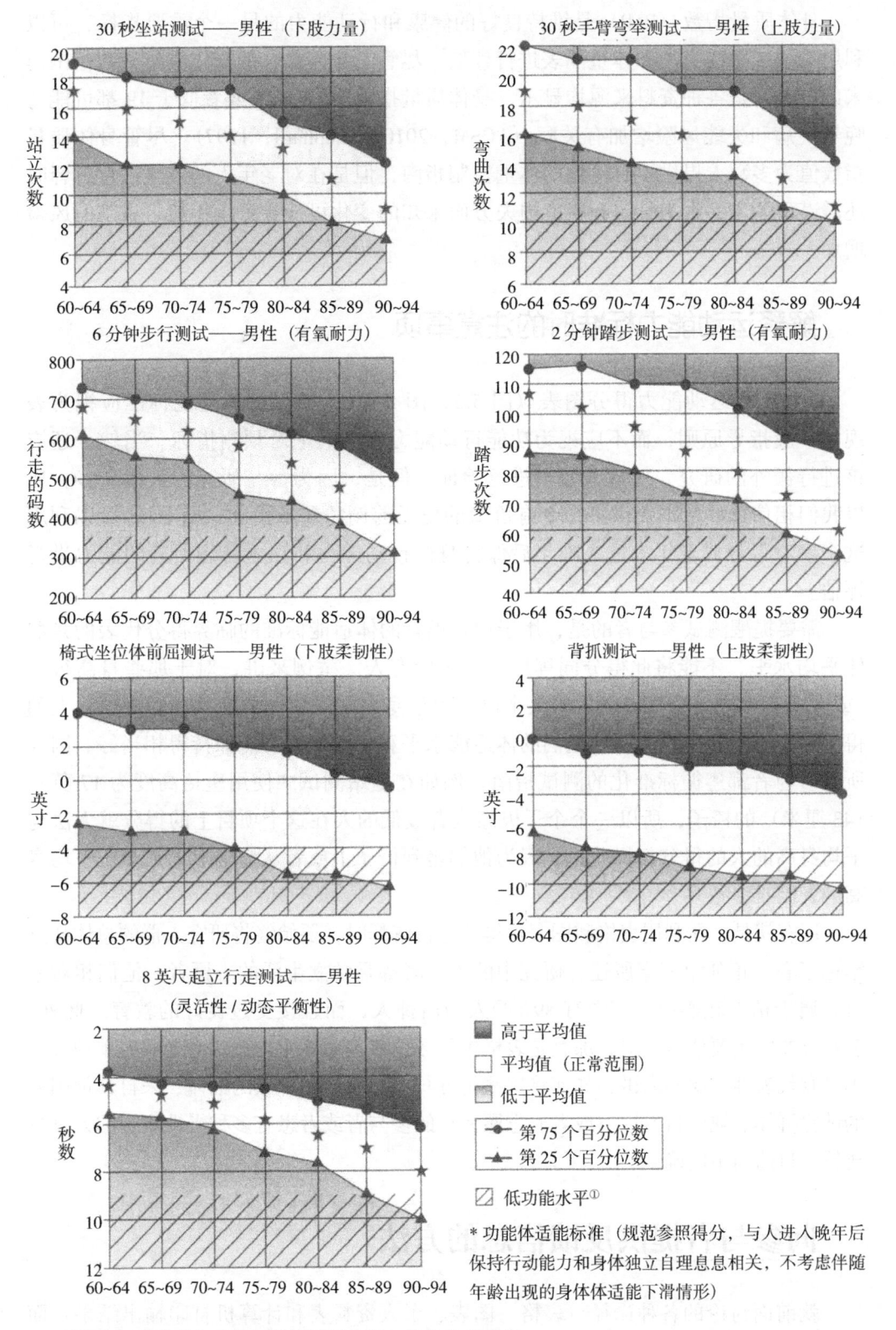

图 5.3 男性老年人体适能测试标准图。具体数值见表 5.5。
①反映的是男性和女性的平均体适能标准，他们在无人协助的情况下，只能开展综合身体功能量表中给出的 6 项测试或者更少测试（参见表 3.4）。

95

身体质量指数（BMI）是维持良好的健康和行动能力的另一个重要指标，可以利用附录 F 中的身高和体重图表进行评估。尽管老年人最佳的身体质量指数范围尚未确定，但是各种资料来源均显示，身体质量指数值超过 25 或者低于 19 都可能与晚年疾病和失能风险增加有关联（ACSM，2010；Shephard，1997）。尽管身体质量指数值为多数人提供了有价值的体重控制指南，但是在对老年人的体重进行解释时还需谨而慎之，因为骨质和肌肉损失方面未知的变化可能导致该年龄组误判的风险增加。

解释运动能力标准时的注意事项

表 5.5 和运动能力得分图表（图 5.2、图 5.3）中推荐的体适能标准应视为表现的一般指导原则，而不应视为功能行动能力水平的绝对预测指标。当然，还应该进行额外的研究，对这些数据进行验证。但是，因为参与研究的人数众多，所以我们相信这些数据提供了一个有价值的史无前例的参考得分（标准），可以利用这个参考得分对老年人进入晚年后保持身体行动能力和独立自理所需的能力进行评估。

需要提醒测试参与者的是，用于识别推荐的体适能标准的临界得分代表的是群体平均水平，不能将此得分同等地适用于所有人。举例来讲，对于那些身高很矮（或者也有可能是身高很高）的人来讲，由于身高的缘故他们在某些测试项目上的得分并不理想，但是实际上他们的体适能水平和功能能力可能保持得相当好。因为所有参与者都遵循标准化的测试指南，例如在坐站测试中使用座椅高度为 17 英寸（43 厘米）的椅子，所以一个个子极高或者极低的人在这个项目上的得分就无法与平均身高的人的得分相提并论，因为他们坐到椅子上或者从椅子上下来要比平均身高的人困难多很多。

还有就是，在利用表格和图表对得分进行解释时，要始终将研究人群的总体特点牢记于心。正如第三章所述，研究中的参与者都是独立生活的志愿者，他们相对来讲，属于精力旺盛型，其中有 89% 的人为白种人，而且接受过良好的教育。此外，有一点非常重要值得一提，那就是表格中的数据代表**总体平均分**，对老年人单独分组不具有代表性。举例来讲，如何将这些得分与不同民族和种族的群体、来自其他国家的试验群体、缺乏自发性（或者非志愿者）的参与者或者患有多种慢性疾病的人进行比较，目前尚不明确。

向参与者提供反馈信息的方法

就前面讨论的各种途径（表格、图表、个人资料表和计算机打印输出结果）而言，在向参与者解释测试结果方面，最恰当的形式当以具体情况为基础。如果参与老年人体适能测试的人数非常多，而向个体参与者提供反馈信息的时间又非常有限，那么将记分卡返回给参与者可以说是最恰当不过的方式了（已经将测试结果复印或者输入到老年人体适能测试软件2.0版本中）。

然后，参与者既可以根据标准得分范围表（表5.3、图5.4和附录M）、效标参照体适能标准表（表5.5），又可以根据老年人体适能测试图表（附录J），将他们的得分与张贴的标准进行对比。通过参考这些图表，参与者可以将他们的得分与同年龄组其他成员的得分进行对比，看看他们在各个测试项目上的表现得分是处于哪个水平：正常水平、正常水平之上，还是正常水平之下，以及他们是否满足为这个年龄段推荐的体适能水平标准。在将记分卡返回给客户之前，我们建议与参与者见个面，向他们解释运动能力得分标准的涵义，以及如何使用表格和图表。在这个时候还有一点非常重要，那就是使参与者特别是那些得分比较低的参与者相信体适能水平是可以改善的，不管他们的年龄或者当前状况如何。

在时间和资源都允许的情况下，可以通过个性化的个人资料表格，既可以是附录I中给出的手工制作表格，又可以是老年人体适能测试软件2.0版生成的报告，向客户提供更有意义的反馈信息。这些表格为客户提供了解释参与者得分需要用到的信息。同时还提供每个测试项目的原始得分和相应的百分位数排名、评估分类（正常水平、高于平均值，还是低于平均值）以及是否满足推荐的体适能得分等信息。有一点非常重要，就是一定要指出正常范围内的得分不一定表示该人的得分就好。因为标准化的数据库中的很多老年人都是缺乏运动的，所有这个分布图上的平均得分通常是低于维持身体独立自理所需的体适能目标的。

有了这些表格，就使得在体适能范畴内评估个人的相对优势和劣势（即客户擅长和不擅长的内容）以及将两次不同时间的得分进行比较变得容易一些。老年人体适能测试软件2.0版支持按照已经建立的标准评估每个人的得分，并为客户提供好读易懂的图表来对得分进行解释。而且，软件还有助于客户记录的持续保持，为用户提供小组统计数据，为整体项目效度评估提供支持。关于本软件包括的报告选项功能，更多详情请参考侧边栏。

重申一下，不管采用的是哪种反馈方式，要记住至关重要的一点，那就是让客户了解到，**不管他们年龄多少或者当前身体状况如何，改善永远都是可能的！**切记不要仅仅评估客户的得分，还要向他们提供体适能反馈信息，特别是如果他们的得分比较低的话就要更加谨慎，否则他们会觉得没有希望和信心。相反地，要告诉他们无数的研究显示，如果他们愿意，锻炼身体提高体适能永远不晚。我们还建议，应该帮助客户认识到，虽然他们可以依照运动能力得分标准（图表）将个人得分与同年龄组其他成员的得分进行对比，但是最重要的问题是个人得分随时间的变化情况。对于得分比较低的人而言这一点最重要，这样他们就不会感到灰心丧气。下一节中，对如何激励参与者增加身体活动，改善他们的运动能力水平，将给出一些建议。

通过老年人体适能测试软件 2.0 版报告得分

老年人体适能测试软件 2.0 版支持多个反馈功能，可帮助您管理和解释测试结果，同时还可以向参与者提供个性化的反馈信息。通过软件可以实现如下方面内容：

- 展示每位参与者的基本信息，并输出参与者清单。
- 生成个性化测试结果报告，说明参与者的得分与他/她同年龄同性别组正常范围的对比情况，同时生成他/她保持功能独立应达到的效标参照标准得分。
- 以图释的形式展示参与者在他/她年龄组标准值连续功能图上的得分。
- 对于跟踪个体一段时间内体适能进展情况的报告，以图释的形式展示参与者在报告不同时间内的测试得分。
- 生成供用户使用的群体评价报告，展示测试期间内参与者的数量、参与者在特定测试项目上的得分以及该群体的分值范围。该报告还计算参与者的平均年龄、平均得分和标准偏差，帮助用户解释测试结果并理解参与者群体的需求。
- 打印输出重要体适能主题的信息页，分发给参与者。
- 将数据导入 Excel 表，或者从 Excel 表导出数据。

要想访问老年人体适能测试软件 2.0 版，请登陆我们的网站 http://sft.humankinetics.com。如果你已经订购了该软件，不论是通过与本书绑定的还是单独提供的密钥代码，你都可以点击本页的链接，输入密钥。如果尚未购买此软件，可以点击本页的链接进行订购。

利用测试结果激励参与者

尽管几乎每个人都认同，适当的体力活动对获得最佳健康和功能能力非常重要，但是，很少人（不到老年人数量的 20%）达到了所需的身体活动量。根据运动专家提供的信息，非常重要的第一步就是激励人们积极进行体适能水平评估并提供个性化的反馈信息，当然假设人们都至少正在考虑积极进行体适能水平评估。实际上，世界著名的达拉斯库珀学院创始人兼医疗主任肯尼斯·库珀（Kenneth Cooper），在他的整个项目设计过程中一直基于一个假设，即评估是促使人们改善各自体适能水平的最有利的动因。根据库珀的观点以及我们开展老年人工作时取得的经验，通过如下步骤可以成功地促使人们改变自己的活动行为：

- 评估——评估人们当前的体适能水平，并识别他们的优势和劣势；
- 教导和激励——帮助人们了解为什么体适能对他们的人生很重要；

- 设定目标并设计方案——为了满足个体需求和利益，在个体目标基础上制订计划并执行相关项目；
- 监测进展并重新评估——检查参与者的进展情况，并根据需要调整项目。

如果你已经为客户开展了老年人体适能测试，那么你就已经完成了上述取得成功各步中关键的第一步，也就是评估。对于很多人而言，仅仅是对他们的体适能进行评估就足以激励他们提高自己的活动水平，从而改善体适能。在本章的下面部分，我们将介绍完成评估之后各步需遵循的流程。

教导并激励参与者

在为客户或者项目参与者开展了老年人体适能测试之后，建议与他们会个面，既可以单独会面也可以以小组形式会面，向他们提供测试的反馈信息。这是一个向他们灌输积极运动以至晚年实现身体健康的重要性并激励他们运动的绝佳机会。应该特别指出一点，个人活动水平与他们的体适能得分（令人感到吃惊的是，很多人对此并不了解）之间的密切关系。从本质上讲，有一半伴随年龄增长而出现的典型的身体体适能下降实际上并不是年龄增长造成的，而是人们随着年龄增长会变得越来越不爱动。

向客户指出一点，现在人的寿命越来越长，如果他们希望在自己进入晚年后仍然能够有一个健康的身体，能够独立自理，那么他们关注的个人体适能水平就变得越来越重要。让参与者了解到进行身体活动能够延迟身体衰弱，而且还能够延长他们的独立自理能力，这对参与者来讲是非常有激励效果的。统计数据显示，很多老年人到了70多岁晚期或者80多岁早期时，特别是那些久坐生活方式的老年人，会丧失开展日常活动所需的力量和耐力，例如上下楼梯、步行到商店、满足自己的个人需求以及开展家务活动等。对于很多人来讲，保持体力活动的生活方式可以轻而易举地使他们的功能寿命或者活动寿命增加10年或者更长时间，这样就显著地延迟了身体虚弱的发生时间。

有一点至关重要，老年人需要理解避免陷入很多老年人遇到的恶性循环的重要性——在恶性循环的开始，人们随着年纪增长变得不爱活动，这种趋势反过来导致下肢功能水平降低（更不想动），然后体适能水平进一步下降，从而形成恶性循环。最终，这种螺旋式下降模式可能导致人们力量和耐力下降，以至于发展到危及健康和开展正常的日常活动的能力。在老年人体适能测试项目上取得的分数提供了一个重要的反馈信息，说明老年人的优势状况和劣势状况，以及他们的身体体适能下降情形是否使他们处于丧失功能行动能力的边缘。

然而，你可以与客户分享的好消息是，不论他们年龄几何，也不论他们当前的身体状况如何，通过增加活动水平改善他们的体适能水平总是可以的。你可以引经据典，根据国内和国际体力活动指南方面报道的研究情形，告诉他们各个年龄的人都可以在开始锻炼活动后在体适能方面收获明显的进步，不论他们已经是80多岁还是90

多岁,这种进步最终能使功能性能力增强(例如,行走能力和平衡性),而且有些人甚至可以丢弃手杖,不用辅助工具自己行走。

最近,WHO以及美国、加拿大、英国和其他一些国家和地区的研究人员开发了这方面的指南(ACSM, 2009; CSEP 2011; U.S.DHHS, 2008; UKDHPAHIP, 2011; WHO, 2010)。

还可以与客户分享自己已完成项目中的成功例子。老年人对同龄人的活动感兴趣,而且也常常会因为他们取得的成功而倍受鼓舞。举例来讲,在我们的项目中,一位79岁的老年女性患有多种慢性疾病,需要服用13种药物,她一开始进行测试时,在多数测试项目上的得分均低于平均水平。在与同年龄组其他成员进行对比时,她发现自己的得分远远地落在后面,对此她非常震惊,于是立即聘请了一位私人教练。6个月后,她回来要求重新评估,在多数测试项目上,她不仅达到了正常范围,而且服用药物的数量也减少到只有4种,用她的话说她感觉自己像个新人。她看上去也确实像个新人——精力充沛、笑容满面。当然,我们不是暗示运动能够用来治愈医学问题,但是我们知道运动确实可以帮助战胜很多疾病。

即使是相对来讲微不足道的成功故事也会令他们感兴趣,并产生积极的影响。有一位女性,在我们这里经过为期8周的锻炼后,她发现自己获得了足够的上肢力量,以至于能够第一次在没有他人帮助的情况下,将其面包车的后门(舱盖)拉下来,对此她激动不已。另外一位女性当她的下肢力量(和平衡性)提高到她能够无须他人帮助,轻松地从地板上站起来时,她的自信心大增,因为一段时间以来这种事都是她可望而不可及的。这种例子不胜枚举,很多人在身体活动水平增加后,生活质量也随之明显改善。

要开始一项运动计划或者修改一项运动计划,通常要求与参与者进行不止一次动员谈话,向他们讲解运动的价值,同时还要辅以激励故事。要想改变一个人的行为不是一件易事,通常要求使用某种类型的行为矫正战略。有一个行为矫正技术,已经成功地改变了很多人的锻炼行为,特别是那些已经表达了希望进行改变的人,那就是设定目标。

> "老年人体适能测试(SFT)系列可以快速开展、简单易行、无创而且非常实用——是对老年参与者的全面综合考量。而且事实还证明,老年人体适能测试是一个非常好的激励工具,它提供了一个全面的报告,重点说明参与者如何将自己的得分与同年龄同性别群体其他成员的得分进行对比,同时与自己以前的得分进行对比。"
>
> CCAALO主任 Clara Fitzgerald。

设定目标和设计方案

对于任何想在行为方面有所改善的人来讲，设定目标都是关键的一步。设定目标，特别是书面目标，往往会将人们从良好意向或者热切考虑阶段推动到行动计划阶段。作为一名运动指导者，应该鼓励客户参与目标设定环节，但是切记不能代替他们设定目标。人们更愿意向着自己认为重要的目标努力奋斗，而不是他人设定的目标，当然除非这些目标可以个性化并被视为与他们个人的目标同等重要。在帮助客户设定目标方面，下列流程和事项肯定会助你一臂之力。具体而言，可以鼓励客户完成如下内容：

1. **识别长远目标或者主要的锻炼目标**。人们希望通过锻炼实现的目标可能千差万别。有些人可能希望解决在老年人体适能测试项目中发现的劣势问题，而其他人可能只是希望保持他们当前的行动能力和精力，或者可能希望管理自己的健康状况（例如，降低血压，控制糖尿病）。一些人可能希望降低体重、改善外在形象或者降低跌倒的风险，还有一些人希望改善自己在特定体育项目方面的能力，例如高尔夫或者跑步。或者，有些人的目标可能非常具体，例如在来年夏天孙女婚礼前，将体重减少10磅（4.5公斤），而其他人的目标可能更泛泛一些。要使目标设定流程更加高效，目标就应该以书面形式记录下来，可以利用附录K中的表格或类似的表格来完成这项工作。

2. **识别短期目标（1周或者2周活动计划）**。如果将长期目标细分成更为直接的短期目标，这些目标就变得更容易实现。短期目标应该比较现实、可衡量、时间一定，而且持续时间不得超过2周。短期目标应该是客户为向长期目标迈进开展的具体活动。一些人认为一个目标只有当它满足90%规则时才具有现实意义，也就是说客户得有90%的信心，能够在设定时间范围内完成。一个可以衡量的目标（或者活动）应该是可以观察到的。"多锻炼"这个目标是无法观察到的，而将"每天的行走时间增加到至少30分钟，每周至少4次"这个目标是可以观察到的。相对于一个人的目标而言，要做到时间一定就表明要计划活动发生的日期和次数，例如每个星期一、星期三、星期五早上9:00跑步，或者每天晚上6:00新闻时间进行10分钟的伸展运动。制订了每天或者每周（换句话说，摆上日程）的锻炼活动日程表，这种做法就增加了兑现的可能性。短期目标（行动计划）和时间表应该和长期目标（见附录K）一起记录在客户的目标设置表格中。

3. **识别潜在障碍，规划克服障碍的方法**。在执行活动目标的过程中，肯定会遇到障碍和挫折。所以，提前预测可能出现的障碍和挫折以及攻克它们的可行性战略就非常重要。很多人能够预测到自己将遇到的最大障碍是什么。既可能是恶劣的天气、朋友或者亲属的打断，也可能仅仅是缺乏自我约束能力。如果因为天气情况致使行走计划常常被打断，也许应该制订备份计划，例如天气不好时步行到商城或者健身中心。如果拖拖拉拉或者缺乏自我约束能力是主要的拦路虎，那么和伙伴一起约好锻炼时间可能会解决这个问题。来自伙伴的外部压力和预期以及锻炼活动本身的娱乐性可以帮助人们坚持执行行动计划。应该在目标设定过程中（见附录K），将预期可能遇到的障碍和克服障碍的方法清楚罗列出来。

监测进展和重新评估

在改变活动行为方面，另一个重要步骤就是监测进展和重新评估。为了促进项目执行，可以建议客户让他/她与朋友、家庭成员或者测试管理者即教练员一起讨论目标并制订计划，然后再让客户当着朋友的面签下目标合约。参与者甚至可能会让见证人至少一周询问一次他们的进展情况。

对于有些人来讲，坚持每天或每周记录运动日志，来跟踪记录通向长期目标（例如减掉10磅）的进展情况，并监测他们每周运动计划的坚持执行情况也可以对他们产生激励作用。实际上，认识到这一点很重要，即增加个人的活动水平是一项惠民成就，而且往往会产生预期不到的效果（除了最初设定的目标），例如自我感觉良好和形象大幅提升、自信心和自我效能感增强、睡眠质量提高、精力旺盛、抱负远大。更有趣的是，在实现了最初设定的目标后（例如，减掉10磅后，孙女的婚礼已经结束），这些额外的、更加内在的回馈通常更能够使人们在更长的时间里坚持锻炼。

更具有挑战性的是，需要花上一定的时间（有时候可能需要好几周时间），人们才能够进入到如下状态：即身体活动和体适能方面的内在回馈（例如，坚持锻炼带来的喜悦、感觉良好以及成就感）转变成为坚持锻炼计划的充足动力。同时，还应该鼓励客户特别是新客户，继续进行前面讲到的目标设定活动，并记录活动内容。图5.4包含一个很普通的每周活动图表，这个表对大多数人都适用。尽管人们的锻炼目标和计划可能天壤之别，但是大多数人都能够从一般分类中建议的规划活动中获得裨益。附录L包含一个供用户复印使用的图表。

应通过定期重新评估体适能参数和其他相关指标的方式，来监测参与者在通向目标方面取得的进展。每隔一段时间就重新进行老年人体适能测试，至少每年两次，就能够发现在力量、耐力、柔韧性、行动能力、平衡性和体重方面的变化进展情况。其他指标的变化情况，例如血压、血糖（如果此人有糖尿病）、高尔夫分数，以及自我诊断能

"老年人体适能测试让我看到进展，并帮助我制订未来计划，从而提高我的整体身体素质。我非常期待下一次为期6个月的评估，想看到自己在哪些方面取得了进步，哪些方面还需要继续努力。"

Juanita Nichols，80岁，Crestwood Village West, Indianapolis。

级和自觉健康状况也是通向既定目标过程中取得进展的有力说明。

> 老年人体适能测试软件 2.0 版本生成的报告,可以展示个人在多个测试时间内的测试结果,从而跟踪一段时间内的进展情况。用户可以利用软件来生成小组测试报告,对整个小组或者该小组内特定性别或者年龄小组的需求和进展情况进行评估,这方面的更多信息,请访问我们的网站:http://sft.humankinetics.com。

当客户设定目标以及制订实现目标的计划时,他们可能会希望用户提供指南,帮助他们确定哪种具体活动能够帮助他们最好地实现自己的目标。第六章给出了很多深思熟虑后的建议,可以帮助客户提高他们的能力,而且还提供了具体的运动建议。

总 结

专门为老年人体适能测试开发制订的标准表格和图表,可以帮助专业人士解释测试得分。在一次全国研究中,有 7000 多名老年人参与研究,研究得出的数据为制订如下常模参照标准表格和效标参照标准表格提供了基础。

1. 百分位数标准表格,为女性和男性分别提供了各个测试项目的百分位数等级,各小组的年龄差为 5 岁,使参与者能将各自的得分与同年龄同性别小组内其他成员的得分进行对比(附录 H)。

2. 两个简化的常模参照标准得分表格,其中只给出了女性和男性在各个测试项目(参见表 5.3、表 5.4)上的正常得分范围(中间的 50%)。

3. 为老年人推荐的体适能标准表,这些能力与人在晚年保持适当的功能行动能力息息相关(参见表 5.5)。

4. 老年人体适能表,以图释的形式展示高于正常水平、正常范围、低于正常水平以及低功能水平区域的数据,同时还对人进入晚年后保持功能行动能力和独立自理能力所需的体适能标准(体适能目标)给出了建议(参见图 5.2、图 5.3 和附录 J)。

在解释测试得分方面,需要提醒测试用户的是,该标准是以全美独立生活的老年志愿者为基础的,与大部分 60 以上的老年人比起来,他们的健康状况好一些,而且也相对来讲经常运动。

开展老年人体适能测试是一个行之有效的方法,能够激励客户多参与体力活动。对于很多人来讲,仅仅是评估这个过程就已经非常有号召力了,而且能够对他们的行为产生积极的影响,还可以将测试结果用作设定个人目标和制订计划的基础。对于有些人来讲,还可以通过记录活动日志、监测项目执行情况和活动进展效果等方式来进一步激励客户加强锻炼。最后,在保持客户对体力活动和体适能水平的积极性和兴趣方面,重新评估(每隔一段时间重新开展老年人体适能测试)发挥着重要作用。

下面一章将讨论老年人运动指南,并推荐一些具体的运动形式,帮助他们在体适能测试各个项目上均获得明显改善。

活动记录

第 _____ 周   姓名 _____

每天记录的分钟数	星期日	星期一	星期二	星期三	星期四	星期五	星期六
生活方式中的活动：请说明任何中等强度家务劳动、庭院劳动、娱乐、体育等。如果你缺乏运动，那么应增加结构化的运动（如下）		打扫庭院、一些庭院劳动（30分钟）			扫树叶（30分钟）		打扫房子（真空吸尘、擦镜子、清理浴室等）（1.5小时）
结构化的运动（有氧）：快走、慢跑、有氧运动、自行车、跑步机等（需要至少20分钟，每周3～5次）		快走（30分钟）		快走（30分钟）		在老年中心骑自行车（20分钟）	
结构化的运动（力量）：通过弹力带、手握重物、体重机或课间操（每周至少锻炼两次上肢和下肢肌肉）			20分钟（上和下）		20分钟（上和下）		
每日总计：你是不是在大部分日子里都做到进行30～40分钟的中等强度运动		60分钟	20分钟	30分钟	50分钟	20分钟	90分钟
本栏内容也很重要：柔韧性和拉伸活动 你应该拉伸所有肌肉和关节，每周2～3次，当然最好是每天都进行		很多人在快走之后进行拉伸运动				上床前进行柔韧性和放松活动	
灵活性和平衡性活动：对于正在丧失平衡性的人来讲这些活动尤其重要							

图5.4　活动记录样表

第六章　老年人运动建议

提高老年人体适能测试得分

在推荐具体运动形式，帮助客户改善他们的功能性体适能能力（按照定义，指的是具备安全独立地开展日常活动应有的身体能力，未出现过度疲劳现象）方面，有多个因素应考虑在内。除应考虑老年人体适能测试项目反映的他们的当前体适能需求、个人多项运动目标（例如降低体重或者管理健康状况）外，最重要的是要考虑客户的运动和活动偏好。兴趣是最好的老师，要改善一个人的运动能力那么就让他做自己想做的运动，这就需要帮助客户解决哪种类型的运动最适合他们，即最适合他们的个性化的，并满足其他个人和环境需求（举例来讲，健身设施、经济状况、交通条件、社会支持等）。从形式上讲，各种运动选择包括单独运动或者团队锻炼、结构性运动活动或者每天进行的常规运动。其他选项包括参与丰富的业余活动；多做些庭院劳动或者家务劳动；通过各种娱乐、社交、舞蹈或者体育活动进行锻炼。在帮助客户制订有效的运动计划时，结合专业人士已经制订的一般运动指南和建议非常重要。

这一章中，首先回顾了最近出版的专门面向老年人的体力活动和运动指南。然后，在提高生活方式中的体力活动以及执行结构化的运动方面，我们提供了一些具体的建议，可以帮助他们提高体适能测试的得分。具体的主题包括：

- 老年人体力活动和运动指南；
- 生活方式中的运动；
- 提高老年人体适能测试得分的结构化的运动指南；
- 提高力量、柔韧性、灵活性和平衡性的运动形式。

老年人体力活动和运动指南

最近有很多出版物，例如《美国人体力活动指南》（U.s. Department of Health and Human services，2008）、《加拿大人体力活动指南》（Canadian society for Exercise Physiology，2011），还有美国运动医学学会、美国心脏协会（ACSM，2009；Nelson et al.，2007）、英国卫生、体力活动和健康促进保护部（2011）以及世界卫生组织（2010）的声明，都在体力活动与增强体质、减少疾病、失能和全因死亡率的强大证据基础上，为各个年龄阶段包括为老年人建议的体力活动提供了最新的指导原则。这些国内和国际公认的指导原则通常建议所有成年人都开展如下活动：（1）至少150分钟的中等水平（或者75分钟的高强度运动）有氧运动，至少分摊到一周的5天中；（2）肌肉力量练习，需涉及所有的主要肌肉群（腿、臀部、背部、腹部、胸部、肩部、手臂），一周至少进行2次；（3）需要进行平衡性运动。此外，关于需要进行的柔韧性锻炼的量，尽管大部分指导原则并未给出具体的建议，但是柔韧性被视为保持功能行动能力最重要的因素，而且被视为可通过活动范围和拉伸运动改善的能力。需要特别指出的是，建议人们进行有氧运动或者力量练习时，每天多花上10分钟时间，拉伸所有的主要肌肉和肌腱群（Nelson et al., 2007）。

对于多数老年人来讲，中等强度的有氧运动（按照定义，每天至少燃烧150千卡能量或者一周燃烧1000千卡能量）相当于每天30~40分钟的快走或者类似的活动量。

侧边栏列举了一些能够提供中等程度活动量的其他活动。为了获得更大的效果，2008年的《美国人体力活动指南》中建议将老年人每周的中等强度有氧运动时间增加到300分钟（5小时），或者每周进行150分钟（2.5小时）的高强度有氧运动，特别是当他们的目标是降低体重时更是如此。

> "尽管没有哪个体力活动量能够阻止生物老化的过程，但是有证据表明，经常性地进行锻炼能够将久坐生活方式的生理效应最小化，而且还能够遏制慢性和致残疾病的发展和进展，从而增加健康寿命。"
>
> ACSM Position Stand (ACSM, 2009)。

一些中等强度水平运动（燃烧150千卡的能量）

洗车打蜡，45~60分钟。
洗窗户或者擦地板，45~60分钟。
园艺，30~45分钟。
坐在轮椅上自己推，30~40分钟。
35分钟（20分钟/英里）走1.75英里（2.8公里）。
30分钟（15分钟/英里）走2英里（3.2公里）。
扫树叶30分钟。
30分钟推童车走1.5英里（2.4公里）。
30分钟骑自行车5英里（8公里）。
15分钟骑自行车4英里（6.4公里）。
做30分钟的水上有氧运动。
20分钟内游20圈。
15分钟（10分钟/英里）跑步1.5英里（2.4公里）。
走楼梯15分钟。
跳交谊舞30分钟。
铲雪15分钟。

对于大多数不是经常进行体育锻炼而且目前已经随着年纪增长或者疾病发展出现了体适能下降的老年人来讲，有效的活动计划通常要求进行更加规范而且更加有针对性的锻炼，而不仅仅是一般体力活动指南中建议的锻炼内容。如果认识到如行走、爬楼梯、从椅子上站起来这些下肢功能对身体素质有阈值，那么老年人开始进行锻炼就变得很重要，不仅是为了增强体质减少患病的风险，而且是为了找补欠缺方面，减少可能使他们丧失身体独立性的风险。

表5.5和图5.2、图5.3提供了保持行动能力和身体独立自理应达到的体适能标准（得分）信息，可以利用这些信息解决素质较差的方面。

重申一下，在为人们推荐特定的运动项目时，**最恰当的莫过于当事人自己最想做的！**有了这个准则，我们建议向客户解释，客户可以通过如下三种方式提高他们的体适能水平（和测试得分）：（1）将额外的体力活动融入到他们的日常常规活动中（有的时候指的是生活方式中的运动）；（2）制订每周进行结构化的运动的时间表——也就是说，为解决特定的体适能要素而设计的锻炼，例如力量或者耐力；（3）将生活方式中的运动和结构化的运动合二为一。这三种方式各有利弊。对于一些人来讲，生活方式运动活动的优点是还可以同时满足其他目的（例如遛狗、打扫庭院），但是看起来不像是真正的运动。结构化的运动的优点是它强调体适能的特定方面，对于解决特定需求或者客户体适能评估过程中未发现的劣势问题尤其有效。在下面一节中，将针对具体分类——生活方式中的运动和结构化的运动——提供更多建议。

生活方式中的运动

大部分人只要在他们的日常生活中多做些运动，都可以显著地提高活动水平并改善体适能。每天都有很多机会积极动起来，唯一需要做的就是改变日常的作息和习惯——例如，走楼梯而不是乘坐电梯、多走路少开车、多做家务和庭院劳动。我们的特别建议是，向客户灌输一个理念，多动少坐对他们有好处。考虑到当我们年老时"非用即失"现象将变得越来越势不可挡时，最好的办法就是使持续的功能能力尽可能保持在旺盛水平。下面是一些小例子，说明人们如何显著提高他们的日常能量消耗：

- 走楼梯而不是乘坐电梯或者观光梯。
- 多遛几次狗。
- 走路而不是开车去超市。
- 骑自行车到朋友家。
- 清理车库或者汽车。
- 多做家务和庭院劳动。
- 多与小孙子玩玩。
- 加入登山俱乐部或者舞蹈小组。

- 充当活动项目的志愿者。
- 将车停在远一点的位置。
- 规划积极的假期活动（例如，钓鱼、散步或者自行车骑行）。
- 在俱乐部用推车拉着高尔夫球，而不用摆渡车。
- 培养一个积极爱动的爱好（例如，跳舞、园艺）。
- 捡拾公共场所的垃圾（例如，公园、沙滩）。

如果一个人告别自己久已习惯的模式，在能量消耗上发生天翻地覆的变化，那么生活方式中的这些活动不但可以帮助保持功能性体适能，甚至还可以使体适能水平增加。而且，通过开展结构化的运动还可以收获额外的好处，因为每个结构化的运动都是专门针对基本体适能参数（有氧耐力、力量、柔韧性和平衡性）而设的，而这些参数体现了一个人的功能独立自理能力。在下一节中，我们将介绍一些具体的锻炼形式，通过它们改善每个老年人体适能测试项目的基本体适能参数。

改善老年人体适能测试得分的结构化的运动指南

除了在日常生活中融入尽量多的活动内容外（例如，最大程度地限制坐着和不活动的时间），大多数老年人都有时间进行结构化的运动，这样就需要一个涉及体适能各方面的全面的活动计划。结构化或者针对性锻炼对于那些老年人体适能测试项目得分较低并且需要在一个或者两个具体分类上改善自己体适能的人来讲尤其重要。本节将提供运动建议，通过它们改善老年人体适能测试项目得分，每个项目都与体适能的主要要素相关。对于患有肌肉骨骼疾病、心血管疾病、肺部疾病和代谢障碍的人群以及身体虚弱的人群，具体的体力活动和运动训练指南以及注意事项超越了本章的讨论范围。因此，我们建议参考其他出版物，例如，《老年人体力活动指南》（Jones & Rose, 2005）；美国运动医学学会的《运动测试与运动处方指南》（2009），以及美国运动医学学会的《慢性病患者和残障人士运动管理》（2009）。此外，我们始终建议提醒客户注意过度劳累迹象（已在第四章讨论），以及何时应该停止测试或者何时不建议进行测试（见附录G，了解张贴用标识）。可以参考为特殊人群开展老年人体适能测试时改编后的测试准则，这部分内容已在第四章讨论过了。

增强有氧耐力

有氧运动能够提高心脏、肺和血管的功能，能够使人们感到活力充沛。要提醒客户保持适当的有氧耐力水平对于身体独立以及减少心血管疾病、糖尿病、肥胖和认知问题的风险至关重要。在老年人体适能测试中，一个人的有氧耐力水平可以通过6分钟步行测试测量，也可以通过2分钟踏步测试测量（取决于具体环境）。客户可以通过大肌肉周期性活动，例如健步走、慢跑、爬山、爬楼梯和骑自行车等来提高有氧耐力得分。对于多数老年人来讲，健步走是一个非常理想的有氧运动形式，不仅仅是因为这个运动能够增加个人的有氧体适能，而且因为它在日常功能方面发挥的重要作用。当然，练习测试项目是一种运动形式，也是提高得分的一个好方法。对于那些在老年人体适能测试项目上有氧耐力得分特别低的人而言，我们建议他们在进行有氧耐力运动之前或者同时也进行下肢力量（详见下一节）练习。对于平衡能力有问题的人，将重点放在先进行平衡性和灵活性训练上，经过几周时间后就可以升级进行有氧训练。但是，如果有合适的锻炼仪器（例如固定的自行车），可以保证有平衡问题的人在锻炼时是安全的，那么有氧耐力训练和平衡性训练也可以同时进行。

  有氧运动的目标是逐渐增加运动持续时间、频率和强度，使一个人一次性的活动时间达到30~40分钟，至少是一周五次为好，在中等强度水平下进行。对于多数人来讲，中等强度水平的运动能够在呼吸速率和心跳速率方面引起不容忽视的变化，而且通常会微微出汗。有些人用"谈话测试"来定义中等强度运动，意思是说当运动处于中等强度水平，人们应该能够讲话但是不能唱歌。但是，我们建议用参与者的主观疲劳感觉分级（RPE）量表，帮助他们确定有氧运动中的强度等级。在表6.1中给出的主观疲劳感觉分级量表中，中等强度对应的数字是5。一般来讲，我们建议介于5~6之间的主观疲劳感觉等级最适合老年人——也就是说，评估认为运动处于中等至稍难的范围内。对于更多的年老身体虚弱的参与者来讲，建议他们从非常容易或者有点容易（主观疲劳感觉分级量表中的3或者4）的强度等级开始锻炼，强度等级随时间逐渐增加。要有效地使用主观疲劳感觉分级量表，大部分老年人都需要进行一些训练和练习。

表6.1 主观疲劳感觉分级（RPE）量表

分级	说 明
1	不用力
2	稍微用点力
3	非常轻松
4	有点轻松
5	适度
6	稍感吃力（开始有感觉）
7	吃力
8	非常吃力（需要付出努力才能继续）
9	非常非常吃力
10	最大（无法再强化）

改编自：NSCA，2012。

和所有类型的运动一样，应该始终建议客户慢慢起步，逐渐达到预期的水平，对于久坐生活方式以及患有慢性疾病的人尤其如此。研究显示在有氧健身和女性减肥方面，间歇有氧运动累积效果（一次 10 分钟）和一次长时间有氧运动（一次 30 分钟）的锻炼效果是一样的（Schmidt, Biwer, & Kalscheuer, 2001）。因强度水平不同，所以为满足指南中的建议，需要进行的有氧运动的最小运动量（持续时间）也有所差异。请参考本章前面给出的日常中等强度水平体力活动建议活动量清单（换句话说，这些活动每天大约消耗 150 千卡能量，或者每周消耗 1000 千卡的能量，假设他们每天都进行这种活动）。增加这些有氧活动的参与时间和频率会使老年人体适能测试有氧耐力测试项目上的得分显著提高——6 分钟步行测试和 2 分钟踏步测试。

有氧运动指南

- 指导参与者慢慢开始并逐步增加到每周最低 150 分钟（2.5 小时）的中等强度（有点吃力）有氧运动。如果平均分配到 5 天时间里，相当于每天大约 30 分钟，但是最好是一周每天都进行锻炼。
- 对于身体体适能差些的参与者来讲，鼓励他们以 5~10 分钟为一个间歇，进行低强度到中等强度的运动。
- 体适能较好的参与者可以进行中等强度和高强度的混合体力活动，实现一周 300 分钟（5 小时）平均分配到每天或大部分的锻炼目标。

有氧运动的注意事项

- 以参与者的体适能水平、疾病和身体症状（例如，疼痛、疲劳、僵硬）为基础，调整强度、运动时间和频率。尽管可能会出现轻度疲劳和疼痛，但绝对不能在锻炼后感到极度疲劳或者在次日感到极度疼痛。
- 应进行适当的热身和放松活动。
- 当室外温度极高或者极低，以及在冰冷刺骨或烟雾弥漫情况下，应避免进行户外锻炼。
- 对于平衡能力有问题的参与者，应避免在没有支撑的情况下进行锻炼。
- 如果发现任何过度劳累的迹象，应立即停止锻炼（请参考第四章）。

提高力量

正如在第二章和第三章中讨论的那样，保持适当的下肢和上肢力量，对于开展多种只有身体独立才能开展的常见任务都非常重要，如上下楼梯、走一段距离、从椅子上站起来、从浴缸里走出来、从地板上站起来、举起或者放下一个物体以及降低跌倒风险等。提醒参与者进行力量训练在增强体质方面带来的好处，也很重要，如降低肥胖、骨质流失、腰痛、骨关节炎、心脑血管疾病以及糖尿病的风险。在老年人体适能测试中，下肢力量是通过坐站测试评估的；上肢力量是通过手臂弯举测试评估的。以肌肉为重点的任何形式的运动，包括很多常见的家务劳动和庭院活动，都有助于保持力量。但是，如果客户在坐站测试以及手臂弯举测试中的一项或者两项得分都比较低，而客户又希望增强自己的力量，那么就需要遵循一个特定的运动方案——渐进抗阻训练。

简单地讲，通过逐渐在同一块肌肉上增加阻力的训练方式实现增强肌肉力量的目的（即适用于超负荷原则）。使肌肉超负荷的意思就是使肌肉进行超过其惯常负荷量的活动。例如利用自选重物（类似于老年人体适能测试中用于测量上臂力量的哑铃）、健身弹力带、魔术贴绑带式沙袋、专为锻炼特定肌肉群设计的锻炼器械，或者一个人的自身体重和重力，都可以实现肌肉超负荷锻炼的目的。进行力量刺激的合适阻抗取决于参与者的健康状况和体适能状态。一般来讲，根据前面提到的国内方面的建议，建议初始者应从只能举起一次（1RM）负荷的50%开始，逐渐增加到能举起一次负荷的70%~80%。只能举起一次负荷的70%~80%会使抬举者在8~12次重复时达到疲劳状态，这里的**疲劳**指的是肌肉无力再完成一次正确形态的抬举。以腿推举为例，选择一个可以腿推举至少8次的阻抗（负荷），但是不能超过12次，超12次会使肌肉过于疲劳无法继续，可以通过这种方式增加下肢力量。然后，随着肌肉力量增加（此时，在达到疲劳状态前，腿推举12次也变得可能了），可以增加阻抗的负荷，这样就使得肌肉又具备了再超负荷的能力（换句话说，超越惯常可以负担的负荷量）。在强化力量项目的整个过程中始终重复这个过程——每次当力量提高到可以负担新的阻抗12次以上而不感到疲劳时，就再增加一个更大的阻抗。

在推荐不使用传统体重器械的力量强化训练形式时，例如蹲起，这个动作以体重和姿势作为阻抗，不能直接照搬上述指南。尽管目标是重复完成8~12次蹲起后才感到疲劳，但是一些参与者一开始刚完成1或2次蹲起就感到疲劳。在这种情况下，就需要逐渐增加重复次数（而不是阻抗），直到参与者能够完成8~12次蹲起。在进行无需器械的运动时（例如，健美操），可以增加挑战从而增加负荷（阻抗），例如改变身体姿势、握持（缩短）阻抗带、使用较厚的阻抗带或者增加哑铃分量。请参考"**增加挑战**"部分，了解更多锻炼范例。

老年人力量训练指南建议至少进行一组8~12次重复动作，以感到疲劳为度，每组主要的肌肉群一周锻炼两次。对于老年人来讲，重要的肌肉群指的是实现下肢功能（髋伸肌、膝伸肌以及踝关节跖屈肌和背屈肌）、上肢功能（肱二头肌、肱三头肌、肩部、背部伸肌）以及躯干和核心稳定（腹部和腰部）所需的肌肉群。强化运动还可以一周两次以上，两次锻炼之间间隔至少 48 小时。

力量练习指南

- 在进行力量练习前，始终牢记要进行热身运动（包括动态柔韧性运动），来增加身体温度，让更多的血液流到四肢。
- 慢慢升级，对于患有慢性病、年老身体虚弱或者身体瘦弱的老年人，要谨慎增加活动范围和负荷。
- 目标是至少完成一组 8~12 次重复动作，以感到疲劳为度，每组主要的肌肉群一周锻炼两次。
- 运动间歇时间取决于运动类型和阻抗大小。在使用大阻力进行运动的情况下，参与者在完成大部分运动后应休息 1~2 分钟，在完成多关节运动后应休息 2~3 分钟。
- 将活动大肌肉群（例如，腿推举、卧推、坐姿划船、蹲起、胸推、墙式俯卧撑）的运动项目安排在一开始进行；将单个和独立的肌肉动作（例如，肱三头肌伸展、肱二头肌弯曲、膝关节伸展和屈曲）放在活动的后面部分。
- 建议进行向心（收缩）和离心（拉长）的肌肉动作。
- 如果达到了预期的重复次数（较大的肌肉群通常可以完成更大的负荷），那么将重物（级数）增加 2%~10%。
- 如果选用了弹力带，那么在参与者能够完成 8~12 次重复动作后，换用另一个可以提供更大阻抗的弹力带。
- 锻炼过程中应完成全套动作。
- 提醒参与者在运动过程中有意识地呼吸（一般来讲，在用力阶段呼气，在放松阶段吸气）。

力量练习注意事项

- 参与者应询问医生，确定可以做某项特定的运动，特别是如果做过关节手术的话就更需要咨询医生。
- 选用的阻抗应使参与者在运动过程中能够保持正确的身体姿势和形态。
- 对于那些锻炼较少以及患有慢性疼痛的人，在每次抗阻训练完成后要拉伸相同的肌肉群。
- 提醒参与者避免过度拉伸或者锁定关节。
- 提醒参与者避免急拉或硬推重物。
- 参与者应始终在不感到疼痛的范围内运动。
- 从中等强度到高强度的运动过程中，保证 48 小时的间歇时间。

提高柔韧性

数据显示，柔韧性下降可以导致行动能力下降和功能受限（Holland, Tanaka, Shigematsu, Nakagaichi；2002；Nelson et al., 2007）。正如在第二章和第三章中讨论的那样，柔韧性（一个或者多个关节的活动范围）对于保持良好的姿态、降低损失风险和肩部问题、减轻疼痛和僵硬，以及开展日常生活活动（例如，穿上袜子和鞋、检查脚和洗脚、弯下膝盖从地板上捡拾东西、穿上套头式衣服、梳头发等）都很重要。尽管在柔韧性练习的确切类型和运动量方面，大部分体力活动指南提供的信息都寥寥无几，但是基本上所有人都认同柔韧性的重要性，认为柔韧性是全面体适能活动不可或缺的一部分。在老年人体适能测试中，上肢柔韧性是通过背抓测试评估的；下肢柔韧性是通过椅式坐位体前屈评估的。

当老年人进行有氧运动或者力量训练时，他们还应该拿出10分钟的时间，拉伸主要的肌肉群和肌腱群，每个拉伸动作保持10~30秒，重复3~5次。而且，在参加有氧或者强化力量的锻炼前，一定要先通过健步走或者健美操等形式，进行肌肉和关节热身，然后再做些动态柔韧性运动（在给定的范围内运动关节，不要使关节保持最终姿势），这样可以预防组织受伤。静态柔韧性运动（在单一运动平面内移动关节，直到达到指定的位置，然后保持这个姿势几秒）应作为全部运动结束后放松阶段的一部分，通过静态柔韧性运动来放松肌肉，减轻肌肉酸痛和僵硬。关于更加全面的老年人柔韧性训练指南，可以参考《老年人身体活动指导》（Jones & Rose, 2005），一套全面的运动应包括涉及所有肌肉和关节——踝关节、膝盖、臀部、后背、肩膀、身躯和脖子——的柔韧性练习。我们还建议老年人将拉伸运动融入到他们的日常生活活动中（例如，吸尘、扫地、伸手够东西或者洗车时使用全系列的运动动作）。

柔韧性运动指南

- 柔韧性练习是指要拉伸身体的主要部分。
- 在心肺和力量常规训练中，加入至少10分钟的拉伸练习，包括热身过程中的动态伸展和放松过程中的静态拉伸。
- 在做动态伸展前，让参与者进行5~10分钟的热身运动。
- 在做每个拉伸动作过程中，参与者应保持正常的呼吸，并将精力集中在被拉伸的肌肉上，试着使身体其他部分尽量少动。
- 对于活动范围受限或者感到僵硬的关节，要重点关注。
- 对于静态拉伸，参与者应慢慢达到最终姿势（感到一个柔和的张力，而不是疼痛）。
- 在拉伸过程中应始终使关节轻度弯曲（而不是锁住）。

- 对于静态拉伸，每个动作都应该保持 10~30 秒，且重复做 3~5 次（每次都试着再伸得远一些）。
- 理想的情况是，希望客户能够增加保持静态拉伸动作至少到 20 秒，这样才能够达到最佳效果。

柔韧性运动注意事项

- 要了解对于最近受过伤、做过外科手术（例如，臀部、后背和肩膀）、做过关节置换手术和患有慢性病（例如，骨质疏松症、椎管狭窄）的老年人的禁忌运动项目（例如，高冲击活动、重型阻抗、反弹运动）。
- 重点强调良好的身体姿态（例如，避免过度拉伸或锁住关节）。
- 提醒参与者在保持拉伸运动的过程中要有意识地呼吸（提醒参与者要保持有意识的呼吸，即使是在保持某一个拉伸动作时）。
- 确保参与者不要猛地一拉，然后反弹进入一个静态拉伸动作。

提高灵活性和动态平衡

良好的灵活性（涉及速度和协调性）加之动态平衡性（在运动的过程中保持姿势稳定）对于很多常见的移动性任务都非常重要，例如行走、走路缘、上下楼梯以及为了躲避环境中的危险迅速移动、迅速及时地上下公共汽车、在信号灯变成红灯前迅速地穿越马路、快速起身接听电话或者快速起身应声开门等。有适当的灵活性和动态平衡性对于降低跌倒风险以及减少丧失独立性的风险也很重要。在老年人体适能测试中，灵活性和动态平衡性是通过 8 英尺起立行走测试测量的。

在美国，因为老年人意外跌倒是一个主要的公共健康问题，所以在最近出版的体力活动指南中，平衡性被视为处于危险边缘的老年人运动计划中非常重要的方面。《美国人体力活动指南》（U.S.DHHS，2008）建议，有跌倒风险的老年人应每周进行 90 分钟的中等强度肌肉力量活动，外加每周 1 小时的中等强度的健步走，最好是将上述活动平均分配到 3 天内或者 3 天以上完成。

"自从我开始锻炼以来，我在平衡性、柔韧性和耐力方面都有了显著的进步。每年进行一次老年人体适能测试使我能够跟踪自己取得的进展……我的整体状况改善了，而且膝伤一直稳步好转。"

George schussler，75 岁，maple Knoll Wellness Center, Cincinnati, Ohio。

115

与提高有氧耐力、力量和柔韧性不同的是，提高灵活性和平衡性需要一个多维的方法，即把目标定在能够提高姿态控制和速度的多个系统（例如，感觉、运动和认知）。一些研究结果表明，如果老年人在进行有氧耐力、力量和柔韧性运动的同时，进行专门的平衡性和灵活性活动，那么他们的平衡性能够显著改善，而且跌倒的风险锐减（Rose，2010）。

提高灵活性和平衡性最好的锻炼，均涉及在多种感觉和认知环境下开展多种运动任务。这种活动难易均有，例如提踵、睁眼/闭眼单脚站立、一字站（脚后跟到脚趾），在不平稳的表面上行走例如平衡垫或摇杆板，用户各种步态在不同速度下行走，以及其他难度较大的活动，如快速传递重物以及交叉踏步（例如，舞蹈动作中的葡萄藤舞步）。对于很多比较能干的老年人来讲，在音乐的烘托下参加涉及平衡性和协调性功能的复杂的日常锻炼和各种体育活动（例如，网球和羽毛球），都是非常好的保持灵活性和平衡性的途径。

灵活性和平衡性训练指南

- 灵活性和平衡性活动应作为一整套锻炼活动的一部分。
- 有跌倒风险的老年人应每周进行 90 分钟的中等强度肌肉力量练习，外加每周 1 小时的中等强度的步行，最好是将上述活动平均分配到 3 天内或者 3 天以上完成。
- 平衡性和灵活性可以通过进行涉及多个系统（例如，躯体感觉、视觉、前庭、骨骼肌肉）和认知挑战的运动得到显著改善。

灵活性和平衡性训练注意事项

- 如果客户身体虚弱或者平衡性很差，那么就要确保在锻炼的任何时刻都对他/她进行密切关注。
- 一定要慎用快速运动，包括快速转身和改变位置。这种动作可能增加晕眩和跌倒的风险。
- 为了增加锻炼过程中的稳定性和安全性，为参与者提供一些能够把扶的东西（例如，结实的椅子、墙、手杖、助行器）。
- 当前面的挑战都安全过关后，那么让参与者晋升进入下一难度水平的锻炼。
- 将可能致使参与者绊倒的所有杂物都清除掉。
- 确保参与者穿跟脚的平底鞋。

提高力量、柔韧性、灵活性和平衡性的运动

在这一节中，介绍了一些低风险的徒手运动（讲义可重复使用），它们能帮助客户和参与者提高下肢和上肢力量（30 秒坐站和 30 秒手臂弯举测试）、下肢和上

肢柔韧性(椅式坐位体前屈和背抓测试)以及灵活性和动态平衡性（8英尺起立行走测试）。此外，我们强烈建议老年人参与团体运动课程（例如，普拉提、瑜伽、太极、有氧操），或者参加能够借助运动设备来提高功能性体适能的健身机构举办的个性化运动项目。

▶ 本节包括老年人体适能测试软件2.0版的运动指导表，可直接复印使用。

要提醒客户在进行柔韧性、灵活性和动态平衡性运动之前，先进行10分钟的肌肉热身活动是非常必要的。对于需要通过额外运动来提高灵活性和动态平衡性的客户，防跌（FallProof）是一个综合的平衡性和灵活性的训练项目（Rose，2010），它通过有针对性的锻炼来降低跌倒风险，在这方面有足够强大的证据做基础。

蹲起

增强下肢力量的运动

运动指令

1. 站在椅子前,双脚与两肩同宽。椅子的后背靠墙。
2. 慢慢屈膝屈髋的同时利用双臂前平举来保持身体平衡,最后坐在椅子上。
3. 停顿一下并将身体重心落到椅子上。
4. 脚后跟使劲向下踩,伸膝伸髋,返回站立姿势。
5. 重复进行8~12次,或者做到感到疲劳为止。

温馨提示

- 在整个运动过程中有意识地呼吸。
- 眼睛直视前面的垂直目标(例如,墙角、门框)。
- 如果需要,手扶大腿起立。

增加难度

- 在进行下一次站立之前,不要完全落坐到椅子里。
- 手持重物。
- 增加重复的次数或者组数。

安全注意事项

- 确保椅子结实稳固,椅子后背紧密地靠墙。
- 锻炼不能过度,锻炼过程中不应感到疼痛。

增强下肢力量的运动

单腿弓步

a

b

运动指令

1. 站在一个结实稳固的椅子后面，右脚放在左脚前面（a），将手放在椅子后面上，增加稳定性。
2. 两侧膝盖同时微屈，将左膝盖弯向地面，当右膝盖快要超过脚尖时，停止（b）。
3. 慢慢地返回开始时的姿势。重复进行8~12次或者感到疲劳为止。
4. 换腿，让左腿在前面，然后重复上面的动作。

温馨提示

- 确保位于前面那条腿的膝盖不要超过脚尖。
- 确保上身不要向前或者向后倾斜。
- 记住在运动过程中要有意识地呼吸。

增加难度

- 试着在手不扶椅子的情况下进行。
- 增加重复的次数或者组数。

安全注意事项

- 手扶墙或者椅子，增加稳定性。
- 膝盖刚好不超过脚尖。
- 确保椅子是结实稳定的，可以将椅子放在防滑表面上（例如地毯）。

髋关节伸展运动

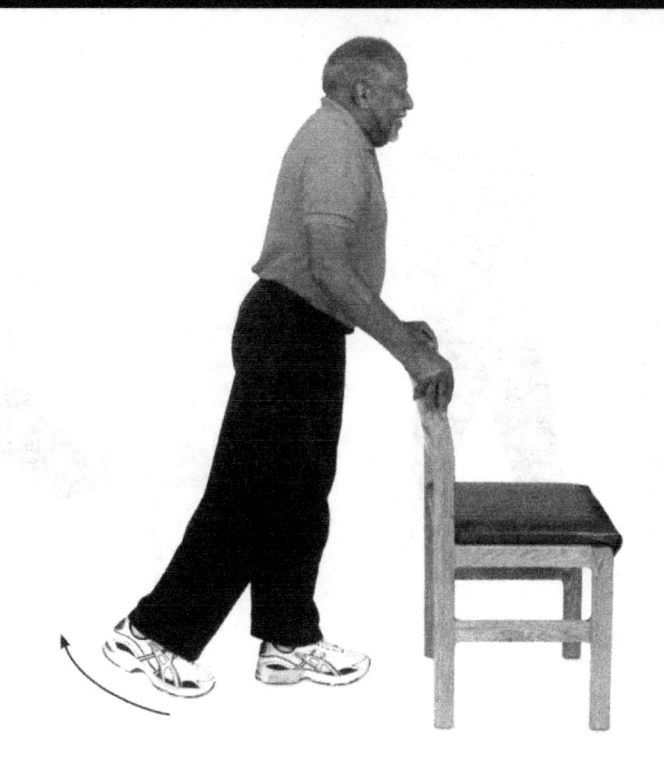

增强下肢力量的运动

运动指令

1. 站在稳固的椅子后面或者靠墙站着,将双手放在椅子上或者墙上,增加稳定性。双脚与肩同宽。
2. 慢慢抬起一条腿,向身体后方伸展,停顿然后慢慢地将腿返回原位。
3. 用另一条腿重复做这个动作,两腿轮换重复进行8~12次。

温馨提示

- 避免向前倾或向后弯曲。
- 当向后抬起脚后跟时,夹紧臀部。
- 记住在运动的过程中要有意识地呼吸。

增加难度

- 在抬腿时,收紧腹部肌肉。
- 保持抬腿时间长一些。
- 在踝关节增加重物。
- 不换腿,用同一条腿重复进行8~12次。

安全注意事项

- 在运动过程中,支撑膝盖稍稍弯曲一点。
- 如果用椅子,要确保椅子是稳固结实的。

增强下肢力量的运动

后踢腿

运动指令

1. 站在一个结实稳固的椅子后面，或者靠墙站着，将双手扶在椅子上或者墙上，增加稳固性。双脚稍稍开立。
2. 慢慢地向臀部抬起右腿，停顿然后慢慢地将右腿返回到地面上。
3. 用左腿重复上述动作，两腿轮换重复进行8~12次。

温馨提示

- 保持正确的姿势，即正立姿势，耳朵、肩部、臀部在同一水平面上。
- 记住在运动的过程中要有意识地呼吸。理想的状况是，当抬起脚后跟时呼气，当伸腿时吸气。

增加难度

- 抬腿的过程中收紧腹部肌肉和臀部。
- 一次性重复进行8~12次，不换腿。
- 在踝关节增加重物。

安全注意事项

- 慢速地、在可控状态下进行这项锻炼。
- 确保椅子是结实稳固的，如果可能将椅子放在防滑表面上（例如地毯）。

增强上肢力量的运动

胸推

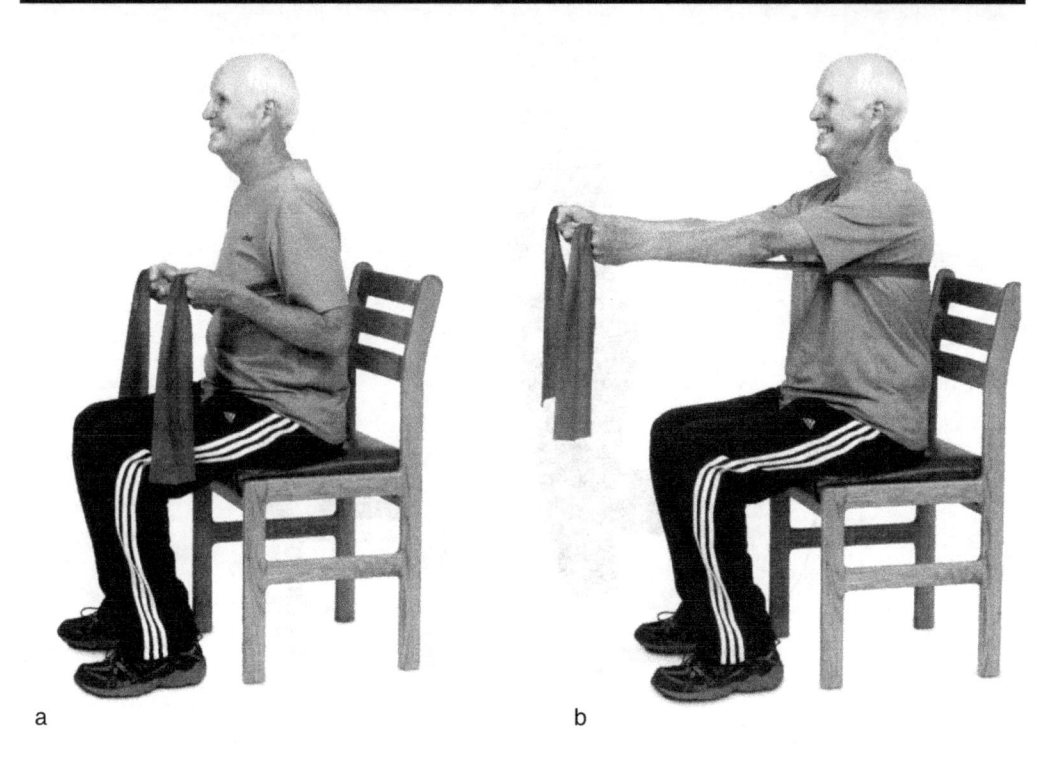

a b

运动指令

1. 在坐姿时，将弹力带放在上背后面，恰好在腋下的位置，然后双手抓住弹力带的末端（a）。
2. 两手用力向前伸且与地面保持平行，直到肘关节伸直为止（b）。
3. 慢慢地返回到开始时的位置，完成8~12次重复动作。

温馨提示

- 确保弹力带在肘关节内侧。
- 向前伸胳膊时呼气，胳膊收回时吸气。

增加难度

- 将弹力带交叉的位置移向身体一侧，来增加弹力带的阻抗。
- 换一个阻抗大点的弹力带。
- 在站立姿势下进行这项锻炼。
- 增加重复次数。

安全注意事项

- 慢速地、在可控状态下进行这项运动。
- 检查确保弹力带未磨损或损坏。

增强上肢力量的运动

墙式俯卧撑

a

b

运动指令

1. 面向墙站立，距墙一臂远多一点，双脚与两肩同宽。

2. 伸开双臂，身体向前倾，将双手手掌压放在墙上，与两肩同宽（a）。

3. 将双臂伸直，慢慢地吸气并弯曲肘关节，将身体靠向墙身（b）。使双脚平放在地面上，身体挺直。

4. 呼气并慢慢地将胳膊返回到完全伸展的姿势。完成8~12次重复动作。

温馨提示

- 身体重量应由手臂撑起。不要试图用腹部肌肉或者下肢肌肉将自己身体推离墙体。

增加难度

- 使脚离墙面再远一点。一旦您的力量增加，过渡到在地面上做膝式俯卧撑。
- 增加重复的次数或者组数。

安全注意事项

- 避免双臂伸展过度，或者锁住肘部。
- 避免在湿滑的表面上做。
- 穿耐磨防滑的鞋子。

肱二头肌弯曲

增强上肢力量的运动

运动指令

1. 坐在椅子上，抬起右脚，将弹力带的一端绕在该脚上，然后再将脚平放在地面上。
2. 将弹力带的另一端握在右手中，手臂伸向地面。
3. 慢慢地弯曲肘关节，使手掌向上伸向肩膀。
4. 慢慢地回到开始时的姿势。完成 8~12 次重复动作。
5. 将弹力带换到左侧，用左臂重复锻炼。

温馨提示

- 使胳膊靠向身体。
- 屈肘时呼气，伸展肘关节时吸气。
- 如果弹力带足够长，那么可以在站立姿势下完成这个锻炼。

增加难度

- 抓住弹力带比较低的位置。
- 换用一个加厚的阻抗带（阻抗更大）。
- 增加重复的次数。

安全注意事项

- 确保阻抗带安全地绕在脚上。
- 只有肘关节屈曲，手不能弯曲。
- 检查并确保阻抗带未磨损或损坏。
- 利用有手柄的阻抗带非常有帮助，特别是对有关节炎的人更是如此。

增强上肢力量的运动

双臂侧平举

运动指令

1. 直立站立，双脚与两肩同宽，膝盖稍稍弯曲，手臂自然放在身体两侧。
2. 双手各握一个哑铃，贴近身体两侧，两手手掌朝向身体。
3. 双臂侧平举，慢慢地抬到肩膀高度（双臂与地面平行）(a)，停顿并慢慢地将双臂返回到开始时的姿势。还可以利用弹力带，在坐立姿势下完成这项锻炼(b)。
4. 选择一个手握重物，可以握持这个重物完成8~12次重复动作或感到疲劳为止。

温馨提示

- 使后背保持挺直，头向前，眼睛直视前方。
- 不要向前倾。
- 不要弯曲手腕或者肘关节。
- 抬起时吸气，放下时呼气。
- 在可控状态下慢慢地抬起哑铃，而不是把它们晃起来。

增加难度

- 如果能够保持在正确的姿势下，完成12次重复动作，那么就使用重点的重物或者加厚的阻抗带。

安全注意事项

- 不要过度伸展或者锁住肘关节。
- 不要使哑铃的高度超过肩关节。
- 避免使颈部肌肉紧张。

腘绳肌伸展

增强下肢柔韧性的运动

运动指令

1. 平躺在体操垫上或稳固的表面上。

2. 使右脚向后滑向大腿方向，这样右脚就平放在地面上，膝盖指向天花板。将左腿伸直，平放在地面上（a）。

3. 双手都向下伸，轻轻地抓住右大腿的后侧，使膝盖朝向胸部（b），直到感到一个柔和的张力为止，不能是疼痛的感觉。

4. 保持这个姿势 10~30 秒，然后慢慢地使腿恢复到开始时的姿势。

5. 用另一条腿重复这个动作。

6. 在两条腿之间轮换，每条腿进行 3~5 次。

温馨提示

- 当向胸部拉膝盖时呼气，然后放松后背。

增加难度

- 慢慢地增加保持的时间，以 30 秒为目标。
- 为了增加张力，慢慢地将腿伸起，轻轻地将腿拉向面部（c）。

安全注意事项

- 做热身运动至少 10 分钟，然后再开始做柔韧性运动。
- 在整个运动过程中调整呼吸。
- 使膝关节保持稳定，不能感到疼痛，或者发展到感到疼痛的地步。

增强下肢柔韧性的运动

站位小腿拉伸运动

a　　　　　　　　　　　　b

运动指令

1. 面向墙站立，距离墙一臂远多一点，双脚与肩同宽平放地面上。

2. 左腿向前迈一步，弯曲左膝盖。将手臂抬至肩膀高度手掌平放在墙面上，双手之间距离与两肩同宽（a）。

3. 使双脚平放在地面上，稍微弯曲右膝盖，直到右侧小腿肌肉感到一个柔和的张力时停止（b）。

4. 保持这个姿势 10～30 秒，然后慢慢地返回到开始时的姿势。

5. 用另一条腿重复这个动作。

6. 在两条腿之间轮换，每条腿重复 3～5 次。

温馨提示

- 确保双脚的脚尖都指向前方，脚后跟与脚尖在一条直线上。

增加难度

- 使前面的膝盖多弯曲一些，或者将后面的脚移得离墙远一点，从而增加张力。
- 慢慢地增加伸展动作的保持时间，目标是 30 秒。

安全注意事项

- 做热身运动至少 10 分钟，然后再开始做柔韧性运动。
- 避免膝关节和肘关节伸展过度或者锁止。
- 在整个运动过程中有意识地保持呼吸。

坐式背肌伸展

增强下肢柔韧性的运动

运动指令

1. 牢牢地坐在椅子的前端，椅子需摆放稳固且没有扶手。双脚平放在地面上，与两肩同宽。
2. 将双手放在大腿上。
3. 呼气时髋关节慢慢地向前弯曲，后背和脖子保持伸直。
4. 慢慢地放松后背，并低下下巴，然后慢慢地向前弯曲。
5. 将双手垂向后脚跟，或者感到张力的程度为止。保持这个姿势10～30秒。
6. 慢慢地吸气，挺直，使腹部的肌肉拉向脊柱。
7. 重复3～5次。

温馨提示

- 在挺直的过程中，慢慢地舒展脊椎的各个部分，从骨盆开始渐渐向上。

增加难度

- 慢慢地增加拉伸动作的幅度，直到够到地面为止。

安全注意事项

- 做热身活动至少10分钟，然后再开始做柔韧性运动。
- 为了减小腹部的压力，将两脚多分开些。
- 患有骨质疏松症的人不能进行这项运动。
- 不要使头太靠前，那样会造成晕眩。

增强下肢柔韧性的运动

髋关节拉伸

运动指令

1. 坐在椅子上,双脚张开与两肩同宽。将左腿与右腿交叠,这样左踝关节就落在右膝盖上。
2. 慢慢地将上身向前倾。
3. 保持这个姿势 10~30 秒,然后用另一条腿重复相同的动作。
4. 两条腿轮换,每条腿重复运动 3~5 次。

温馨提示

- 在伸展的时候呼气。

增加难度

- 将双手伸到上面的腿下,将腿和脚抬向胸部。
- 增加重复次数。

安全注意事项

- 做热身活动至少 10 分钟,然后再开始做柔韧性运动。
- 做过膝关节或髋关节置换术的人不能进行这项运动。
- 如果感到疼痛就不要做了。

肩部和上臂拉伸运动

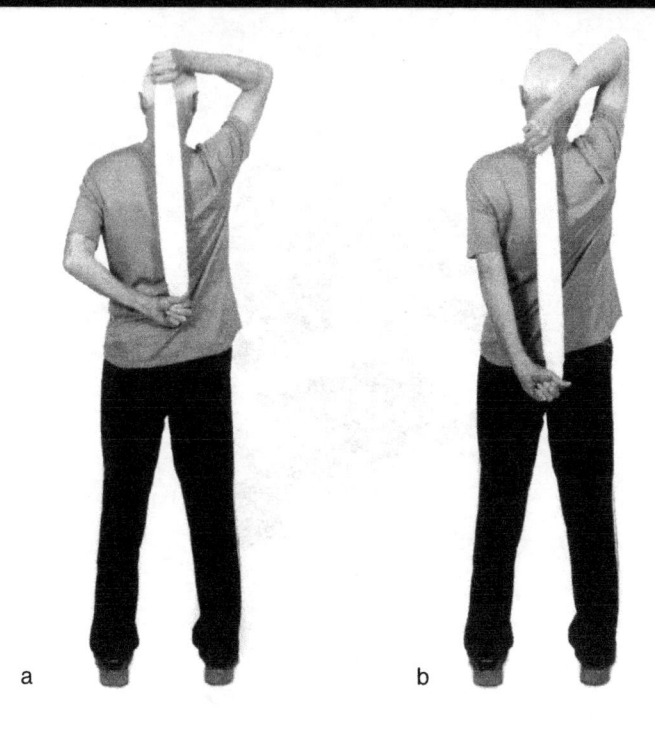

增强上肢柔韧性的运动

a　　　　　　　　b

运动指令

1. 保持站立姿势，双脚与两肩同宽。
2. 将毛巾的一端握在右手中。
3. 抬起并弯曲右臂，使毛巾从肩膀垂至腰部。使右臂保持手握毛巾的姿势。
4. 左手从下背向上伸手，抓住毛巾的另一端（a）。
5. 目的是拉伸你的右侧肩关节，那么用左手向下拉毛巾（b），直到感到一个比较舒服的张力但不是疼痛时停止。
6. 保持这个姿势 10~30 秒，然后放松。
7. 在两个手臂间轮换，每次重复做 3~5 次。

温馨提示

- 当向下拉毛巾做拉伸动作时，放松并呼气。
- 在整个运动过程中有意识地保持呼吸。

增加难度

- 拉伸幅度大点，保持时间长点。

安全注意事项

- 做热身活动至少 10 分钟，然后再开始做柔韧性运动。
- 颈部要放松。
- 如果感到疼痛就不要做了。
- 如果做过肩关节置换术，那么就不能进行这项运动。

增强上肢柔韧性的运动

胸部拉伸运动

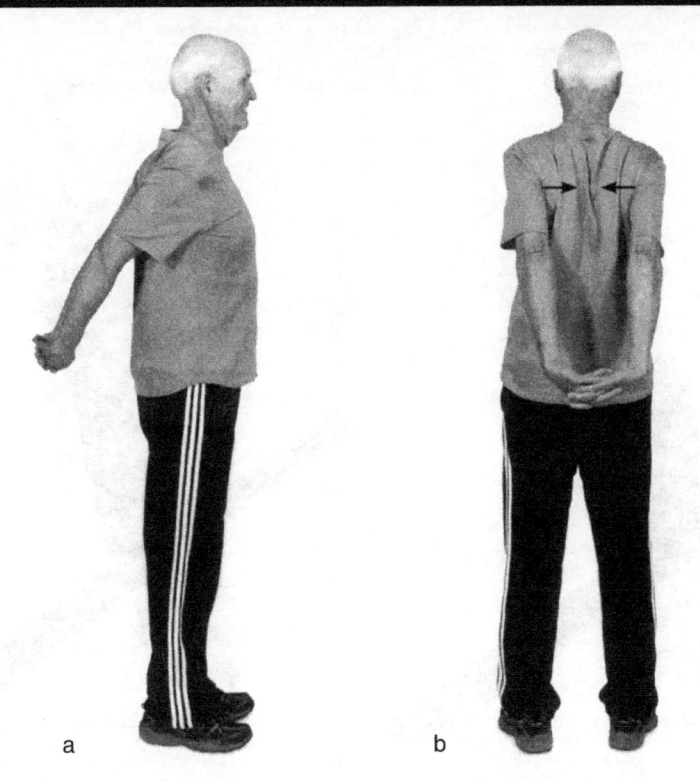

a b

运动指令

1. 保持站立姿势，使双脚与两肩同宽。在背后双手抓握。
2. 慢慢地将肩胛骨挤向一起（a、b），直到胸部、肩部和手臂感到一个柔和的张力为止。
3. 保持这个姿势 10~30 秒，然后放松。
4. 重复 3~5 次。

温馨提示

- 在整个锻炼过程中有意识地呼吸。
- 当返回原动作时，将肩膀轻轻地向下拉。
- 避免向前或者向后弯曲——使整个身体垂直。

增加难度

- 在将肩胛骨挤向一起时，慢慢地抬起手臂。
- 伸展得大一些，保持时间再长一些。

安全注意事项

- 做热身活动至少 10 分钟，然后再开始做柔韧性运动。
- 颈部放松。
- 如果感到疼痛就不要做了。

增强上肢柔韧性的运动

扶墙上肢拉伸运动

a

b

运动指令

1. 站立位，距墙一臂远多一点。双脚与两肩同宽。
2. 向前倾，将手掌放在墙上与肩膀同高的位置，手臂宽度与两肩同宽。
3. 保持后背挺直，慢慢地将手一步一步从下向上移（a），直到双臂高于头为止（b）。
4. 保持手臂高于头的位置 10~30 秒。
5. 慢慢地使双手复归原位，然后放松。
6. 重复伸展运动 3~5 次。

温馨提示

- 当向前倾时，双脚分开站立。

增加难度

- 站得离墙远一点，倾倒幅度大一些做伸展运动。

安全注意事项

- 做热身运动至少 10 分钟，然后再开始做柔韧性运动。
- 颈部放松。
- 穿耐磨防滑的鞋子。
- 如果感到疼痛就不要做了。

增强上肢柔韧性的运动

颈部和肩部拉伸运动

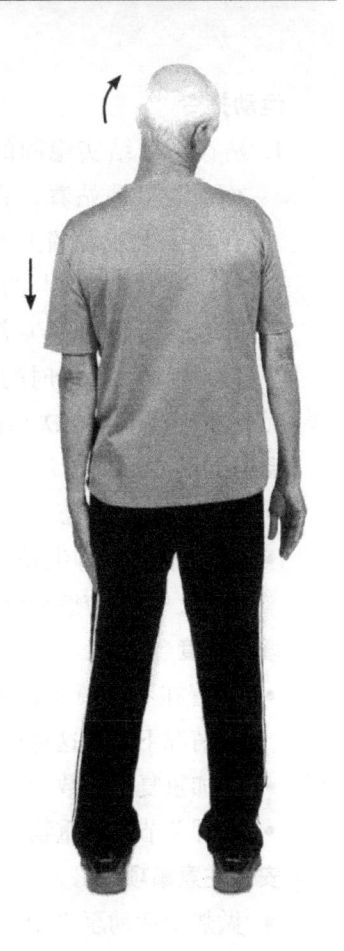

运动指令

1. 保持站立姿势，双脚与两肩同宽。双手在身体两侧自然垂下。
2. 轻轻地向下伸左臂，用手伸向地板方向，同时将头向右倾斜。
3. 保持这个姿势 10～30 秒，同时调整呼吸。
4. 重复这个动作，轻轻地将右臂伸向地板，然后将头向左倾。
5. 两侧轮换，每侧重复 3～5 次。

温馨提示

- 放松颈部，呼气时做拉伸运动。

安全注意事项

- 做热身运动至少 10 分钟，然后再开始做柔韧性练习。
- 如果感到疼痛就不要做了。
- 在拉伸运动过程中调整呼吸。

提踵

提高灵活性和动态平衡运动

运动指令

1. 站在一个结实稳固的椅子后面或者靠墙站着，将双手放在椅子上或者墙上增加稳定性。双脚开立，与两肩同宽。
2. 抬起脚后跟用脚尖着地，慢慢地返回到开始时的姿势。
3. 重复完成 8~12 次动作。

温馨提示

- 保持正确的姿态。
- 尽量抬高用脚尖站立，越高越好，但不应感到疼痛。

增加难度

- 试着在不扶椅子或者不扶墙的情况下进行这项运动。
- 增加重复的次数。
- 在踝关节增加重物。

安全注意事项

- 做热身活动至少 10 分钟，然后再开始做灵活性和平衡性运动。
- 使用结实稳固的椅子或者靠着墙，增加稳定性并降低跌倒风险。

第六章 老年人运动建议

提高灵活性和动态平衡运动

坐位仰卧起坐

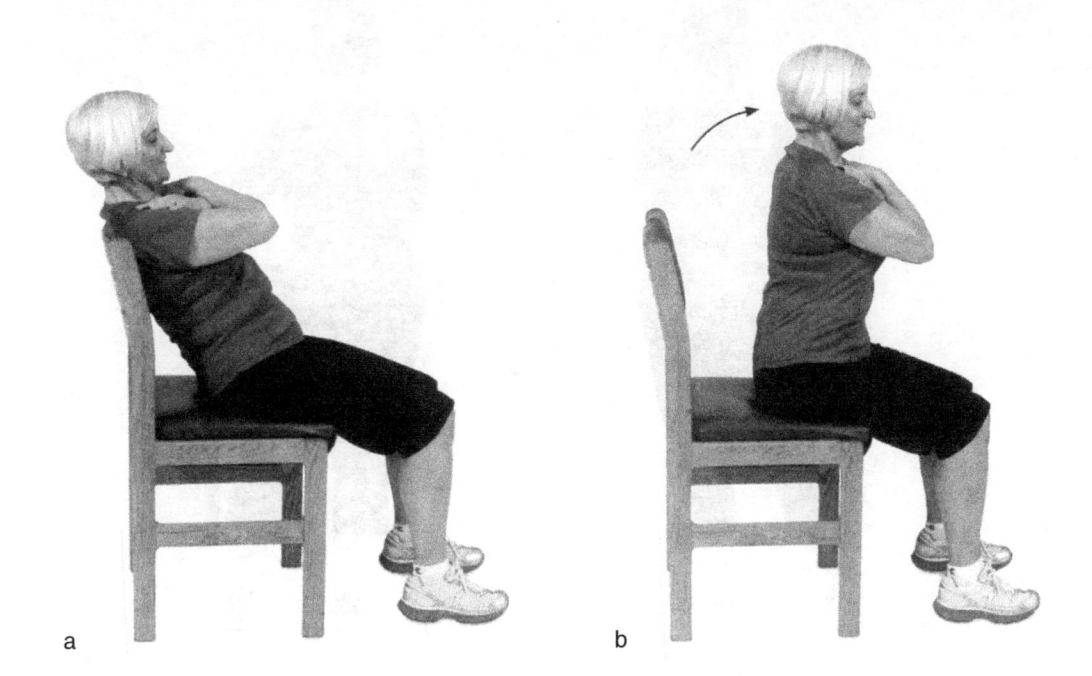

运动指令

1. 坐在椅子的前缘，椅子须稳固且没有扶手；将身体向后倒靠在椅子靠背上；将双手交叉放在胸前（a）。
2. 慢慢地向前移动髋关节，收紧腹部肌肉。
3. 达到坐位直立姿势时停顿（b），然后慢慢地返回到开始时的姿势。
4. 重复进行 5~10 次动作，慢慢地在可控状态下进行。

温馨提示

- 假装在你的肚脐那有一颗葡萄，在向前移动的过程中，挤压葡萄。
- 在向前移动时呼气，返回原始位置时吸气。

增加难度

- 增加重复的次数。
- 更加缓慢地进行这项运动。
- 将双手放在头后。

安全注意事项

- 做热身运动至少 10 分钟，然后再开始做灵活性和平衡性运动。
- 如果有腰痛症状，就不要进行这项运动。

135

重心转换运动

提高灵活性和动态平衡运动

a b

运动指令

1. 站在椅子前面或者其他支撑表面前面，例如厨房柜台，双脚分开，与两肩同宽。

2. 将双手放在支撑表面上来保持平衡。

3. 使右膝稍稍放松，从而将身体重心从左侧移到右侧，最后将整个身体重量放在右腿上（a）。

4. 注意当身体重量由右腿支撑时，右腿承重而左腿重量减少。

5. 保持这个姿势5秒，然后返回中心位置；反方向重复这个动作（b）。

6. 轮换两条腿，每条腿进行8次。

温馨提示

- 双眼直视前方的垂直物体。
- 在移动过程中，始终保持肩关节和髋关节在同一水平面上。

增加难度

- 增加重复的次数。
- 将不承重的脚抬离地面。
- 运动过程中闭上双眼（但是当感到将要失去平衡时一定要睁开双眼）。

安全注意事项

- 做热身活动至少10分钟，然后再开始做灵活性和平衡性运动。只有手扶着稳固的东西时才可以进行这项活动。
- 不要为难自己，勿超越自己的安全界限。

提高灵活性和动态平衡运动

走之字

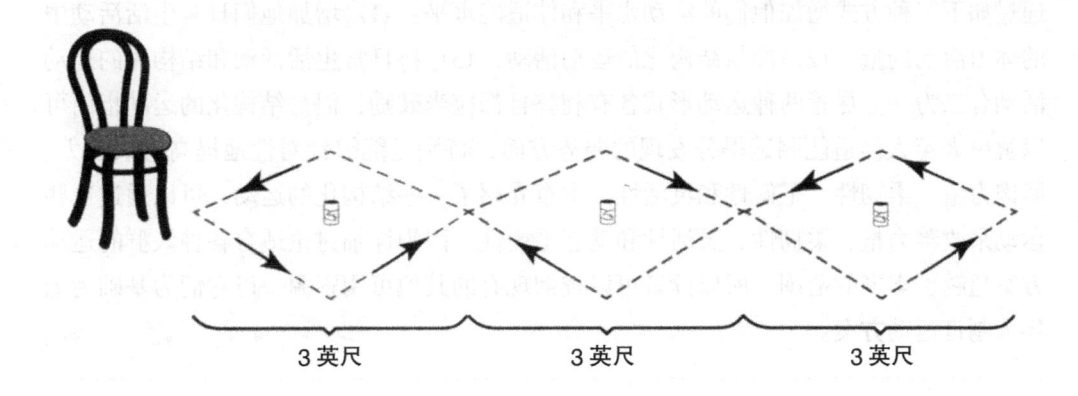

运动指令

1. 摆放4~6个标志物（例如，汤罐、杯子），相隔大约3英尺（0.9米），放在一条直线上。

2. 将结实的椅子放在直线的开头，标示起点。坐在椅子上准备开始训练。

3. 快速地从椅子上站起来，以左一次右一次的模式穿过（之字形绕过）标志物，走到场地的终点后返回，然后坐下并休息几秒。

4. 重复3~5次。

温馨提示

- 慢慢地开始，以安全的速度行进。

增加难度

- 增加速度、重复次数和标志物数量。

安全注意事项

- 做热身活动至少10分钟，然后再开始做灵活性和平衡性运动。
- 将结实的椅子放在起点。
- 穿耐磨、防滑的鞋子。
- 不要为难自己，勿超越自己的安全界限。

总　结

　　我们需要认识到这样一个事实：自己想做的运动才是最好的锻炼方式。客户可以通过如下三种方式增加他们的活动水平和体适能水平：(1) 增加他们日常生活活动中的体力活动的量；(2) 参与结构化的运动活动；(3) 将日常生活活动和结构化的运动活动合二为一。尽管两种运动形式各有利弊且都应当鼓励，但是结构化的运动指南可以解决老年人体适能测试得分发现的弱势方面，特别是能够针对性地提高有氧耐力、肌肉力量、柔韧性、平衡性和灵活性。本章介绍了一些结构化的运动，可以通过这些运动来改善力量、柔韧性、灵活性和动态平衡性。因为详细讨论适合各种人群的运动方案超越了本书的范围，所以读者可以查询现有的其他可用资源，以它们为基础为老年人制订运动方案。

附　录

附录 A

知情同意和责任承担

我们谨此邀请您参加测试，对自己的体适能状况进行评估。参加测试是完全自愿的行为。如果您同意参加，那么须按照要求开展一系列评估项目，籍以对您的行动能力、上肢和下肢力量、有氧耐力、柔韧性、灵活性和平衡性进行评估。评估涉及如下活动，例如行走、站立、提举、踏步和拉伸。参与这些活动可能面临的风险，与参与中等强度运动可能产生的风险相同，可能会产生肌肉疲劳和酸痛；扭伤及软组织损伤；骨骼损伤；眩晕和昏厥；心脏骤停危险；中风；甚至死亡。

如果存在下列任意情况，那么在没有医生书面许可的情况下，不得参与此系列测试：

1. 出于对您所患疾病的考虑，医生已经建议您不要进行锻炼。
2. 患有充血性心脏衰竭病史。
3. 目前正在经受关节痛、胸痛、晕眩或者在运动过程中有劳力性心绞痛（胸闷、压力、疼痛、沉重感）。
4. 不受控制的高血压（160/100 毫米汞柱或以上）。

在评估过程中会要求您在身体感到舒适的程度内进行活动，过犹不及，永远不要发展到感到过度劳累或者超越您的安全范围。如果您感到有什么不舒服或者出现任何症状，例如呼吸短促、晕眩、胸闷或胸痛、心律不齐、肢体麻木、失衡、恶心或视力模糊，应告知您的测试负责人。如果您在测试过程中意外受伤，除了基本的急救外，测试负责人无法为您提供治疗。请向您的医生寻求治疗，而治疗费用应由您本人或者您的保险公司支付。

任何时候，当您希望别人询问是否想终止时，您都可以终止测试。签署这个表格后，即表示您承认如下内容：

1. 我已经阅读本文全文，了解测试目标和我可能面临的身体风险。
2. 我同意在进行测试的过程中，监测自己的身体状况，并在感到不舒服或者出现任何不好的迹象时，立即停止测试并通知评估负责人。
3. 我对因参与测试而出现的身体伤害和死亡风险承担全部责任。如果我在测试过程中受伤或者生病，我理解我必须向自己的私人医生寻求帮助，而且我自己或者我的保险公司将承担相应的医疗费用。

  我在本文下方签字，即表明我有机会提问而且所有问题都得到了解答，而且我自愿参加此次的身体评估测试。

  签字：_____　　　日期：_____

  打印体签名：_____

附录 B
体检合格证明表

参与者姓名：_____

您的患者对一系列测试感兴趣，该系列测试将评估与功能行动能力（力量、耐力、柔韧性、平衡性和灵活性）相关的基本体适能参数。该测试系列在加州州立大学富尔顿分校以及其他地点开发完成，并已经通过科学验证。

所有测试项目均由受过培训的人员进行管理，而且所有医疗急救措施流程已部署到位。我们将要求参与者在他们感到舒服的范围内进行测试，不会让他们过度劳累或者超越他们的安全范围。我们已经告知技术人员，如果参与者出现任何症状如晕眩、疼痛、恶心或者过度疲劳，那么技术人员应立即停止测试。测试项目如下：

1. 30 秒坐站测试（在 30 秒时间内，完成从椅子上起来的次数）。
2. 30 秒手臂弯举测试（在 30 秒时间内，完成的手臂弯举次数；女性 5 磅重物；男性 8 磅重物）。
3. 2 分钟踏步测试（在 2 分钟时间内，完成的原地踏步次数）。
4. 6 分钟步行测试（在 6 分钟时间内，走过的码数——必要时参与者可以休息）。
5. 说明：可以在 2 分钟踏步测试和 6 分钟步行测试中二选一，不用两项都进行。
6. 椅式坐位体前屈测试（一个人可以向前伸手的距离，目标是够到自己的脚尖）。
7. 8 英尺起立行走测试（从椅子上起来，走 8 英尺然后返回到椅子所需的时间）。

如果您认为您的患者参与体适能测试不是个明智的选择，不论是出于医疗方面的考虑还是出于其他方面的考虑，那么请您在此表格上写明。您无须因完成表格内容而承担测试管理的责任。

如果您对体适能测试有任何问题，那么请拨打电话：_____

_____ 没有理由不让他/她参与该系列测试。

_____ 我相信我的患者可以参与，但是我提醒须谨慎行事，因为_____
_____
_____。

_____ 我的患者不能参与如下测试项目：_____
_____

_____ 我建议不要让我的患者参与该系列测试。

医生签字：_____　　日期：_____
医生签字打印体：_____　　电话号码：_____

附录 C

评估前参与者告知书

地点：＿＿＿＿＿＿＿＿＿＿＿＿＿＿＿＿＿＿＿＿＿＿＿＿＿＿＿＿＿＿＿

日期：＿＿＿＿＿＿＿＿＿＿＿＿＿＿＿　　时间：＿＿＿＿＿＿＿＿＿＿＿＿＿

尽管测试将对身体造成的风险微乎其微，但是下列提醒还是非常重要的，它们能够保证您在测试中的安全问题，而且能够帮助拿到最好的得分。

1. 在评估前 1 天或者 2 天，避免剧烈的体力活动。
2. 在测试前 24 小时，避免过度饮酒。
3. 在测试前 1 小时，吃些清淡的食物。
4. 穿轻便的衣服和鞋子，便于身体活动。
5. 戴帽子和太阳镜，便于在户外行走；别忘了带上老花镜（如果需要），填表格时可能用得上。
6. 如果需要的话，带上知情同意和责任承担表以及体检合格证明表。
7. 告知测试管理人员任何有可能影响您能力表现的疾病或用药情况。

作为测试的一部分，请在下述两项有氧测试中，勾选一项：

＿＿＿2 分钟踏步测试，看看您在 2 分钟时间，能够原地完成的踏步（行进）次数。

＿＿＿6 分钟步行测试，绕着一个平整的场地进行，看看您在 6 分钟时间内可以走过的距离。

在确定您可以参加测试不会有安全问题后（见知情同意和责任承担表），您应该在测试之前每天至少练习一次将要参与的测试项目——也就是说，为 2 分钟原地踏步（行进）测试或者 6 分钟步行测试计时。这样能帮助您确定步速，保证测试当天展现最佳状态。

附录 D

记分卡：老年人体适能测试

日期：					
姓名：	男：	女：	年龄：	身高：	体重：
测试项目	测试试验 1	测试试验 2	备注		
1. 30 秒坐站测试（30 秒时间内完成的次数）		不适用			
2. 30 秒手臂弯举测试（30 秒时间内完成的次数）		不适用			
3. 2 分钟踏步测试（踏步次数）或者 6 分钟步行测试（码数）		不适用			
4. 椅式坐位体前屈测试（最近的 1/2 英寸：+/−）			右或者左（将腿伸直）		
5. 背抓测试（最近的 1/2 英寸：+/−）			右或者左（从肩膀向下）		
6. 8 英尺起立行走测试（最近的 1/10 秒）					

记分卡：老年人体适能测试

日期：					
姓名：	男：	女：	年龄：	身高：	体重：
测试项目	测试试验 1	测试试验 2	备注		
1. 30 秒坐站测试（30 秒时间内完成的次数）		不适用			
2. 30 秒手臂弯举测试（30 秒时间内完成的次数）		不适用			
3. 2 分钟踏步测试（踏步次数）或者 6 分钟步行测试（码数）		不适用			
4. 椅式坐位体前屈测试（最近的 1/2 英寸：+/−）			右或者左（将腿伸直）		
5. 背抓测试（最近的 1/2 英寸：+/−）			右或者左（从肩膀向下）		
6. 8 英尺起立行走测试（最近的 1/10 秒）					

附录 E

事故上报表

受伤 / 生病日期：_____ 时间：_____ 上午：_____ 下午：_____
　　　　　　　　年月日：　　　　　　　　时分秒：

姓名：_____
地址：_____
城市：_____ 州：_____ 邮政编码：_____
性别：_____ 年龄：_____ 地区代码和电话号码：_____

检查受伤或生病的疑似病因：

_____ 跌倒　　_____ 曝晒过度　　_____ 过度屈曲　　_____ 钝挫伤
_____ 过度劳累　_____ 过度拉伸　　_____ 其他（请说明）_____

请详细说明受伤 / 疾病的性质（什么时候发生的，活动之前、过程中还是活动结束后？如何发生的?）：

_____
_____

检查受伤/发病的部位：

_____ 无　　_____ 胸 / 肋　_____ 手　　_____ 脖子 / 喉部　_____ 手腕　_____ 腹部
_____ 耳朵　_____ 头　　_____ 鼻子　_____ 踝关节　_____ 肘关节　_____ 肩关节 / 锁骨
_____ 手臂　_____ 脸　　_____ 膝盖　_____ 胃　　_____ 后背（上背）_____ 手指 / 大拇指
_____ 腿　　_____ 牙　　_____ 后背（腰）_____ 脚　　_____ 嘴　　_____ 脚趾头
_____ 其他（请说明）_____

检查迹象和/或特征：

_____ 磨损　　_____ 变色　　_____ 功能丧失　_____ 疼痛
_____ 视觉混乱　_____ 挫伤　　_____ 骨折　　　_____ 肺病变
_____ 休克　　_____ 伤口　　_____ 心脏病变　_____ 恶心 / 呕吐　_____ 扭伤 / 变形
_____ 脱臼　　_____ 内伤　　_____ 肢体麻木　_____ 肿胀　　_____ 其他（请说明）

_____

附 录

是什么原因导致受伤？_____
_____
_____

由谁引起的？_____
_____
_____

受伤的人是否送到医院了？_____是 _____否
受伤的人是否送到医生那里了？_____是 _____否
受伤的人交给了谁？ _____自己 _____亲属 其他（请说明）
_____
_____

填表人签字：_____ 日期：_____
目击者签字：_____ 日期：_____

145

附录 F

身体质量指数换算表

体重（磅）	身高																
	49	51	53	55	57	59	61	63	65	67	69	71	73	75	77	79	81	83
66	19	18	16	15	14	13	12	12	11	10	9	9	8	8	8	7	7	7
70	20	19	18	16	15	14	13	13	12	11	10	10	9	9	8	8	8	7
75	22	20	19	17	16	15	14	13	12	12	11	10	10	9	9	9	8	8
79	23	21	20	18	17	16	15	14	13	12	12	11	11	10	9	9	9	8
84	24	22	21	19	18	14	16	15	14	13	12	12	11	11	10	10	9	9
88	26	24	22	20	19	18	17	16	15	14	13	12	12	11	11	10	10	9
92	27	25	23	21	20	19	17	16	15	15	14	13	12	12	11	11	10	10
97	28	26	24	22	21	20	18	17	16	15	14	14	13	12	12	11	10	10
101	29	27	25	23	22	20	19	18	17	16	15	14	13	13	12	12	11	10
106	31	28	26	24	23	21	20	19	18	17	16	15	14	13	13	12	11	11
110	32	30	27	26	24	22	21	20	18	17	16	15	15	14	13	13	11	11
114	33	31	29	27	25	23	22	20	19	18	17	16	15	14	14	13	12	12
119	35	32	30	28	26	24	22	21	20	19	18	17	16	15	14	14	13	12
123	36	33	31	29	27	25	23	22	21	19	18	17	16	16	15	14	13	13
128	37	34	32	30	28	26	24	23	21	20	19	18	17	16	15	15	14	13
132	38	36	33	31	29	27	25	23	22	21	20	19	18	17	16	15	14	14
136	40	37	34	32	29	28	26	24	23	21	20	19	18	17	16	16	15	14
141	41	38	35	33	30	28	27	25	24	22	21	20	19	18	17	16	15	15
145	42	39	36	34	31	29	27	26	24	23	22	20	19	18	17	17	16	15
150	44	40	37	35	32	30	28	27	25	24	22	21	20	19	18	17	16	15
154	45	41	38	34	33	31	29	27	26	24	23	22	20	19	18	18	17	16
158	46	43	40	37	34	32	30	28	26	25	24	21	21	20	19	18	17	16
163	47	44	41	38	35	33	31	29	27	26	24	23	22	20	19	19	18	17
167	49	45	42	39	36	34	32	30	28	26	25	23	22	21	20	19	18	17
172	50	46	43	40	37	35	32	30	29	27	25	24	23	22	21	20	19	18
176	51	47	44	41	38	34	33	31	29	28	26	25	23	22	21	20	19	18
180	52	49	45	42	39	36	34	32	30	28	27	25	24	23	22	21	20	19
185	54	50	46	43	40	37	35	33	31	29	27	26	25	23	22	21	20	19
189	55	51	47	44	41	38	36	34	32	30	28	27	25	24	23	22	20	20
194	56	52	48	45	42	39	37	34	32	30	29	27	26	24	23	22	21	20
198	58	53	49	46	43	40	37	35	33	31	29	28	26	25	24	23	21	20
202	59	54	50	47	44	41	38	36	34	32	30	28	27	25	24	23	22	21
207	60	56	52	48	45	42	39	37	35	33	31	29	27	26	25	24	22	21
211	61	57	53	49	46	43	40	38	35	33	31	30	28	27	25	24	23	22
216	63	58	54	50	47	44	41	38	36	34	32	30	29	27	26	25	23	22
220	64	59	55	51	48	44	42	39	37	35	33	31	29	28	26	25	24	23
224	65	60	56	52	49	45	42	40	37	35	33	31	30	28	27	26	24	23
229	37	62	57	53	49	46	43	41	38	36	34	32	30	29	27	26	25	24
233	68	63	58	54	50	47	44	41	39	37	35	33	31	29	28	27	25	24
238	69	64	59	55	51	48	45	42	40	37	35	33	32	30	28	27	26	24
242	71	65	60	56	52	49	46	43	40	38	36	34	32	30	29	28	26	25
246	72	66	61	58	53	50	47	44	41	39	37	35	33	31	29	28	27	25

(续表)

体重（磅）	身 高																
	49	51	53	55	57	59	61	63	65	67	69	71	73	75	77	79	81	83
251	73	67	63	58	54	51	47	45	42	39	37	35	33	32	30	29	28	26
255	74	69	64	59	55	52	48	45	43	40	38	36	34	32	31	29	28	26
260	76	70	65	60	56	52	49	46	43	41	39	36	34	33	31	30	28	27
264	77	71	66	61	57	53	50	47	44	42	39	37	35	33	32	30	29	27
268	78	72	67	62	58	54	51	48	45	42	40	38	36	34	32	31	29	28
273	79	73	68	63	59	55	52	48	46	43	40	38	36	34	33	31	30	28
277	81	75	69	64	60	56	52	49	46	44	41	39	37	35	33	32	30	29
282	82	76	70	65	61	57	53	50	47	44	41	40	37	35	34	32	30	29
282	82	76	70	65	61	57	53	50	47	44	41	40	37	35	34	32	30	29

身体质量指数（BMI）是通过如下方式确定的：找到水平行中标明某人体重值与垂直列中标明某人身高值的交叉点。一般来讲，介于19~25之间的身体质量指数被视为健康范围。高于或者低于阴影区域可能预示着晚年疾病风险增加或者丧失行动能力（ACSM，2010; Losonczy et al.，1995; Rose & Janssen，2007）。

附录 G
站点张贴标识

循环站点

1. 30 秒坐站测试
2. 30 秒手臂弯举测试
3A. 身高和体重
3B. 2 分钟踏步测试 *
4. 椅式坐位体前屈测试
5. 背抓测试
6. 8 英尺起立行走测试

额外标识

6 分钟步行测试 *

过度劳累迹象

* 如果选用了 6 分钟步行测试作为有氧耐力测试项目,那么就忽略 2 分钟踏步测试。始终应在所有其他项目都进行完后再进行这项测试。

说明:所有测试准则都包括公制换算表。但是,如果用公制测量值,那么需要借助附录 O 中的换算因子,将运动能力得分图表换算成公制值。或者反过来,公制得分可以换算成英制单位,用于与评价标准和图表进行对比。

第 1 站

30 秒坐站测试

目的

评估下肢力量。

设备

直背椅子（座位高度 17 英寸或者 43 厘米）、秒表。

流程

- 让参与者坐在椅子的中间部分，双脚平放在地面上，双臂在胸前交叉。
- 听到"开始"口令后，让参与者起身形成完全站立的姿势，然后再恢复到完全坐姿状态。
- 让参与者热身进行一或两次站立，检查测试的正确姿态，进行一次测试。
- 得分为 30 秒时间内完成站立的次数。

第 2 站

30 秒手臂弯举测试

目的

评估上肢力量。

设备

没有扶手的直背或折叠椅、秒表、女性 5 磅（2.3 公斤）哑铃；男性 8 磅（3.6 公斤）哑铃。

流程

- 让参与者坐在有直背的椅子上（略向主控侧），双脚平放在地上。
- 参与者应将手握重物垂放身体两侧，与地板垂直，以横握姿势抓握重物。
- 让参与者重复练习一到两次手臂弯举动作进行热身，看看姿态是不是正确，进行一次测试试验。
- 听到"开始"口令后，让参与者完成整套运动动作，将重物推起，在 30 秒时间内完成的次数越多越好。在弯曲阶段，手掌应旋向上，然后在伸展时返回到横握姿势。在整个测试过程中，上臂必须保持不动。
- 得分为 30 秒时间内手臂弯举的总次数。

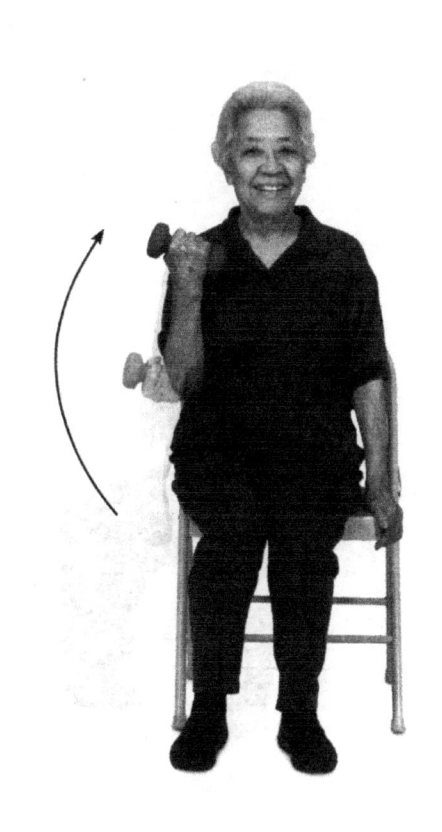

第 3A 站

身高和体重

目的

评估身体质量指数（BMI）。

设备

比例尺、60 英寸（150 厘米）卷尺、美纹纸胶带、直尺（或者其他平面物体，用以标记头顶位置）。

流程（身高）

- 将卷尺垂直贴到墙上，使零点恰好在地板上方 20 英寸（50 厘米）处。
- 让参与者背靠墙站着，后脑勺与卷尺成一条直线。
- 在参与者的头顶放一把直尺，使它向后延伸够到卷尺。
- 测试者的身高（英寸）就是卷尺上标记的英寸数再加上 20 英寸数（50 厘米）的和（从地板到卷尺零点之间的距离）。
- 如果测试者穿着鞋，要从测得的身高值中减去 0.5 或者 1 英寸（1~3 厘米）或者更多，具体减去多少要由你做出最佳判断。

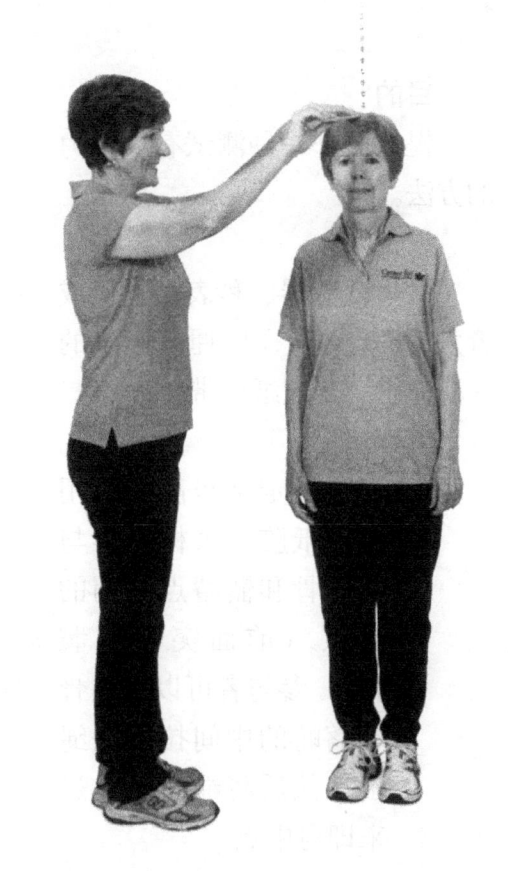

流程（体重）

- 让参与者将身上所有厚重的夹克或者毛衣脱下；但是鞋可以穿着。
- 测量参与者的体重，并取最近的磅数（或者千克数），减去鞋子的重量，1~2 磅（0.5~1 公斤）。

151

第3B站

2分钟踏步测试

目的

提供另外一种测试有氧耐力的方法。

设备

检尺计数器、秒表、卷尺或者大约30英寸（76厘米）长的一段绳子、美纹纸胶带。

流程

- 为了确定踏步高度，用美纹纸胶带来标记参与者髌骨和髂嵴点之间的中点（前面突出的髋骨），参与者可以从髌骨和髂嵴的中间拉一条绳子，然后将绳子折叠过来即得中点。
- 将美纹纸胶带移动到墙上或者过道中，以此作为指导，确定正确的踏步高度。
- 听到"开始"口令后，参与者开始原地踏步，两膝关节都得抬到正确的高度。
- 得分就是2分钟时间内完成的完整踏步次数（只计数右膝盖达到目标高度的次数）。

第4站

椅式坐位体前屈测试

目的

评估下肢（主要是腘绳肌）的柔韧性。

设备

座椅高度为17英寸（43厘米）的折叠椅，椅子不能向前倾倒，也不得向后滑（须靠墙放着），18英寸（45厘米）长的直尺（码尺的一半）。

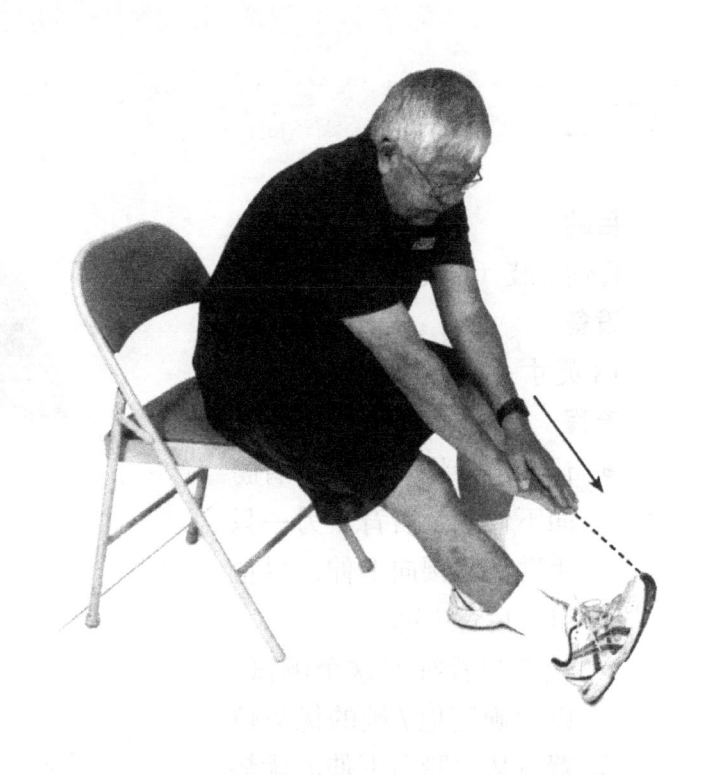

流程

- 让参与者坐在椅子的前缘。大腿根部的折叠处应与椅子座位的前边缘对齐。
- 将优势腿在臀部前方伸直，脚后跟平放在地板上，踝关节屈曲向上90°。另一条腿弯曲，稍偏向外侧，脚跟放在地板上（优势腿是在练习试验中得分高的那条腿）。
- 双手交叠中指对齐，让参与者从髋关节慢慢地向前倾，尽量用手够到或者将手伸过脚趾头。
- 让参与者进行两次练习，进行两次测试，记录得分到最近的0.5英寸（1厘米）。如果没有够到脚趾头的中点，将得分记为负数（–）；如果中指能够伸过脚趾头的中点，那么将距离得分计为正数（+）。
- 伸直腿的膝盖必须保持挺直。

第 5 站

背抓测试

目的

评估上肢（肩关节）柔韧性。

设备

18 英寸（45 厘米）直尺。

流程

- 让参与者将一只手从肩膀向下伸触及后背，另一只手臂从后腰向上伸，尽量触及后背中部。
- 让参与者练习这个测试，以便确定他/她的优势位置（从肩膀向下伸的优势手）。
- 进行两次练习作为热身运动，再进行 2 次测试，然后测量两手中指间的距离。
- 记录得分到最近的 0.5 英寸（1 厘米），负数（–）得分代表双手中指未能触及对方；正数（+）得分代表双手中指交叠。勾选最好的得分。

第6站

8 英尺起立行走测试

目的

评估灵活性和动态平衡性。

设备

座椅高度为 17 英寸（43 厘米）的折叠椅、秒表、卷尺、圆锥体（或者类似的标记物）。

流程

- 让参与者坐到椅子的中央，双手放在大腿上，一只脚稍微靠前一点，身体稍微向前倾。
- 听到"开始"口令后，让参与者从椅子上站起来，尽量快速地走，绕过 8 英尺远处的圆锥体（从圆锥体的最远边开始测量），然后返回来坐到椅子上。
- 计时者必须在听到"开始"口令之时按下秒表，并在参与者返回并落座在椅子上的一瞬间按停秒表。
- 练习一次，然后进行两次测试。得分为两次测试中成绩最好的一次，记录得分到最近的 1/10 秒。

6 分钟步行测试

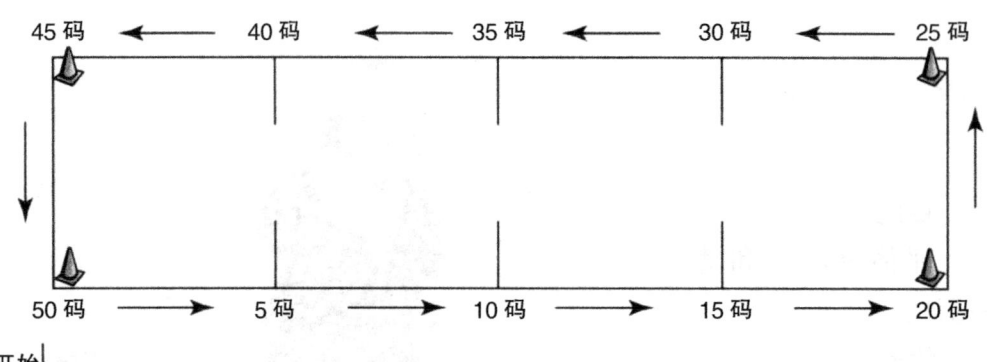

```
45 码  ←  40 码  ←  35 码  ←  30 码  ←  25 码
 ▲                                           ▲
 ▼                                           ▲
50 码  →  5 码   →  10 码  →  15 码  →  20 码
```
开始

目的

评估有氧耐力。

设备

长卷尺、2 个秒表、4 个圆锥体、美纹纸胶带、毡头标志物、冰棒棍或者索引卡和铅笔（用于记录走过的圈数）、为等候的以及需要休息的人准备的椅子、姓名标签。

设置

标出一个周长为 50 码的长方形区域（20 码 × 5 码），分成以 5 码（4.5 米）为单位的小单元。如果采用公制单位，那么这个区域可以是一个 50 米的长方形场地，由 5 米为单位。在这种情况下，得分将转换成码数，以便与本文中的老年人体适能测试标准进行对比。

流程

- 两人一组，为所有参与者分好小组，用姓名标签来标示合作伙伴号。
- 每个小组中的一名成员，在起始线前站好，准备测试。等候的成员记录圈数，既可以给测试的同伴发冰棒棍，每完成一圈发一根，又可以在卡片上记录圈数。
- 开始（和停止）时间应间隔 10 秒。听到"开始"口令后，参与者同时开始测试，以尽可能快的速度在场地内走，在 6 分钟时间界限内走过的距离越远越好（以身体感到舒服为前提）。
- 当 6 分钟结束时，让所有行走的参与者（同时）停下来，让他们站到一旁。得分为走过的圈数乘以 50 码（或者米），加上额外的码数或者米数（用最近的 5 码或者米标志物标示）。

过度劳累的迹象

下列内容是常见的生理现象，在过热或者过度劳累时会出现。出现下列情况时，应立即终止测试。

- 异常的疲倦或呼吸急促。
- 眩晕或头晕。
- 胸闷或胸口疼痛。
- 心律不齐。
- 任何类型的疼痛。
- 肢体麻木。
- 肌肉失控或失衡。
- 恶心或呕吐。
- 混乱或迷失方向。
- 视力模糊。

附录 H
各年龄组百分位数标准

- 30 秒坐站测试
- 30 秒手臂弯举测试
- 6 分钟步行测试
- 2 分钟踏步测试
- 椅式坐位体前屈测试
- 背抓测试
- 8 英尺起立行走测试

30秒坐站测试（女性）

百分位数排名	60~64岁	65~69岁	70~74岁	75~79岁	80~84岁	85~89岁	90~94岁
95	21	19	19	19	18	17	16
90	20	18	18	17	17	15	15
85	19	17	17	16	16	14	13
80	18	16	16	16	15	14	12
75	17	16	15	15	14	13	11
70	17	15	15	14	13	12	11
65	16	15	14	14	13	12	10
60	16	14	14	13	12	11	9
55	15	14	13	13	12	11	9
50	15	14	13	12	11	10	8
45	14	13	12	12	11	10	7
40	14	13	12	12	10	9	7
35	13	12	11	11	10	9	6
30	12	12	11	11	9	8	5
25	12	11	10	10	9	8	4
20	11	11	10	9	8	7	4
15	10	10	9	9	7	6	3
10	9	9	8	8	6	5	1
5	8	8	7	6	4	4	0

30秒坐站测试（男性）

百分位数排名	60~64岁	65~69岁	70~74岁	75~79岁	80~84岁	85~89岁	90~94岁
95	23	23	21	21	19	19	16
90	22	21	20	20	17	17	15
85	21	20	19	18	16	16	14
80	20	19	18	18	16	15	13
75	19	18	17	17	15	14	12
70	19	18	17	16	14	13	12
65	18	17	16	16	14	13	11
60	17	16	16	15	13	12	11
55	17	16	15	15	13	12	10
50	16	15	14	14	12	11	10
45	16	1	14	13	12	11	9
40	15	14	13	13	11	10	9
35	15	13	13	12	11	9	8
30	14	13	12	12	10	9	8
25	14	12	12	11	10	8	7
20	13	11	11	10	9	7	7
15	12	11	10	10	8	6	6
10	11	9	9	8	7	5	5
5	9	8	8	7	6	4	3

30秒手臂弯举测试（女性）

百分位数排名	60~64岁	65~69岁	70~74岁	75~79岁	80~84岁	85~89岁	90~94岁
95	24	22	22	21	20	18	17
90	22	21	20	20	18	17	16
85	21	20	19	19	17	16	15
80	20	19	18	18	16	15	14
75	19	18	17	17	16	15	13
70	18	17	17	16	15	14	13
65	18	17	16	16	15	14	12
60	17	16	16	15	14	13	12
55	17	16	15	15	14	13	11
50	16	15	14	14	13	12	11
45	16	15	14	13	12	12	10
40	15	14	13	13	12	11	10
35	14	14	13	12	11	11	9
30	14	13	12	12	11	10	9
25	13	12	12	11	10	10	8
20	12	12	11	10	10	9	8
15	11	11	10	9	9	8	7
10	10	10	9	8	8	7	6
5	9	8	8	7	6	6	5

30秒手臂弯举测试（男性）

百分位数排名	60~64岁	65~69岁	70~74岁	75~79岁	80~84岁	85~89岁	90~94岁
95	27	27	26	24	23	21	18
90	25	25	24	22	22	19	16
85	24	24	26	21	20	18	16
80	23	23	22	20	20	17	15
75	22	21	21	19	19	17	14
70	21	21	20	19	18	16	14
65	21	20	19	18	18	15	13
60	20	20	19	17	17	15	13
55	20	19	18	17	17	14	12
50	19	18	17	16	16	14	12
45	18	18	17	16	15	13	12
40	18	17	16	15	15	13	11
35	17	16	15	14	14	12	11
30	17	16	15	14	14	11	10
25	16	15	14	13	13	11	10
20	15	14	13	12	12	10	9
15	14	13	12	11	12	9	8
10	13	12	11	10	10	8	8
5	11	10	9	9	9	7	6

6分钟步行测试（女性）

百分位数排名	60~64岁	65~69岁	70~74岁	75~79岁	80~84岁	85~89岁	90~94岁
95	741	734	709	696	654	638	564
90	711	697	673	655	612	591	518
85	690	673	650	628	584	560	488
80	674	674	653	630	605	560	463
75	659	636	614	585	540	512	441
70	647	621	599	568	523	493	423
65	636	607	586	553	508	476	406
60	624	593	572	538	491	458	388
55	614	581	561	524	477	443	373
50	603	568	548	509	462	426	357
45	592	555	535	494	447	409	341
40	582	543	524	480	433	394	326
35	570	529	510	465	416	376	308
30	559	515	497	450	401	359	291
25	547	500	482	433	384	340	273
20	532	483	466	413	364	318	251
15	516	463	446	390	340	292	226
10	495	439	423	363	312	261	196
5	465	402	387	322	270	214	150

6分钟步行测试（男性）

百分位数排名	60~64岁	65~69岁	70~74岁	75~79岁	80~84岁	85~89岁	90~94岁
95	825	800	779	762	721	710	646
90	792	763	743	716	678	659	592
85	770	738	718	686	649	659	557
80	751	718	698	661	625	596	527
75	736	700	680	639	604	572	502
70	722	685	665	621	586	551	480
65	710	671	652	604	571	532	461
60	697	657	638	586	554	512	440
55	686	644	625	571	540	495	422
50	674	631	612	555	524	477	403
45	662	618	599	539	508	459	384
40	651	605	586	524	494	422	366
35	638	591	572	506	477	422	345
30	626	577	559	489	462	403	326
25	612	562	544	471	444	382	304
20	597	544	526	449	423	358	279
15	578	524	506	424	399	329	249
10	556	499	481	394	370	295	214
5	523	462	445	348	327	244	160

2分钟踏步测试（女性）

百分位数排名	60~64岁	65~69岁	70~74岁	75~79岁	80~84岁	85~89岁	90~94岁
95	130	133	125	123	113	106	92
90	122	123	116	115	104	98	85
85	116	117	110	109	99	93	80
80	111	112	105	104	94	88	76
75	107	107	101	100	90	85	72
70	103	104	97	96	87	81	69
65	100	100	94	93	84	79	66
60	97	96	90	90	81	76	63
55	94	93	87	87	78	73	61
50	91	90	84	84	75	70	58
45	88	87	81	81	72	67	55
40	85	84	78	78	69	64	53
35	82	80	74	75	66	61	50
30	79	76	71	72	63	59	47
25	75	73	67	68	60	55	44
20	71	68	63	64	56	52	40
15	66	63	58	59	51	47	36
10	60	57	52	53	46	42	31
5	52	47	43	45	37	39	24

2分钟踏步测试（男性）

百分位数排名	60~64岁	65~69岁	70~74岁	75~79岁	80~84岁	85~89岁	90~94岁
95	135	139	133	135	126	114	112
90	128	130	124	126	118	106	102
85	123	125	119	119	112	100	96
80	119	120	114	114	108	95	91
75	115	116	110	109	103	91	86
70	112	113	107	105	99	87	83
65	109	110	104	102	96	84	79
60	106	107	101	98	93	81	76
55	104	104	98	95	90	78	72
50	101	101	95	91	87	75	69
45	98	98	92	87	84	72	66
40	96	95	89	84	81	69	62
35	93	92	86	80	78	66	59
30	90	89	83	77	75	63	55
25	87	86	80	73	71	59	52
20	83	82	76	68	67	55	47
15	79	77	71	63	62	50	42
10	74	72	66	56	56	44	36
5	67	67	67	47	48	36	26

椅式坐位体前屈测试（女性）

百分位数排名	60~64 岁	65~69 岁	70~74 岁	75~79 岁	80~84 岁	85~89 岁	90~94 岁
95	8.7	7.9	7.5	7.4	6.6	6.0	4.9
90	7.2	6.6	6.1	6.1	5.2	4.6	3.4
85	6.3	5.7	5.2	5.2	4.3	3.7	2.5
80	5.5	5.0	4.5	4.4	3.6	3.0	1.7
75	4.8	4.4	3.9	3.7	3.0	2.4	1.0
70	4.2	3.9	3.3	3.2	2.4	1.8	0.4
65	3.7	3.4	2.8	2.7	1.9	1.3	−0.1
60	3.1	2.9	2.3	2.1	1.4	0.8	−0.7
55	2.6	2.5	1.9	1.7	1.0	0.4	−1.2
50	2.1	2.0	1.4	1.2	0.5	−0.1	−1.7
45	1.6	1.5	0.9	0.7	0.0	−0.6	−2.2
40	1.1	1.1	0.5	0.2	−0.4	−1.0	−2.7
35	0.5	0.6	0.0	−0.3	−0.9	−1.5	−3.3
30	0.0	0.1	−0.5	−0.8	−1.4	−2.0	−3.8
25	−0.6	−0.4	−1.1	−1.3	−2.0	−2.6	−4.4
20	−1.3	−1.0	−1.7	−2.0	−2.6	−3.2	−5.1
15	−2.1	−1.7	−2.4	−2.8	−3.3	−3.9	−5.9
10	−3.0	−2.6	−3.3	−3.7	−4.2	−4.8	−6.8
5	−4.0	−3.9	−4.7	−5.0	−5.0	−6.3	−7.9

椅式坐位体前屈测试（男性）

百分位数排名	60~64 岁	65~69 岁	70~74 岁	75~79 岁	80~84 岁	85~89 岁	90~94 岁
95	8.5	7.5	7.5	6.6	6.2	4.5	3.5
90	6.7	5.9	5.8	4.9	4.4	3.0	1.9
85	5.6	4.8	4.7	3.8	3.2	2.0	0.9
80	4.6	3.9	3.8	2.8	2.2	1.1	0.0
75	3.8	3.1	3.0	2.0	1.4	0.4	−0.7
70	3.1	2.4	2.4	1.3	0.6	−0.2	−1.4
65	2.5	1.8	1.8	0.7	0.0	−0.8	−1.9
60	1.8	1.1	1.1	0.1	−0.8	−1.3	−2.5
55	1.2	0.6	0.6	−0.5	−1.4	−1.9	−3.0
50	0.6	0.0	0.0	−1.1	−2.0	−2.4	−3.6
45	0.0	−0.6	−0.6	−1.7	−2.6	−2.9	−4.2
40	−0.6	−1.1	−1.2	−2.3	−3.2	−3.5	−4.7
35	−1.3	−1.8	−1.8	−2.9	−4.0	−4.0	−5.3
30	−1.9	−2.4	−2.4	−3.5	−4.6	−4.6	−5.8
25	−2.6	−3.1	−3.1	−4.2	−5.3	−5.2	−6.5
20	−3.4	−3.9	−3.9	−5.0	−6.2	−5.9	−7.2
15	−4.4	−4.8	−4.8	−6.0	−7.2	−6.8	−8.1
10	−5.5	−5.9	−5.9	−7.1	−8.4	−7.8	−9.1
5	−7.3	−7.5	−7.6	−8.8	−10.2	−9.3	−10.7

背抓测试（女性）

百分位数排名	60~64 岁	65~69 岁	70~74 岁	75~79 岁	80~84 岁	85~89 岁	90~94 岁
95	5.0	4.9	4.5	4.5	4.3	3.5	3.9
90	3.8	3.5	3.2	3.1	2.8	1.9	2.2
85	2.9	2.6	2.3	2.2	1.8	0.8	0.9
80	2.2	1.9	1.5	1.3	0.9	−0.1	−0.1
75	1.6	1.3	0.8	0.6	0.2	−0.9	−1.0
70	1.1	7.0	0.3	0.0	−0.4	−1.6	−1.8
65	0.7	0.2	−0.2	−0.5	−1.0	−2.1	−2.5
60	0.2	−0.3	−0.8	−1.1	−1.6	−2.8	−3.2
55	−0.2	−0.7	−1.2	−1.6	−2.1	−3.3	−3.8
50	−0.7	−1.2	−1.7	−2.1	−2.6	−3.9	−4.5
45	−1.2	−1.7	−2.2	−2.6	−3.2	−4.5	−5.2
40	−1.6	−2.1	−2.6	−3.1	−3.7	−5.0	−5.8
35	−2.1	−2.6	−3.2	−3.7	−4.2	−5.7	−6.5
30	−2.5	−3.1	−3.7	−4.2	−4.8	−6.2	−7.2
25	−3.0	−3.7	−4.2	−4.8	−5.4	−6.9	−8.0
20	−3.6	−4.3	−4.9	−5.5	−6.1	−7.7	−8.9
15	−4.3	−5.0	−5.7	−6.4	−7.0	−8.6	−9.9
10	−5.2	−5.9	−6.6	−7.3	−8.0	−9.7	−11.2
5	−6.4	−7.3	−7.9	−8.8	−9.5	−11.3	−13.0

背抓测试（男性）

百分位数排名	60~64 岁	65~69 岁	70~74 岁	75~79 岁	80~84 岁	85~89 岁	90~94 岁
95	4.5	3.9	3.5	2.8	3.2	1.7	0.7
90	2.7	2.2	1.8	0.9	1.2	−0.1	−1.1
85	1.6	1.0	0.6	−0.3	−0.1	−1.2	−2.2
80	0.6	0.0	−0.4	−1.3	−1.2	−2.2	−3.2
75	−0.2	−0.8	−1.2	−2.2	−2.1	−3.0	−4.0
70	−0.9	−1.6	−2.0	−2.9	−2.9	−3.7	−4.7
65	−1.5	−2.2	−2.6	−3.6	−3.6	−4.3	−5.3
60	−2.2	−2.9	−3.3	−4.3	−4.3	−5.0	−6.0
55	−2.8	−3.5	−3.9	−4.9	−5.0	−5.6	−6.6
50	−3.4	−4.1	−4.5	−5.6	−5.7	−6.2	−7.2
45	−4.0	−4.7	−5.1	−6.3	−6.4	−6.8	−7.8
40	−4.6	−5.3	−5.7	−6.9	−7.1	−7.4	−8.4
35	−5.3	−6.0	−6.4	−7.6	−7.8	−8.1	−9.1
30	−5.9	−6.6	−7.0	−8.3	−8.5	−8.7	−9.7
25	−6.6	−7.4	−7.8	−9.0	−9.3	−9.4	−10.4
20	−7.4	−8.2	−8.6	−9.9	−10.2	−10.2	−11.2
15	−8.4	−9.2	−9.6	−10.9	−11.3	−11.2	−13.3
10	−9.5	−10.4	−10.8	−12.1	−12.6	−12.3	−13.3
5	−11.3	−12.1	−12.5	−14.0	−14.6	−14.1	−15.1

8英尺起立行走测试（女性）

百分位数排名	60~64岁	65~69岁	70~74岁	75~79岁	80~84岁	85~89岁	90~94岁
95	3.2	3.6	3.8	4.0	4.0	4.5	5.0
90	3.7	4.1	4.0	4.3	4.4	4.7	5.3
85	4.0	4.4	4.3	4.6	4.9	5.3	6.1
80	4.2	4.6	4.7	5.0	5.4	5.8	6.7
75	4.4	4.8	4.9	5.2	5.7	6.2	7.3
70	4.6	5.0	5.2	5.5	6.1	6.6	7.7
65	4.7	5.1	5.4	5.7	6.3	6.9	8.2
60	4.9	5.3	5.6	5.9	6.7	7.3	8.6
55	5.0	5.4	5.8	6.1	6.9	7.6	9.0
50	5.2	5.6	6.0	6.3	7.2	7.9	9.4
45	5.4	5.8	6.2	6.5	7.5	8.2	9.8
40	5.5	5.9	6.4	6.7	7.8	8.5	10.2
35	5.7	6.1	6.6	6.9	8.1	8.9	10.6
30	5.8	6.2	6.8	7.1	8.3	9.2	11.1
25	6.0	6.4	7.1	7.4	8.7	9.6	11.5
20	6.2	6.6	7.3	7.6	9.0	10.0	12.1
15	6.4	6.8	7.7	8.0	9.5	10.5	12.7
10	6.7	7.1	8.0	8.3	10.0	11.1	13.5
5	7.2	7.6	8.6	8.9	10.8	12.0	14.6

8英尺起立行走测试（男性）

百分位数排名	60~64岁	65~69岁	70~74岁	75~79岁	80~84岁	85~89岁	90~94岁
95	3.0	3.1	3.2	3.3	4.0	4.0	4.3
90	3.0	3.6	3.6	3.5	4.1	4.3	4.5
85	3.3	3.9	3.9	3.9	4.5	4.5	5.1
80	3.6	4.1	4.2	4.3	4.9	5.0	5.7
75	3.8	4.3	4.4	4.6	5.2	5.5	6.2
70	4.0	4.5	4.6	4.9	5.5	5.8	6.6
65	4.2	4.6	4.8	5.2	5.7	6.2	7.0
60	4.4	4.8	5.0	5.4	6.0	6.5	7.4
55	4.5	4.9	5.1	5.7	6.2	6.9	7.7
50	4.7	5.1	5.3	5.9	6.4	7.2	8.1
45	4.9	5.3	5.5	6.1	6.6	7.5	8.5
40	5.0	5.4	5.6	6.4	6.9	7.9	8.8
35	5.2	5.6	5.8	6.6	7.1	8.2	9.2
30	5.4	5.7	6.0	6.9	7.3	8.6	9.6
25	5.6	5.9	6.2	7.2	7.6	8.9	10.0
20	5.8	6.1	6.4	7.5	7.9	9.4	10.5
15	6.1	6.3	6.7	7.9	8.3	9.9	11.1
10	6.4	6.6	7.0	8.3	8.7	10.5	11.8
5	6.8	7.1	7.4	9.0	9.4	11.5	12.9

附录 I

个人资料表

姓名：_____　　测试日期：_____

年龄：_____　　男性：_____　　女性：_____

测试项目	得分	百分位数分类* 低于平均值 第25个百分位数	正常范围	高于平均值 第75个百分位数	是否满足体适能标准？是/否	意见
30秒坐站测试（站立次数）		—	—	—	—	
30秒手臂弯举测试（重复次数）		—	—	—	—	
2分钟踏步测试（踏步次数）或者6分钟步行测试（码数）		—	—	—	—	
椅式坐位体前屈测试（英寸数+/−）		—	—	—	—	
背抓测试（英寸数+/−）		—	—	—	—	
8英尺起立行走测试（秒数）		—	—	—	—	
身体质量指数（见身体质量指数图表）	身高__英寸 体重__磅	身体质量指数：____	≤18 体重过轻，表明可能存在肌肉或者骨质损失 19~25 健康的范围 ≥26 超重，可能会使残障或者疾病风险增加			

*可以根据表5.3、表5.4和表5.5以及老年人体适能测试运动能力得分图表（参见图5.2、图5.3）来确定百分位数评级分类和效标参照的体适能标准。

附录 J

运动能力得分图表

- 30 秒坐站测试
- 30 秒手臂弯举测试
- 6 分钟步行测试
- 2 分钟踏步测试
- 椅式坐位体前屈测试
- 背抓测试
- 8 英尺起立行走测试

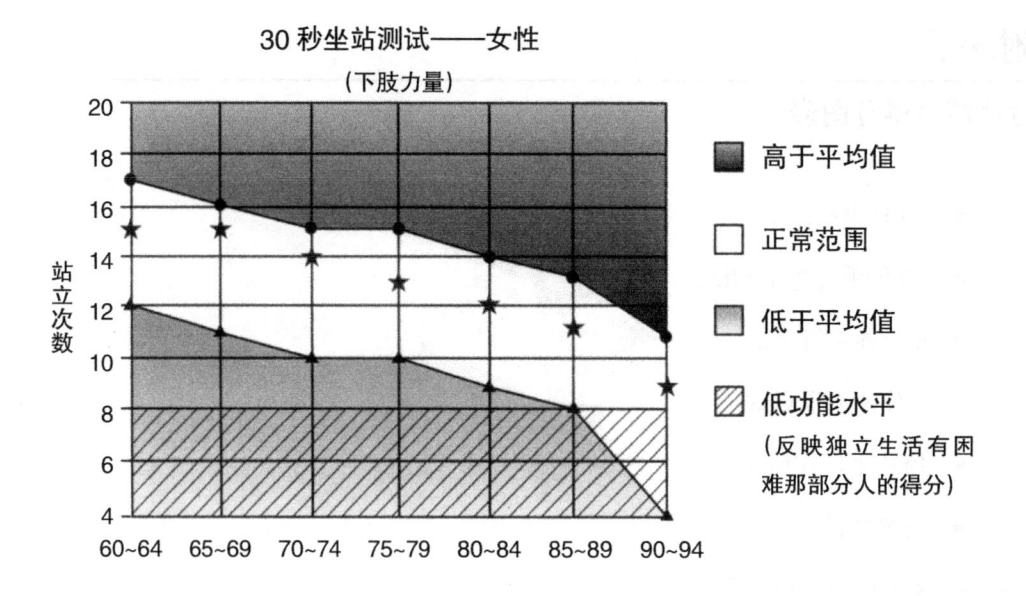

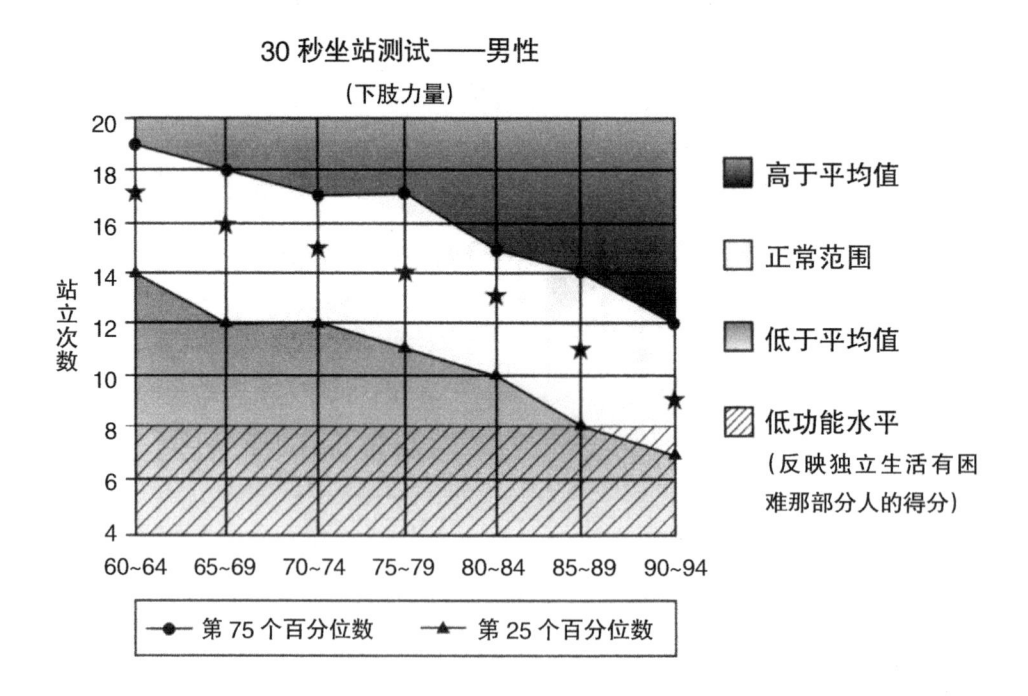

★ 功能性体适能标准（效标参照得分，与人进入晚年后保持行动能力和身体独立自理息息相关，不考虑伴随年龄出现的身体体适能下降情形）。

30秒手臂弯举测试——女性
（上肢力量）

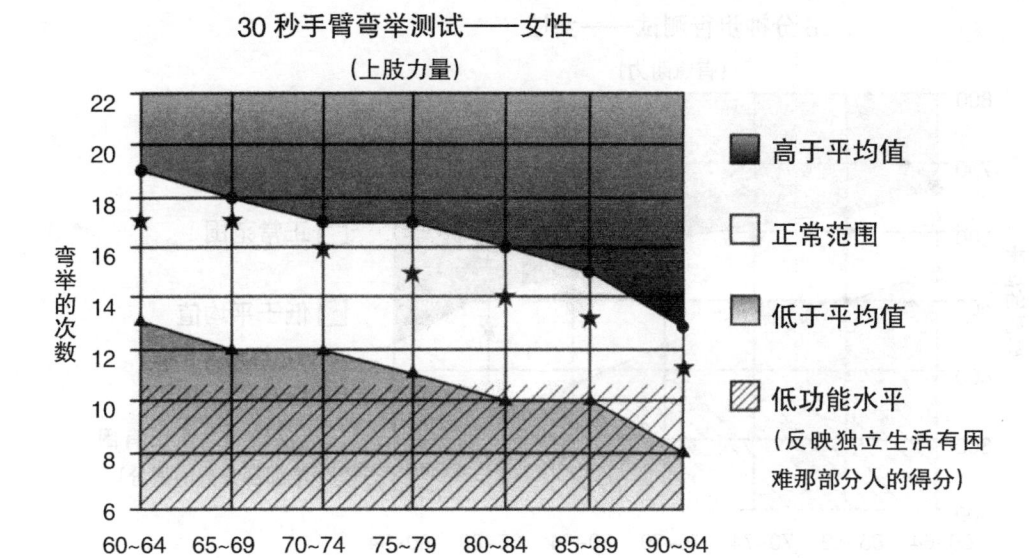

30秒手臂弯举测试——男性
（上肢力量）

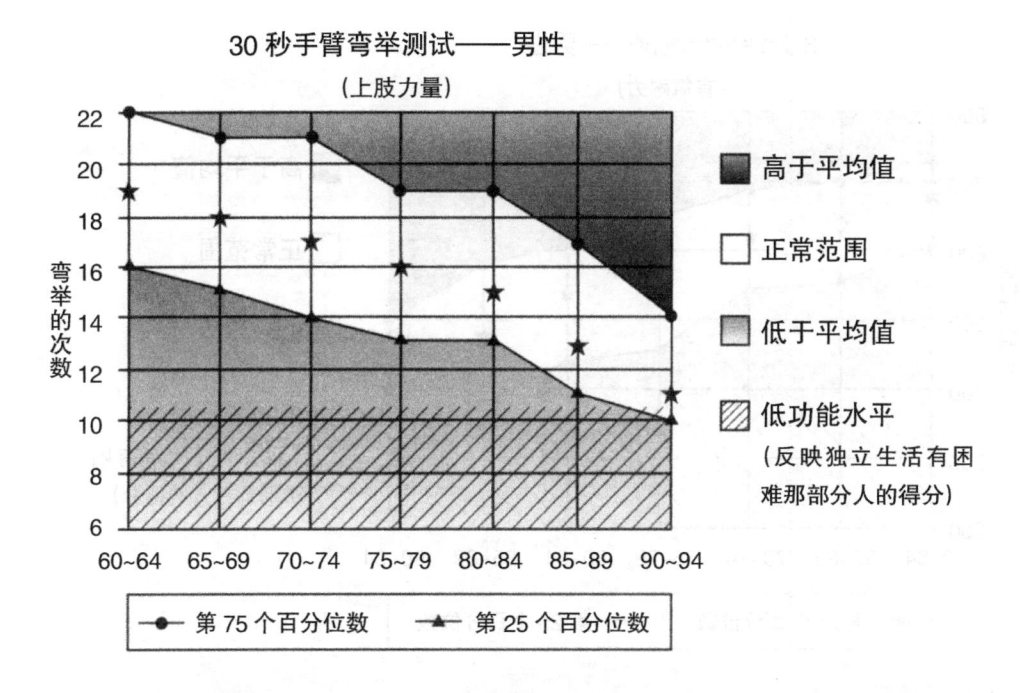

— ● — 第75个百分位数　— ▲ — 第25个百分位数

★ 功能性体适能标准（效标参照得分，与人进入晚年后保持行动能力和身体独立自理息息相关，不考虑伴随年龄出现的身体体适能下降情形）。

169

6分钟步行测试——女性
（有氧耐力）

6分钟步行测试——男性
（有氧耐力）

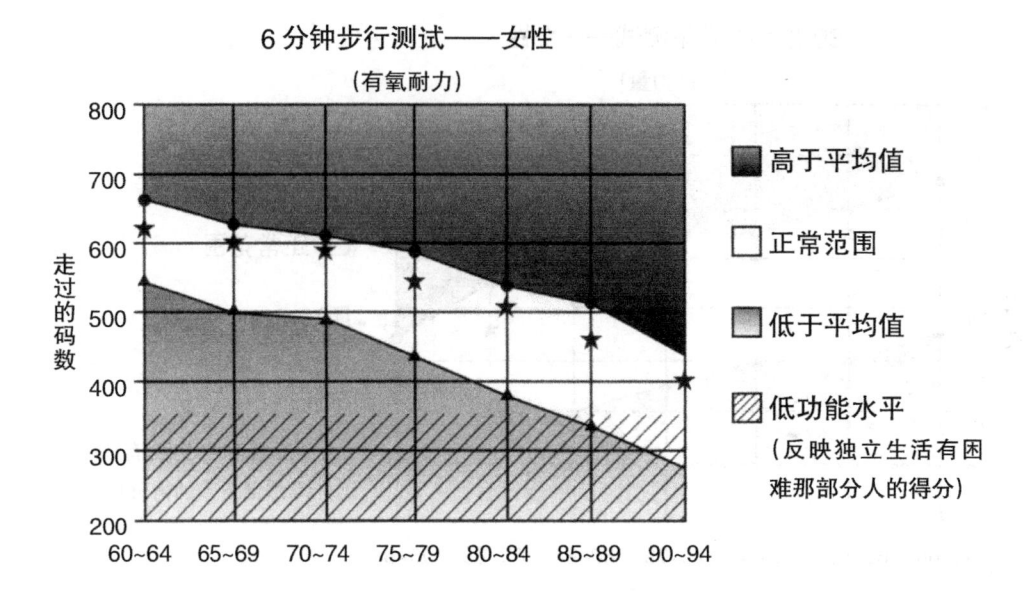

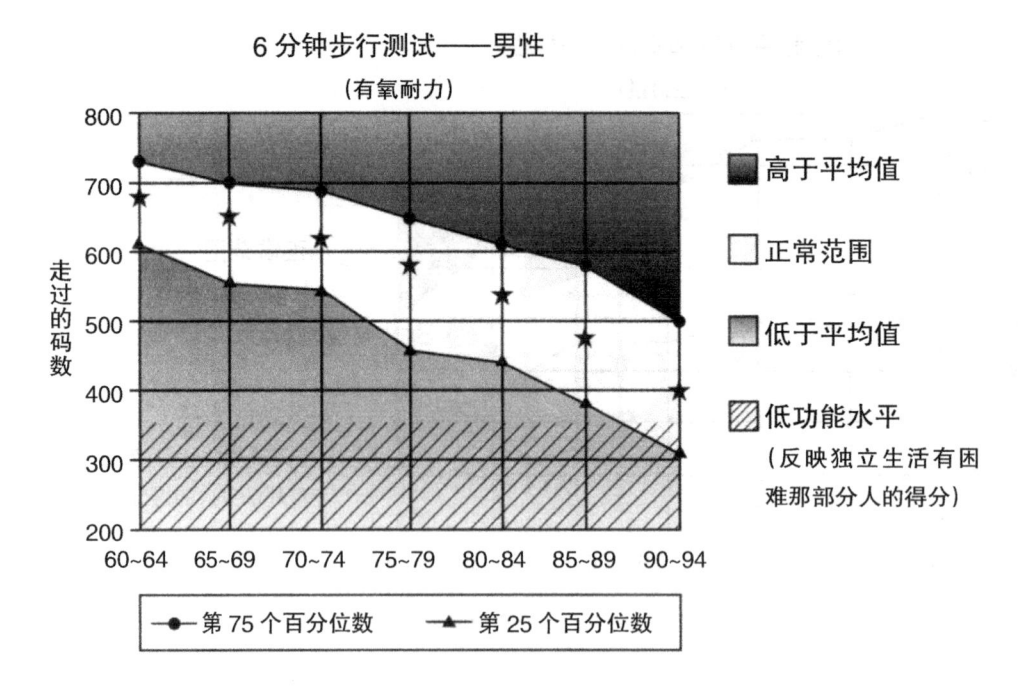

★ 功能性体适能标准（效标参照得分，与人进入晚年后保持行动能力和身体独立自理息息相关，不考虑伴随年龄出现的身体体适能下降情形）。

附 录

2 分钟踏步测试——女性
（有氧耐力）

■ 高于平均值
□ 正常范围
▨ 低于平均值
▨ 低功能水平
（反映独立生活有困难那部分人的得分）

2 分钟踏步测试——男性
（有氧耐力）

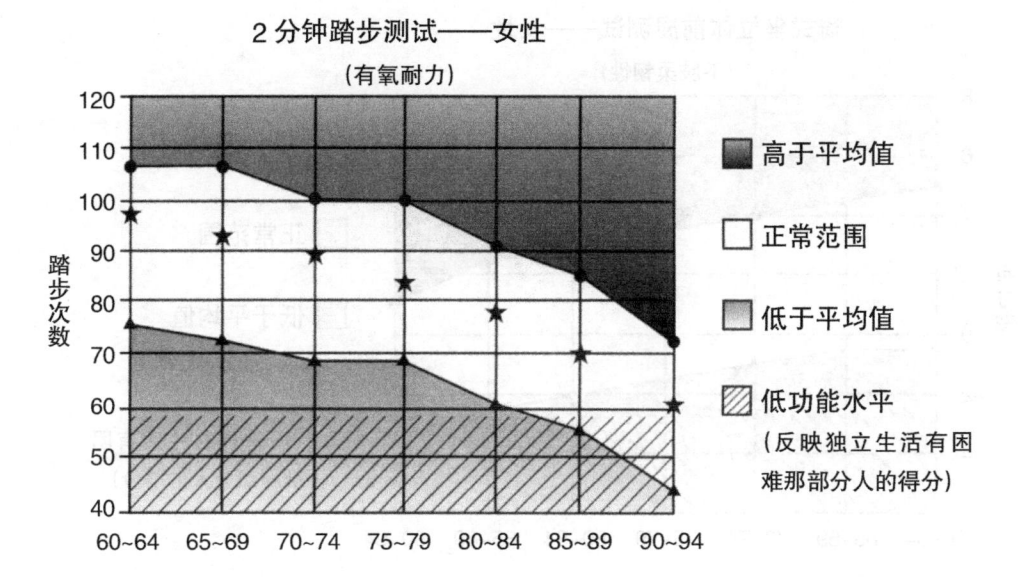

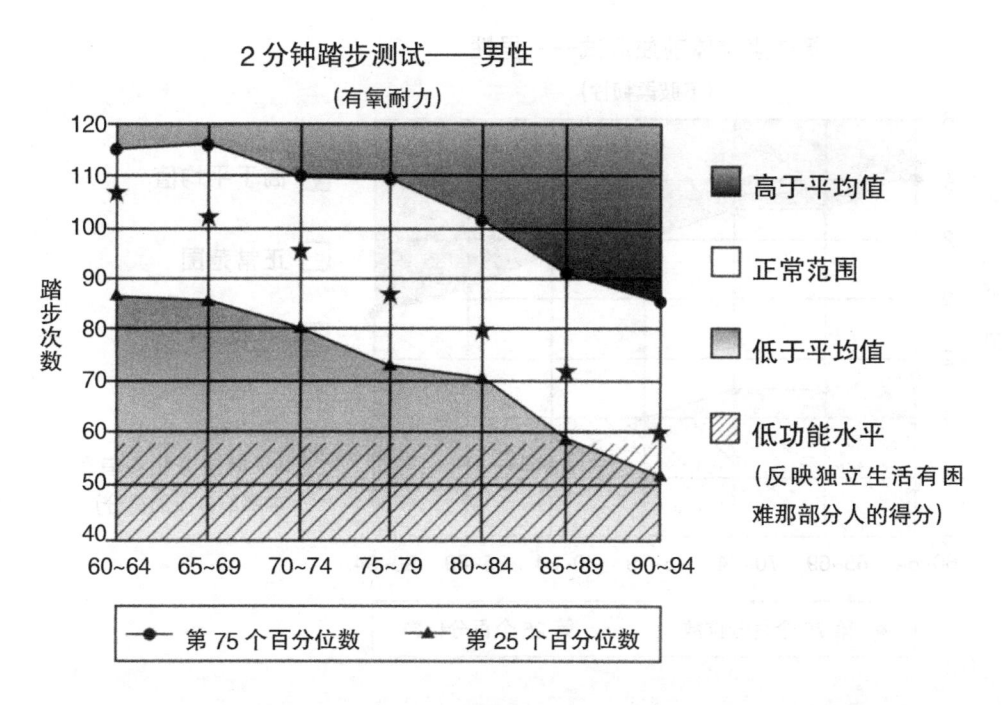

■ 高于平均值
□ 正常范围
▨ 低于平均值
▨ 低功能水平
（反映独立生活有困难那部分人的得分）

—●— 第 75 个百分位数   —▲— 第 25 个百分位数

★ 功能性体适能标准（效标参照得分，与人进入晚年后保持行动能力和身体独立自理息息相关，不考虑伴随年龄出现的身体体适能下降情形）。

171

椅式坐位体前屈测试——女性
（下肢柔韧性）

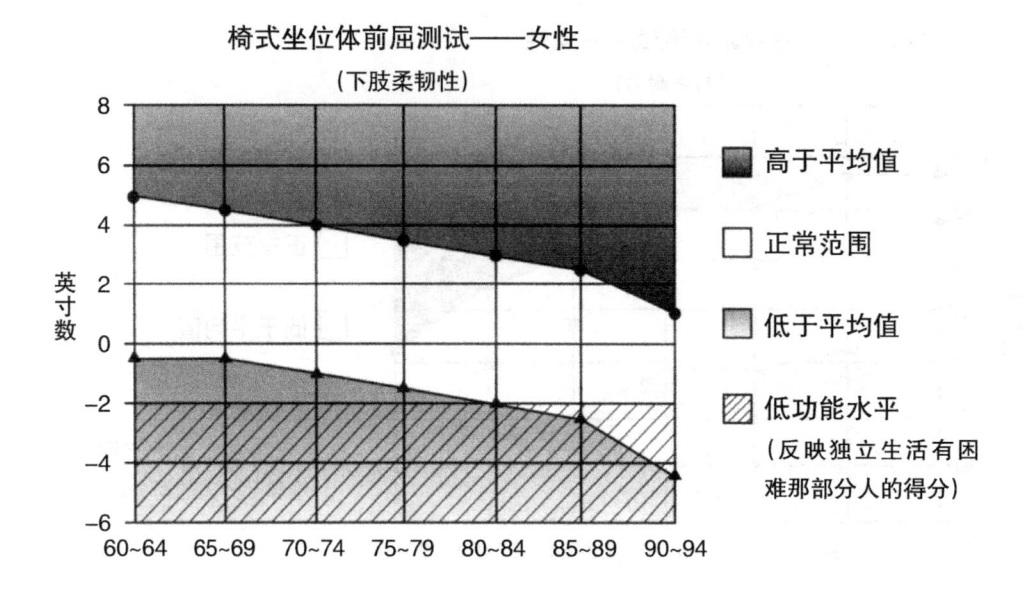

■ 高于平均值
□ 正常范围
▨ 低于平均值
▨ 低功能水平
（反映独立生活有困难那部分人的得分）

椅式坐位体前屈测试——男性
（下肢柔韧性）

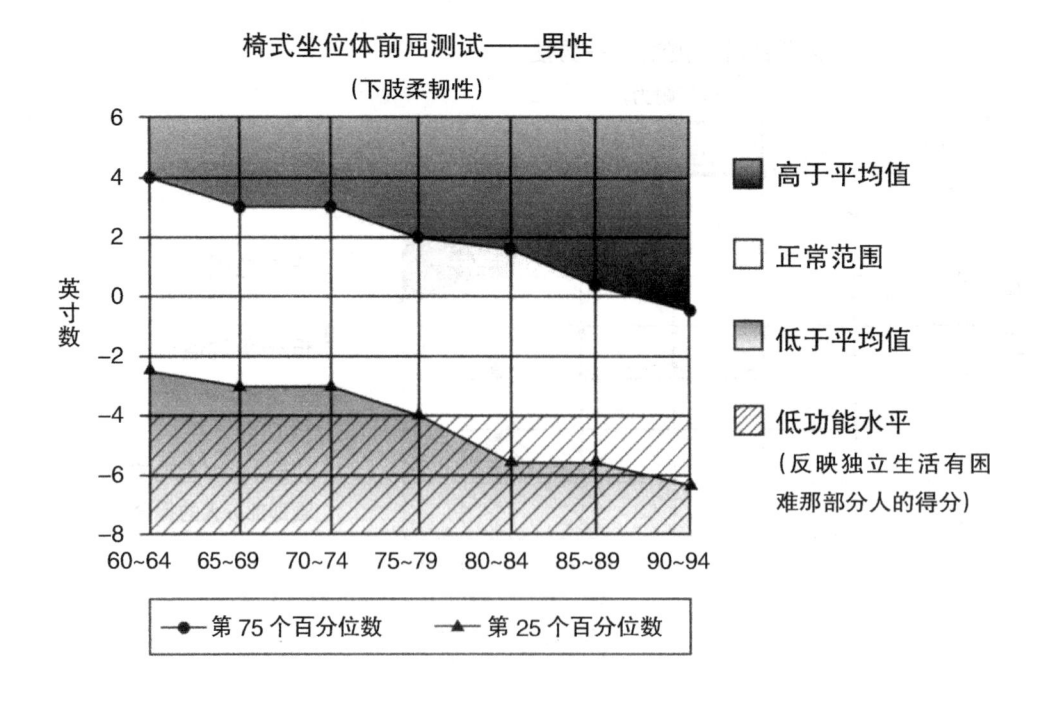

■ 高于平均值
□ 正常范围
▨ 低于平均值
▨ 低功能水平
（反映独立生活有困难那部分人的得分）

─●─ 第 75 个百分位数　　─▲─ 第 25 个百分位数

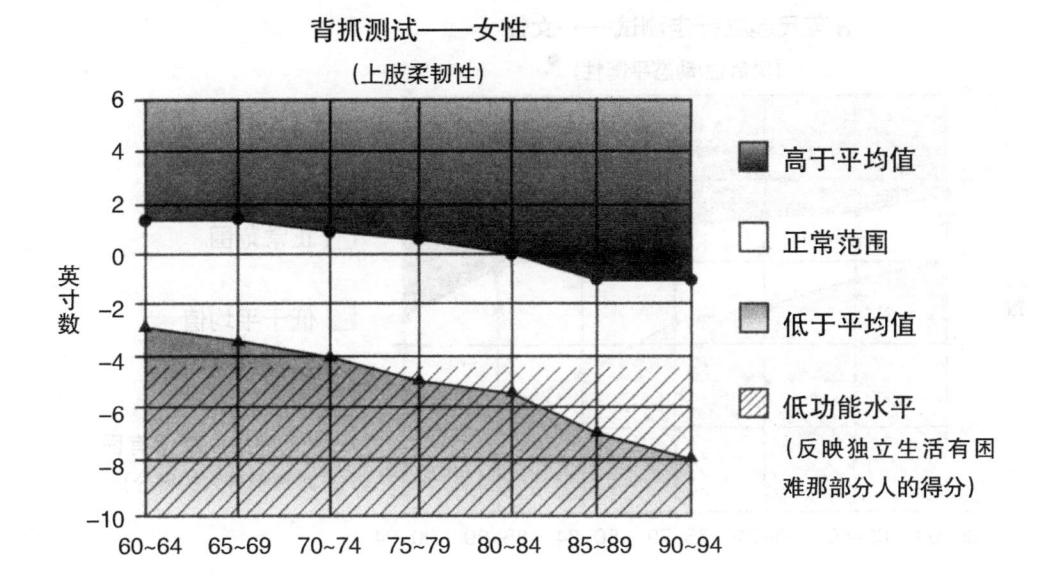

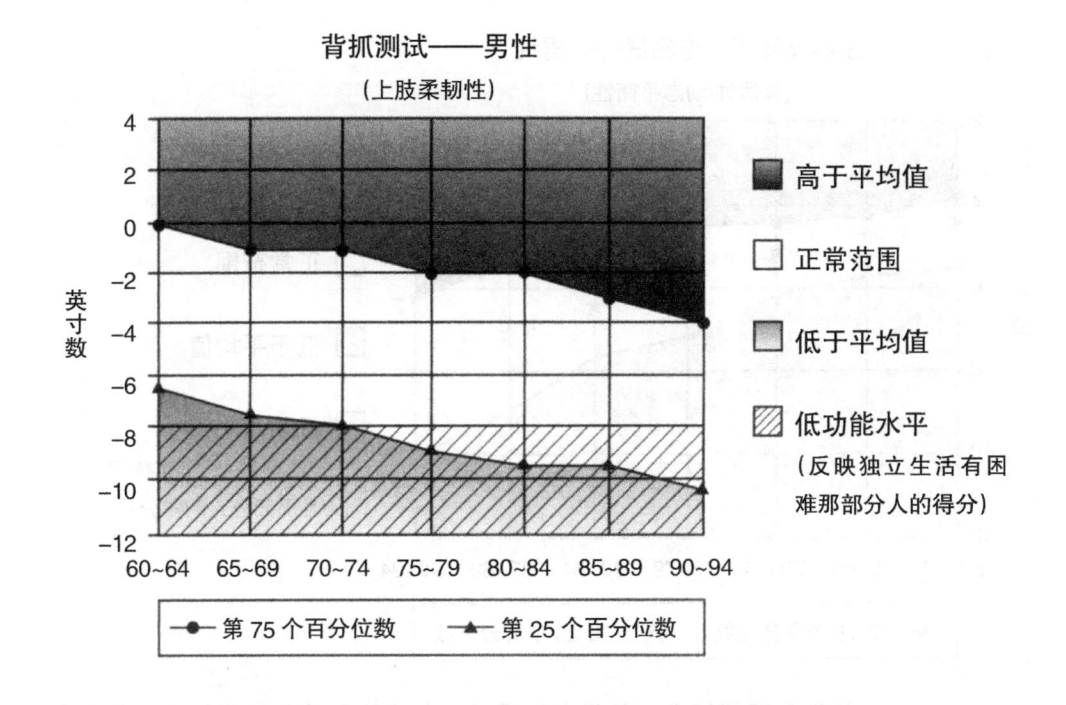

附 录

8 英尺起立行走测试——女性
（灵活性/动态平衡性）

8 英尺起立行走测试——男性
（灵活性/动态平衡性）

—●— 第 75 个百分位数　　—▲— 第 25 个百分位数

★ 功能性体适能标准（效标参照得分，与人进入晚年后保持行动能力和身体独立自理息息相关，不考虑伴随年龄出现的身体体适能下降情形）。

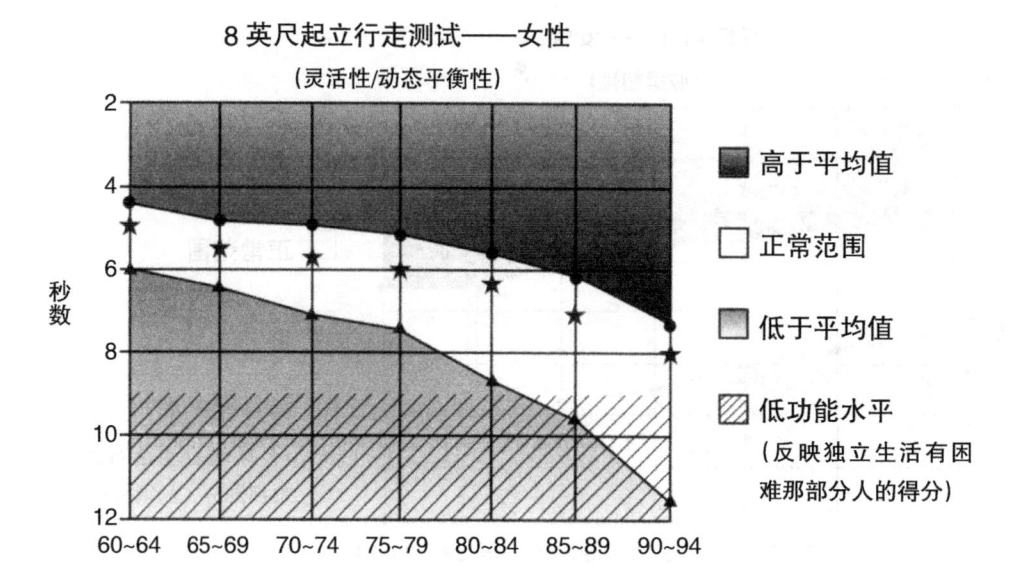

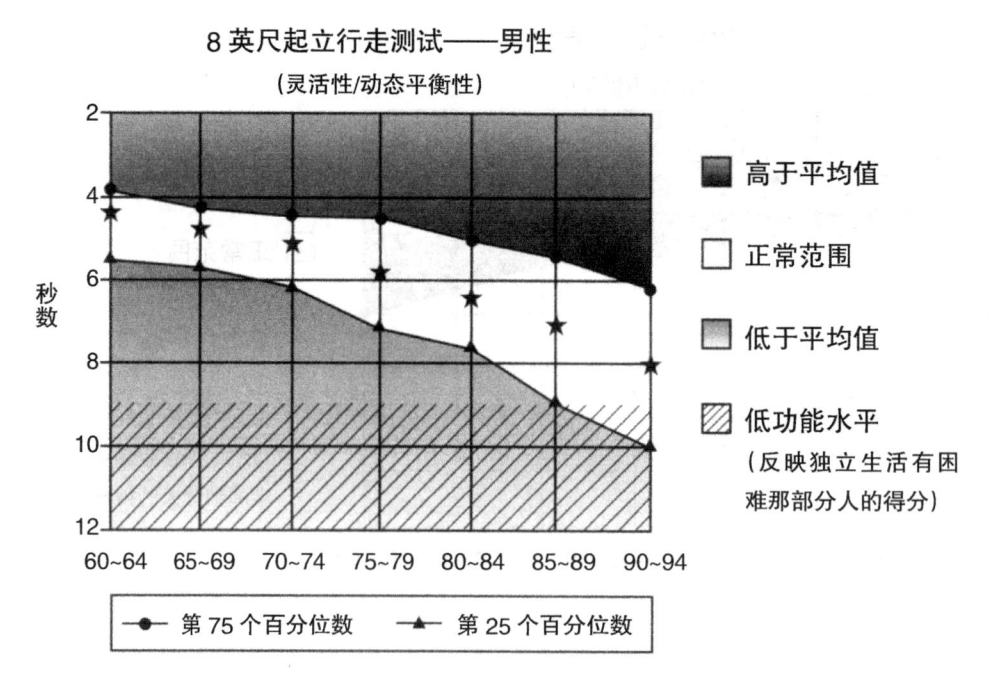

附录 K
个人目标和活动计划

第一步：至少说明一项希望通过增加锻炼实现的**长期目标**。目标可以非常具体，例如提高老年人体适能测试行走测试项目的得分，将 6 分钟时间内的得分从 500 码增加到 600 码，或者在下个夏天孙女的婚礼上将体重减少 10 磅。目标也可以泛泛一些，例如多参加中等强度的身体活动，即一周中大部分日子均进行运动，使参与时间达到推荐的每天 30~40 分钟。

长期目标或者主要锻炼目标：_____
_____
_____

第二步：说明比较现实的**短期目标**，可以是一个为期 2 周的活动计划，帮助你向着目标迸发。请具体说明您计划的活动和拟定的时间表。

活动：   日期/次数：
_____   _____
_____   _____
_____   _____

第三步：请说明在执行计划方面可能遇到的障碍，以及克服障碍可能用到的方法。

障碍：   克服障碍的方法：
_____   _____
_____   _____
_____   _____

第四步：在下面的横线上签字，表示你对活动计划的决心。与朋友、家庭成员或者运动教练讨论一下你的计划。让他/她作为见证人签字，并至少每周与你讨论一次进展情况。

参与者本人签字：_____   日期：_____
见证人签字：_____   日期：_____

附录 L
活动记录

第_____周　　　　　　　　姓名：_____

每天记录的分钟数：_____

活动	星期日	星期一	星期二	星期三	星期四	星期五	星期六
生活方式中的活动： 请说明任何中等强度的家务劳动、庭院劳动、娱乐、体育等。如果你缺乏运动，那么应增加结构化的运动（如下）							
结构化的运动（有氧）： 快走、慢跑、有氧锻炼、自行车、跑步机等（需要至少 20 分钟，每周 3~5 次）							
结构化的运动（力量）： 通过弹力带、手握重物、体重训练机或课间操（每周至少锻炼两次上肢和下肢肌肉）							
每日总计： 你是不是在大部分日子里都做到进行 30~40 分钟的中等强度运动							
本栏内容也很重要： 柔韧性和拉伸运动 你应该拉伸所有肌肉和关节，每周 2~3 次，当然最好是每天都进行							
灵活性和平衡性活动： 对于正在丧失平衡性的人来讲这些活动尤其重要							

附录 M
正常得分范围

女性得分正常范围*

测试内容	60~64 岁	65~69 岁	70~74 岁	75~79 岁	80~84 岁	85~89 岁	90~94 岁
30 秒坐站（站立次数）	12~17	11~16	10~15	10~15	9~14	8~13	4~11
30 秒手臂弯举（重复次数）	13~19	12~18	12~17	11~17	10~16	10~15	8~13
6 分钟步行**（码数）	545~660	500~635	480~615	435~585	385~540	340~510	275~440
2 分钟踏步（踏步次数）	75~107	73~107	68~101	68~100	68~90	55~85	44~72
椅式坐位体前屈（英寸数+/−）	−0.5~+5.0	−0.5~+4.5	−1.0~+4.0	−1.5~+3.5	−2.0~+3.0	−2.5~+2.5	−4.5~+1.0
背抓（英寸数+/−）↑	−3.0~+1.5	−3.5~+1.5	−4.0~+1.0	−5.0~+0.5	−5.5~+0.0	−7.0~−1.0	−8.0~−1.0
8 英尺起立行走测试（秒数）	6.0~4.4	6.4~4.8	7.1~4.9	7.4~5.2	8.7~5.7	9.6~6.2	11.5~7.3

男性得分正常范围*

测试内容	60~64 岁	65~69 岁	70~74 岁	75~79 岁	80~84 岁	85~89 岁	90~94 岁
30 秒坐站（站立次数）	14~19	12~18	12~17	11~17	10~15	8~14	7~12
30 秒手臂弯举（重复次数）	16~22	15~21	14~21	13~19	13~19	11~17	10~14
6 分钟步行**（码数）	610~735	560~700	545~680	470~640	445~605	380~570	305~500
2 分钟踏步（踏步次数）	87~115	84~116	80~110	73~109	71~103	59~91	52~86
椅式坐位体前屈（英寸数+/−）	−2.5~+4.0	−3.0~+3.0	−3.0~+3.0	−4.0~+2.0	−5.5~+1.5	−5.5~+0.5	−6.5~−0.5
背抓（英寸数+/−）↑	−6.5~+0.0	−7.5~−1.0	−8.0~−1.0	−9.0~−2.0	−9.5~−2.0	−9.5~−3.0	−10.5~−4.0
8 英尺起立行走测试（秒数）	5.6~3.8	5.9~4.3	6.2~4.4	7.2~4.6	7.6~5.2	8.9~5.5	10.0~6.2

* 得分的正常范围指的是各个年龄组中间 50%（介于第 25 个百分位数和第 75 个百分位数之间）。如果得分高于平均值，那么视为得分高于该年龄组的正常范围，而如果得分低于平均值，那么视为得分低于该年龄组的正常范围。

** 得分四舍五入，取最近的 5 码。

↑ 得分四舍五入，取最近的 0.5 英寸。

附录 N
老年人的功能性体适能标准

测试内容	60~64岁	65~69岁	70~74岁	75~79岁	80~84岁	85~89岁	90~94岁
30秒坐站（30秒时间内站立次数）							
女性	15	15	14	13	12	11	9
男性	17	16	15	14	13	11	9
30秒手臂弯举（30秒时间内弯曲次数）							
女性	17	17	16	15	14	13	11
男性	19	18	17	16	15	13	11
6分钟步行（码数）							
女性	625	605	580	550	510	460	400
男性	680	650	620	580	530	470	400
2分钟踏步（步数）							
女性	97	93	89	84	78	70	60
男性	106	101	95	88	80	71	60
8英尺起立行走（秒数）							
女性	5.0	5.3	5.6	6.0	6.5	7.1	8.0
男性	4.8	5.1	5.5	5.9	6.4	7..1	8.0

各年龄组的功能性体适能标准反映的是人进入晚年后保持功能行动能力和身体体适能所需的得分，不考虑伴随年龄出现的正常的体适能下降情形，这部分内容在此前出版的研究中介绍过（Rikli & Jones，2012）。

经同意，转载自Rikli & Jones，2012。

附录 O

测量换算表

一般换算

可以利用换算图表，将测量结果从英制转为公制。用英制测量结果乘以适当的换算系数。

体重

换算单位	乘以
磅（lb）到公斤（kg）	0.454

1 公斤=2.205 磅

1 磅=16 盎司=453.6 克=0.454 公斤

1 英寸=0.0254 米=2.54 厘米=25.4 毫米

身高

换算单位	乘以
英寸（in）到厘米（cm）	2.54
英尺（ft）到米（m）	0.305
码（yd）到米（m）	0.9144
英里（mi）到公里（km）	1.609

1 英尺=12 英寸=0.3048 米=30.48 厘米=304.8 毫米

1 码=3 英尺=0.9144 米

1 英里=5280 英尺=1760 码=1609.35 米=1.61 公里

1 厘米=0.3937 英寸

1 米=100 厘米=1000 毫米=39.37 英寸=3.28 英尺=1.09 码

1 公里=0.62 英里

具体到每个老年人体适能测试准则中的换算

30 秒坐站测试

坐椅高度为 17 英寸=43 厘米

30 秒手臂弯举测试

女性 5 磅哑铃=2.3 公斤

男性 8 磅哑铃=3.6 公斤

身高和体重

60 英寸的卷尺，用 150 厘米的卷尺代替

将端点放在离地面 50 厘米高的位置以方便测量

2 分钟踏步测试

30 英寸长的绳子或者线段=76 厘米

椅式坐位体前屈测试

坐椅高度 17 英寸=43 厘米

18 英寸直尺=45 厘米

背抓测试

18 英寸直尺=45 厘米

8 英尺起立行走测试

坐椅高度 17 英寸=43 厘米

8 英尺=2.4 米

6 分钟步行测试

50 码场地=45.7 米

说明：为了方便使用公制单位，场地可以按照米为单位设置（5 米×20 米），将最后结果换算成码数，以便与美国标准进行对比。

参 考 文 献

Administration on Aging. (2010). *A profile of older Americans: 2010*. A report of the Administration on Aging, U.S. Department of Health and Human Services. Washington, DC.

Agarwal, S., & Kiely, P.D.W. (2006). Two simple, reliable and valid tests of proximal muscle function, and their application to the management of idiopathic inflammatory myositis. *Rheumatology, 45,* 874-879.

Alexander, N.B., Schultz, A.B., & Warwick, D.N. (1991). Rising from a chair: Effects of age and functional ability on performance biomechanics. *Journal of Gerontology: Medical Sciences, 46,* M91-M98.

American Academy of Orthopaedic Surgeons. (1966). *Joint motion: Method of measuring and recording*. Edinburgh: Livingstone.

American College of Sports Medicine. (2009). ACSM position stand: Exercise and physical activity for older adults. *Medicine and Science in Sports and Exercise, 41*(7), 1510-1530.

American College of Sports Medicine. (2010). *ACSM's Guidelines for exercise testing and prescription* (8th ed.). Philadelphia: Lippincott, Williams & Wilkins.

American Psychological Association. (1985). *Standards for educational and psychological tests*. Washington, DC: American Psychological Association.

Arnold, A.M., Newman, A.B., Cushman, M., Ding, J., & Kritchevsky, S. (2010). Body weight dynamics and their association with physical function and mortality in older adults: The cardiovascular health study. *Journal of Gerontology, 65A,* 63-70.

Baruth, M., Wilcox, S., Wegley, S., Buchner, D.M., Ory, M.G., Phillips, A., . . . Bazzare, T.L. (2010). Changes in physical functioning in the Active Living Everyday Program of the Active for Life initiative. *International Journal of Behavioral Medicine*. [Online]. doi:10.1007/s12529-010-9108-7.

Baumgartner, T.A., Jackson, A.S., Mahar, M.T., & Rowe, D.A. (2007). *Measurement for evaluation in physical education and exercise science* (8th ed.). Boston: McGraw-Hill.

Beck, A.M., Damkjaer, K., & Beyer, N. (2008). Multifaceted nutritional intervention among nursing-home residents has a positive influence on nutrition and function. *Nutrition, 24*(11-12), 1073-1080.

Bohannon, R.W. (2002). Quantitative testing of muscle strength: Issues and practical options for the geriatric population. *Topics in Geriatric Rehabilitation, 18*(2), 1-17.

Booth, F.W., Gordon, S.E., Carlson, C.J., & Hamilton, M.T. (2000). Waging war on modern chronic diseases: Primary prevention through exercise biology. *Journal of Applied Physiology, 88,* 774-787.

Borg, G. (1998). *Borg's perceived exertion and pain scales*. Champaign, IL: Human Kinetics.

Bouchard, D.R., Beliaeff, S., Dionne, I.J., & Brochu, M. (2007). Fat mass but not fat-free mass is related to physical capacity in well-functioning older individuals: Nutrition as a determinant of successful aging (NuAge)–the Quebec Longitudinal Study. *Journal of Gerontology, 62,* 1382-1388.

Bouchard, D.R., & Janssen, I. (2010). Dynapenic-obesity and physical function in older adults. *Journal of Gerontology, 65A,* 71-77.

Bravo, G., Gauthier, P., Roy, P., Tessier, D., Gaulin, P., Dubois, M., & Peloquin, L. (1994). The functional fitness assessment battery: Reliability and validity data for elderly women. *Journal of Aging and Physical Activity, 2,* 67-79.

Brouha, L. (1943). A step test: A simple method of measuring physical fitness for muscular work in young men. *Research Quarterly, 14,* 31-36.

Brown, M., & Rose, D.J. (2005). Flexibility training. In C.J. Jones & D.J. Rose (Eds.), *Physical activity instruction for older adults* (pp. 155-174). Champaign, IL: Human Kinetics.

Brown, M., Sinacore, D.R., Ehsani, A.A., Binder, E.F., Holloszy, J.O., & Kohrt, W.M. (2000). Low-intensity exercise as a modifier of physical frailty in older adults. *Archives of Physical Medicine and Rehabilitation, 81,* 960-965.

Burger, H., & Marincek, C. (2001). Functional testing of elderly subjects after lower limb amputation. *Prosthetics and Orthotics International, 25*(2), 102-107.

Canadian Society for Exercise Physiology. (2011). Canadian Physical Activity Guidelines. www.csep.ca/guidelines.

Cailliet, R. (1988). *Low back pain syndrome*. Philadelphia: Davis.

Cavani, V., Mier, C.M., Musto, A.A., & Tummers, N. (2002). Effects of a 6-week resistance-training program on functional fitness of older adults. *Journal of Aging and Physical Activity, 10*(4), 443-452.

Centers for Disease Control and Prevention and the Merck Company Foundation. (2007). *The state of aging and health in America 2007*. Whitehouse Station, NJ: The Merck Company Foundation.

Centers for Disease Control and Prevention. (2011). Costs of falls among older adults. www.cdc.gov/HomeandRecreationalSafety/Falls/fallcost.html.

Chakravarty, K., & Webley, M. (1993). Shoulder joint movement and its relationship to disability in the elderly. *Journal of Rheumatology, 20*, 1359-1361.

Chandler, J.M., & Hadley, E.C. (1996). Exercise to improve physiologic and functional performance in old age. *Clinics in Geriatric Medicine, 12*, 761-784.

Cohen, J.J., Sveen, J.D., Walker, J.M., & Brummel-Smith, K. (1987). Establishing criteria for community ambulation. *Topics in Geriatric Rehabilitation, 3*(1), 71-77.

Cotten, D.J. (1971). A modified step test for group cardiovascular testing. *Research Quarterly, 42*, 91-95.

Courneya, K.S., Booth, C.M., Gill, S., O'Brien, P., Vardy, J., Friedenreich, C.M., ... Meyer, R.M. (2008). The colon health and life-long exercise change trial: A randomized trial of the National Cancer Institute of Canada Clinical Trials Group. *Current Oncology, 15*(6), 8-16.

Cress, M.E., Petrella, J.K., Moore, T.L., & Schenkman, M.L. (2005). Continuous-scale physical functional performance test: Validity, reliability, and sensitivity of data for the short version. *Physical Therapy, 85*(4), 323-335.

Csuka, M., & McCarty, D.J. (1985). Simple method for measurement of lower extremity muscle strength. *American Journal of Medicine, 78*, 77-81.

Cureton, K.J., & Warren, G.L. (1990). Criterion-referenced standards for youth health-related fitness tests: A tutorial. *Research Quarterly for Exercise and Sport, 61*(1), 7-19.

Damush, T.M., Perkins, A., & Miller, K. (2005). The implementation of an oncologist referred, exercise self-management program for older breast cancer survivors. *Psycho-Oncology, 15*(10), 884-890.

Demark-Wahnefried, W., Morey, M.C., Clipp., E.C., Pieper, C.F., Snyder, D.C., Sloane, R., & Cohen, H.J. (2003). Leading the way in exercise and diet (Project LEAD): Intervening to improve function among older breast and prostate cancer survivors. *Controlled Clinical Trials, 24*, 206-223.

DiBrezzo, R., Shadden, B.B., Raybon, B.H., & Powers, M. (2005). Exercise intervention designed to improve strength and dynamic balance among community-dwelling older adults. *Journal of Aging and Physical Activity, 13*(2), 198-209.

Dobek, J.C., White, K.N., & Gunter, K.B. (2007). The effect of a novel ADL-based training program on performance of activities of daily living and physical fitness. *Journal of Aging and Physical Activity, 15*(1), 13-25.

Doherty, T.J. (2003). Invited review: Aging and sarcopenia. *Journal of Applied Physiology, 95*, 1717-1727.

Dugas, E.W. (1996). The development and validation of a 2-minute step test to estimate aerobic endurance in older adults. Unpublished Master's Thesis, California State University, Fullerton, Fullerton, CA.

Federal Interagency Forum on Aging-Related Statistics. (2010). Older Americans 2010: Key indicators of well-being. Federal Interagency Forum on Aging-Related Statistics, Washington D.C.: U.S. Government Printing Office.

Fenstermaker, K.L., Plowman, S.A., & Looney, M.A. (1992). Validation of the Rockport Fitness Walking Test in females 65 years and older. *Research Quarterly for Exercise and Sport, 63*, 322-327.

Fiatarone Singh, M.A. (2002). Exercise to prevent and treat functional disability. *Clinics in Geriatric Medicine, 18*, 431-462.

Fleg, J.L., Morrell, C.H., Bos, A.G., Brant, L.J., Talbot, L.A., Wright, J.G., & Lakatta, E.G. (2005). Accelerated longitudinal decline of aerobic capacity in healthy older adults. *Circulation, 112*, 674-682. doi:10.1161/CIRCULATIONAHA.105.545459.

Giuliani, C.A., Gruber-Baldini, A.L., Park, N.S., Schrodt, L.A., Rokoske, F., Sloane, P.D., & Zimmerman, S. (2008). Physical performance characteristics of assisted living residents and risk for adverse health outcomes. *The Gerontologist, 48*, 203-212.

Golding, L., Myers, C., & Sinning, W. (1989). *Y's way to physical fitness* (3rd ed.). Champaign, IL: Human Kinetics.

Gross, J., Fetto, J., & Rosen, E. (1996). *Musculoskeletal examination*. Cambridge: Blackwell Science.

Guralnik, J.M., Ferrucci, L., Pieper, C.F., Leveille, S.G., Markides, K.S., Ostir, G.V., ... Wallace, R.B. (2000). Lower extremity function and subsequent disability: Consistency across studies, predictive models, and value of gait speed alone compared with the Short Physical Performance Battery. *Journal of Gerontology, 55A*, M221-M231.

Guralnik, J.M., Simonsick, E.M., Ferrucci, L., Glynn, R.J., Berkman, L.F., Blazer, D.G., Scherr, P.A., & Wallace, R.B. (1994). A short physical performance battery assessing lower extremity function: Association with self-reported disability and prediction of mortality and nursing home admission. *Journal of Gerontology, 49*, M85-M94.

Hernandez, J.P., & Franke, W.D. (2005). Effects of a 6-mo endurance-training program on venous compliance and maximal lower body negative pressure in older men and women. *Journal of Applied Physiology, 99,* 1070-1077.

Holland, G.J., Tanaka, K., Shigematsu, R., & Nakagaichi, M. (2002). Flexibility and physical functions of older adults: A review. *Journal of Aging and Physical Activity, 10,* 169-206.

Hooker, S.P., & Cirill, L.A. (2006). Evaluation of community coalitions ability to create safe, effective exercise classes for older adults. *Evaluation and Program Planning, 29,* 242-250.

Hruda, K.V., Hicks, A.L., & McCartney, N. (2003). Training for muscle power in older adults: Effects on functional abilities. *Canadian Journal of Applied Physiology, 28*(2), 178-189.

Hughes, V.A., Frontera, W.R., Wood, M., Evans, W.J., Dallal, G.E., Roubenoff, R., & Fiatarone Singh, M.A. (2001). Longitudinal muscle strength changes in older adults: Influence of muscle mass, physical activity, and health. *Journal of Gerontology, 56A*(5), B209-B217.

Jackson, A.S., Sui, X., Hebert, J.R., Church, T.S., & Blair, S.N. (2009). Role of lifestyle and aging on the longitudinal change in cardiorespiratory fitness. *Archives of Internal Medicine, 169*(19), 1781-1787.

Jackson, A.W., & Baker, A.A. (1986). The relationship of the sit and reach test to criterion measures of hamstring and back flexibility in young females. *Research Quarterly for Exercise and Sport, 57,* 183-186.

Jackson, A.W., & Langford, N.J. (1989). The criterion-related validity of the sit-and-reach test: Replication and extension of previous findings. *Research Quarterly for Exercise and Sport, 60,* 384-387.

James, T.W. (1999). *The 30-second arm curl test as an indicator of upper body strength in older adults.* Unpublished master's thesis, California State University, Fullerton.

Johnston, J. (1999). *Validation of a 2-minute step-in-place test relative to treadmill performance in older adults.* Unpublished master's thesis, California State University, Fullerton.

Jones, C.J., Rikli, R.E., & Beam, W.C. (1999). A 30-s chair-stand test as a measure of lower body strength in community-residing older adults. *Research Quarterly for Exercise and Sport, 70,* 113-119.

Jones, C.J., Rikli, R.E., Max, J., & Noffal, G. (1998). The reliability and validity of a chair sit-and-reach test as a measure of hamstring flexibility in older adults. *Research Quarterly for Exercise and Sport, 69,* 338-343.

Jones, C.J., & Rose, D.J. (Eds.). (2005). *Physical activity instruction of older adults.* Champaign, IL: Human Kinetics.

Jones, C.J., Rutledge, D.N., & Aquino, J. (2010). Predictors of physical performance and functional ability in people 50+ with and without fibromyalgia. *Journal of Aging and Physical Activity, 18,* 353-368.

Judge, J.O. (2003). Balance training to maintain mobility and prevent disability. *American Journal of Preventive Medicine, 25,* 150-156.

Kline, G.M., Porcari, J.P., Hintermeister, R., Freedson, P.S., Ward, A., McCarron, R.F., Ross, J., & Rippe, J.M. (1987). Estimation of $\dot{V}O_2$max from a one-mile track walk, gender, age, and body weight. *Medicine and Science in Sports and Exercise, 19,* 253-259.

Lambers, S., Van Laethem, C., Van Acker, K., & Calders, P. (2008). Influence of combined exercise training on indices of obesity, diabetes and cardiovascular risk in type 2 diabetes patients. *Clinical Rehabilitation, 22*(6), 483-492.

Lerner-Frankiel, M.B., Vargas, S., Brown, M., Krusell, L., & Schoneberger, W. (1986). Functional community ambulation: What are your criteria? *Clinical Management in Physical Therapy, 6*(2), 12-15.

Liu, J., Baiqing, L., & Shnider, R. (2010). Effects of tai chi training on improving physical function in patients with coronary heart diseases. *Journal of Exercise Science and Fitness, 8*(2), 78-84.

Looney, M.A. (1989). Criterion-referenced measurement: Reliability. In M. J. Safrit & T. M. Woods (Eds.), *Measurement concepts in physical education and exercise science* (pp. 137-152). Champaign, IL: Human Kinetics.

Losonczy, K.G., Harris, T.B., Cornoni-Huntley, J., Simonsick, E.M., Wallace, R.B., Cook, N.R., Ostfeld, A.M., & Blazer, D.G. (1995). Does weight loss from middle age to old age explain the inverse weight mortality relation in old age? *American Journal of Epidemiology, 141,* 312-321.

Macaluso, A., & De Vito, G. (2004). Muscle strength, power and adaptations to resistance training in older people. *European Journal of Applied Physiology, 91,* 450-472.

MacRae, P.G., Lacourse, M., & Moldavon, R. (1992). Physical performance measures that predict faller status in community-dwelling older adults. *Journal of Occupational and Sports Physical Therapy, 16,* 123-128.

Magee, D.J. (1992). *Orthopedic physical assessment.* Philadelphia: Saunders.

Mahar, M.R., & Rowe, D.A. (2008). Practical guidelines for valid and reliable youth fitness testing. *Measurement in Physical Education and Exercise Science, 12*(3), 126-145.

McArdle, W.D., Katch, F.I., Pechar, G.S., Jacobson, L., & Ruck, S. (1972). Reliability and interrelationships between maximal oxygen intake, physical work capacity and step-test scores in college women. *Medicine and Science in Sports, 4,* 182-186.

McMurdo, M.E., & Rennie, L. (1993). A controlled trial of exercise by residents of old people's homes. *Age and Aging, 22,* 11-15.

Miotto, J.M., Chodzko-Zajko, W.J., Reich, J.L., & Supler, M.M. (1999). Reliability and validity of the Fullerton Functional Fitness Test: An independent replication study. *Journal of Aging and Physical Activity, 7*, 339-353.

Morey, M.C., Pieper, C.F., & Cornoni-Huntley, J. (1998). Physical fitness and functional limitations in community-dwelling older adults. *Medicine and Science in Sports and Exercise, 30*, 715-723.

Morrow, J.R., Jr., Jackson, A.W., Disch, J.G., & Mood, D.P. (2011). *Measurement and evaluation in human performance* (4th ed.). Champaign, IL: Human Kinetics.

Nagi, S.Z. (1965). Some conceptual issues in disability and rehabilitation. In M.B. Sussman (Ed.), *Sociology and rehabilitation* (pp. 100-113). Washington, DC: American Sociological Association.

Nagi, S.Z. (1991). Disability concepts revisited: Implication for prevention. In A.M. Pope & A.R. Tarlov (Eds.), *Disability in America: Toward a national agenda for prevention* (pp. 309-327). Washington, DC: National Academy Press.

National Center for Health Statistics. (1991). *National Health Interview Survey 1991 (10): Vital Health Statistics.* Washington, DC: National Center for Health Statistics.

National Institutes of Health. (2012). Research for a new age. NIH Publication No. 93-1129. www.healthandage.com/html/min/nih/content/booklets/research_new_age/page3.htm.

Nelson, M.E., Rejeski, W.J., Blair, S.N., Duncan, P.W., Judge, J.O., King, . . . Castaneda-Sceppa, C. (2007). Physical activity and public health in older adults: Recommendation from the American College of Sports Medicine and the American Heart Association. *Medicine and Science in Sports and Exercise, 39*(8), 1435-1445.

Osness, W.H., Adrian, M., Clark, B., Hoeger, W., Rabb, D., & Wiswell, R. (1996). *Functional fitness assessment for adults over 60 years*. Dubuque, IA: Kendall/Hunt.

Paterson, D.H., Jones, G.R., & Rice, C.L. (2007). Ageing and physical activity: Evidence to develop exercise recommendations for older adults. *Applied Physiology, Nutrition, and Metabolism, 32*(Suppl. 2E), S69-S108.

Paterson, D.H., & Warburton, D.E.R. (2010). Physical activity and functional limitations in older adults: A systematic review related to Canada's Physical Activity Guidelines. *International Journal of Behavioral Nutrition and Physical Activity, 7*, 1-22.

Patterson, P., Wiksten, D.L., Ray, L., Flanders, C., & Sanphy, D. (1996). The validity and reliability of the back saver sit-and-reach test in middle school girls and boys. *Research Quarterly for Exercise and Sport, 64*, 448-451.

Pearson, J.A., Burkhart, E., Pifalo, W.B., Palaggo-Toy, T., & Krohn, K. (2005). A lifestyle modification intervention for the treatment of osteoporosis. *American Journal of Health Promotion, 20*(1), 28-33.

Peterson, M.J., Crowley, G.M., Sullivan, R.J., Morey, M.C. (2004). Physical function in sedentary and exercising older veterans as compared to national norms. *Journal of Rehabilitation Research and Development, 41*(5), 653-658.

Pettee Gabriel, K.K., Rankin, R.L., Lee., C., Charlton, M.E., Swan, P.D., & Ainsworth, B.E. (2010). Test-retest reliability and validity of the 400-meter walk test in healthy, middle-aged women. *Journal of Physical Activity and Health, 7*, 649-657.

Physical Activity Guidelines Advisory Committee. (2008). Physical Activity Guidelines Advisory Committee report. U.S. Department of Health and Human Services. www.health.gov/PAGuidelines/committeereport.aspx.

Podsiadlo, D., & Richardson, S. (1991). The timed "up and go": A test of basic functional mobility for frail elderly persons. *Journal of the American Geriatric Society, 39*, 142-148.

Rikli, R.E., & Jones, C.J. (1998). The reliability and validity of a 6-minute walk test as a measure of physical endurance in older adults. *Journal of Aging and Physical Activity, 6*, 363-375.

Rikli, R.E., & Jones, C.J. (1999a). Development and validation of a functional fitness test for community-residing older adults. *Journal of Aging and Physical Activity, 7*, 129-161.

Rikli, R.E., & Jones, C.J. (1999b). Functional fitness normative scores for community-residing adults, ages 60-94. *Journal of Aging and Physical Activity, 7*, 162-181.

Rikli, R.E., & Jones, C.J. (2000). Physical activity level, fitness, and functional ability of community-residing older adults. *Medicine and Science in Sports and Exercise, 28*, S153.

Rikli, R.E., & Jones, C.J. (2012). Development and validation of criterion-referenced clinically relevant fitness standards for maintaining physical independence in later years. *The Gerontologist*, 0,1-13 DOI:10.1093/geront/gns071.

Rose, D. (2010). *FallProof!* (2nd ed.). Champaign, IL: Human Kinetics.

Rose, D.J., Jones, C.J., & Lucchese, N. (2002). Predicting the probability of falls in community-residing older adults using the 8-foot up-and-go: A new measure of functional mobility. *Journal of Aging and Physical Activity, 10*, 466-475.

Rosow, I., & Breslau, N. (1966). A Guttman Health Scale for the aged. *Journal of Gerontology, 21*, 556-559.

Ross, R., & Janssen, I. (2007). Physical activity, fitness, and obesity. In C. Bouchard, S.N. Blair, & W. Haskell (Eds.), *Physical activity and health* (pp.174-191). Champaign, IL: Human Kinetics.

Safrit, M.J., & Wood, T.M. (1995). *Introduction to measurement in physical education and exercise science*. St. Louis: Mosby-Year Book.

Sakai, T., Tanaka, K., & Holland, G.J. (2002). Functional and locomotive characteristics of stroke survivors in Japanese community-based rehabilitation. *American Journal of Physical Medicine and Rehabilitation, 81*(9), 675-683.

Santana-Sosa, E., Barriopedro, M.I., López-Mojares, L.M., Pérez, M., & Lucia, A. (2008). Exercise training is beneficial for Alzheimer's patients. *International Journal of Sports Medicine, 29*(10), 845-850.

Schmidt, W.D., Biwer, C.J., & Kalscheuer, L.K. (2001). Effects of long versus short bout exercise on fitness and weight loss in overweight females. *Journal of the American College of Nutrition, 20*(5), 494-501.

Seeman, T.E., Berkman, L.F., Charpentier, P.A., Blazer, D.G., Alpert, M.A., & Tinetti, M.E. (1995). Behavioral and psychosocial predictors of physical performance: MacArthur Studies of Successful Aging. *Journal of Gerontology, 50,* M177-M183.

Shephard, R.J. (1997). *Aging, physical activity, and health*. Champaign, IL: Human Kinetics.

Simonsick, E.M., Fan, E., & Fleg, J.L. (2006). Estimating cardiorespiratory fitness in well-functioning older adults: Treadmill validation of the long distance corridor walk. *Journal of the American Geriatrics Society, 54,* 127-132.

Siu, A.L., Reuben, D.B., & Hays, R.D. (1990). Hierarchical measures of physical function in ambulatory geriatrics. *Journal of the American Geriatrics Society, 38,* 1113-1119.

Sperling, L. (1980). Evaluation of upper extremity function in 70-year old men and women. *Scandinavian Journal of Rehabilitative Medicine, 12,* 139-144.

Spirduso, W.W., Francis, K.L., & MacRae, P.G. (2005). *Physical dimensions of aging.* (2nd ed.). Champaign, IL: Human Kinetics.

Starkey, C., & Ryan, J.L. (1996). *Evaluation of orthopedic and athletic injuries*. Philadelphia: Davis.

Sternfeld, B., Ngo, L., Satariano, W.A., & Tager, I.B. (2002). Association of body composition with physical performance and self-reported functional limitation in elderly men and women. *American Journal of Epidemiology, 156,* 110-121.

Stump, T., Clark, D.O., Johnson, R.J., & Wolinsky, F.D. (1997). The structure of health status among Hispanic, African American, and white older adults. *The Journals of Gerontology, 52B*(Special Issue), 49-60.

Takeshima, N., Rogers, N.L., Rogers, M.E., Islam, M.M., Koizumi, D., & Lee, S. (2007). Functional fitness gain varies in older adults depending on exercise mode. *Medicine and Science in Sports and Exercise, 39*(11), 2036-2043.

Tinetti, M.E., Speechley, M., & Ginter, S.F. (1988). Risk factors for falls among elderly persons living in the community. *New England Journal of Medicine, 319,* 1701-1707.

Tinetti, M.E., Williams, T.F., & Mayewski, R. (1986). Fall risk index for elderly patients based on number of chronic conditions. *American Journal of Medicine, 80,* 429-434.

UK Department of Health, Physical Activity, Health Improvement and Protection. (2011). Start Active, Stay Active: A report on physical activity from the four home countries' chief medical officers. London. www.nutrinfo.com/archivos/ebooks/act_fca_uk.pdf.

U.S. Department of Health and Human Services. (2008). Physical Activity Guidelines for Americans. www.health.gov/paguidelines.

U.S. Department of Health and Human Services. (2011). Healthy People 2020. Office of Disease Prevention and Health Promotion. Washington, DC. www.healthypeople.gov/2020/topicsobjectives2020/objectiveslist.aspx?topicId=31.

U.S. Department of Health and Human Services. (2006). Medicare Current Beneficiary Survey (MCBS), Centers for Medicare and Medicaid Services. http://www.cms.hhs.gov/MCBS.

U.S. Department of Housing and Urban Development. (1999). *Housing our elders*. Washington, DC: Office of Policy Development and Research.

Vandervoort, A.A. (2002). Aging of the human neuromuscular system. *Muscle and Nerve, 25,* 17-25.

Wang, A.W., Gilbey, H.J., & Ackland, T.R. (2002). Perioperative exercise programs improve early return of ambulatory function after total hip arthroplasty: A randomized, controlled trial. *American Journal of Physical Medicine and Rehabilitation, 81*(11), 801-806.

Warburton, D.E.R., Gledhill, N., & Quinney, A. (2001). The effects of changes in musculoskeletal fitness and health. *Canadian Journal of Applied Physiology, 26*(2), 161-216.

Warren, B.J., Dotson, R.G., Nieman, D.C., & Butterworth, D.E. (1993). Validation of a 1-mile walk test in elderly women. *Journal of Aging and Physical Activity, 1,* 13-21.

Welk, G.J., & Meredith, M.D. (Eds.). (2008). *Fitnessgram/Activitygram reference guide*. Dallas, TX: Cooper Institute.

Wiacek, M., & Hagner, W. (2008). The history and economic impact on the functional fitness of elderly in the south-eastern region of Poland: A comparison with US citizens. *Archives of Gerontology and Geriatrics, 46*(2), 221-226.

Wilk, M., Kocur, P., Rozanska,A., Przywarska, I., Dylewicz, P., Owczarski, T. . . Borowicz-Bienkowska, S. (2005). Assessment of the selected physiological effects of Nordic walking performed as a part of a physical exercise program during the second phase of rehabilitation after a myocardial infarction. *Medical Rehabilitation, 9*(2), 20-25.

Winnick, J.P., & Short, F.X. (1999). *The Brockport Physical Fitness Test manual*. Champaign, IL: Human Kinetics.

Woodward, T.W., & Best, T.M. (2000). The painful shoulder: Part I. Clinical evaluation. *American Family Physician, 61*(10), 3079-3088.

World Health Organization. (2010). Global recommendations on physical activity for health. Geneva: World Health Organization. http://whqlibdoc.who.int/publications/2010/9789241599979_eng.pdf.

Yamauchi, T., Islam, M.M., Koizumi, D., Rogers, M.E., Rogers, N.L., & Takeshima, N. (2005). Effect of home-based well-rounded exercise in community-dwelling older adults. *Journal of Sports Science and Medicine, 4*(4), 563-571.

Yan, T., Wilber, K.H., Aguirre, R., & Trejo, L. (2009). Do sedentary older adults benefit from community-based exercise? Results from the active start program. *The Gerontologist, 49*, 847-855.

作者简介

罗伯塔·E. 瑞克里（Roberta E. Rikli）博士是一位运动学教授，她担任加州州立大学富尔顿分校健康和人类发展学院名誉院长，同时还是富尔顿健康寿命计划的联合创始人。在过去20年时间里，她在运动能力评估方面进行了广泛的研究，重点放在老年人体适能研究上。她在自己的研究领域出版了很多科学论文，在美国、加拿大、德国、法国、芬兰、英国、巴西、中国、韩国和日本进行了100多次会议和研讨会展示。

瑞克里博士是三本科学期刊的编委，而且是多份期刊的定期审核人。她在专业机构内享有领导地位，例如老龄化与身体活动国际学会、美国健康体育教育娱乐与舞蹈联合会（AAHPERD）、美国运动功能学协会以及美国国家运动科学院。

瑞克里博士住在加州奥兰治市，她喜欢高尔夫、爬山和网球。

C.杰西·琼斯（C. Jessie Jones）教授是加州州立大学富尔顿分校健康科学系主任。同时，她还是富尔顿纤维肌痛和疼痛管理中心主任以及积极老龄化中心的联合创始人。

琼斯博士因她在研究、项目设计、课程开发以及老年人运动科学指导领域等方面的成就而享誉世界。在过去25年中，她开设老年人体适能课程，并为老年人体适能教员开办培训班。她的作品被很多出版物收录，并在全球各地展演。她的专业会员资格包括美国老年学学会、美国公共卫生协会以及美国疼痛管理科学院。

琼斯博士住在加州富尔顿市，她非常享受那里的生活，每天的运动包括跳舞、击鼓、爬山、高尔夫，还有和她的爱犬慢跑。

DVD 菜单

介绍	椅式坐位体前屈测试
热身和伸展运动	背抓测试
30 秒坐站测试	8 英尺起立行走测试
30 秒手臂弯举测试	6 分钟步行测试
身高和体重	测试管理
2 分钟踏步测试	编者按

版 权 声 明

书名：Senior Fitness Test Manual (Second Edition)

Copyright© 2013, 2001 by Roberta E. Rikli and C. Jessie Jones

All rights reserved. Except for use in a review, the reproduction or utilization of this work in any form or by any electronic, mechanical, or other means, now known or hereafter invented, including xerography, photocopying, and recording, and in any information storage and retrieval system, is forbidden without the written permission of the publisher.

版权合同登记号：图字 01-2015-3556